THE PROPHECY OF LENORMAND

雷諾曼卡預言全書

全新華人視角重新詮釋雷諾曼占卜
實戰教學、理論、聯想、前世讀取

「組合搭配與聯想分析」
現況與未來發展排陣＼九宮格排陣＼十字牌陣
前因後果太極牌陣＼前世記憶讀取牌陣＼流年樹牌陣

從初階到高階，謝巖谷老師 數年教學占卜經驗精華

謝巖谷 ——著

Content 目錄

【前言】雷諾曼預言及推演，專業事件劇本解讀 6
雷諾曼是什麼？ 6
如何走上雷諾曼學習的道路 6
雷諾曼帶給我的意義 7
更適合東方人的解牌教學 8
本書架構 10

【01】雷諾曼如何與你的生活結合 12
挑選雷諾曼卡 13
雷諾曼與塔羅不同的地方 14
圍繞核心問題的重要性 15
不間斷的驗證日記 16

【02】雷諾曼牌義介紹 18
如何占卜才會準 21
01.騎士 Rider 24
02.幸運草 Clover 32
03.船 Ship 40
04.房子 House 48
05.樹 Tree 56
06.雲 Clouds 64

07.蛇 Snake.. 72
08.棺材 Coffin 80
09.花束 Bouquet 88
10.鐮刀 Scythe 96
11.鞭子 Whip 104
12.小鳥 Birds 112
13.小孩 Child 120
14.狐狸 Fox 128
15.熊 Bear 136
16.星辰 Stars.. 144
17.送子鳥 Stork 152
18.狗 Dog 160
19.高塔 Tower... 168
20.庭園 Garden 176
21.高山 Mountain... 184
22.道路 Crossroads.. 192
23.老鼠 Mice 200
24.心 Heart.. 208
25.戒指 Ring.. 218
26.書本 Book 228
27.信件 Letter 238
28.男人 Man.. 250
29.夫人 Woman... 258
30.花 Lily.. 266

31.太陽 Sun 276
32.月亮 Moon 286
33.鑰匙 Key 296
34.魚 Fish 306
35.錨 Anchor 316
36.十字架 Cross 326

【03】雷諾曼解讀邏輯與牌陣 336
牌意解構 337
善用圖像直覺解讀的方法 338
如何選擇牌陣 339
活用聯想自然記憶牌義 342
過去現在未來發展牌陣 346
十字牌陣 356
九宮格牌陣 370
前因後果太極牌陣 416
前世今生記憶讀取牌陣 430
流年樹牌陣 444

【附錄 1】36張牌意搭配全艦 454
【附錄 2】快速查閱指南 491
【附錄 3】牌陣日記範例 493

【前言】雷諾曼預言及推演，專業事件劇本解讀

雷諾曼是什麼？

雷諾曼牌來源於一個在 1700 年代末和 1800 年代初歐洲流行的紙牌遊戲 Das Spiel Der Hoffnung（希望遊戲），它包含 36 張牌，每張牌有一個專屬的符號和撲克牌花色，除了遊戲的玩法外也有用來占卜的用法。但在紙牌剛開始發行時占卜的方式並不流行，直到發行希望遊戲的商人將占卜的內容整理出來，並以當時法國知名的女預言家 瑪麗·安妮·阿德萊德·勒諾曼 (Marie Anne Adelaide Lenormand) 來命名，以「雷諾曼卡」的名義販售，從此便在歐洲掀起了一陣風潮並流傳至今。

對比塔羅，雷諾曼的牌義更加直覺，每一張都是由常見的符號所組成，例如：女人、花、船錨等等，這些符號淺顯易懂，不但對新手來講能較輕鬆的上手，也讓占卜者可以解讀出有更貼近生活的訊息。

如何走上雷諾曼學習的道路

雷諾曼牌卡的緣分要從國中時期說起。我的第一副牌卡其實不是雷諾曼，而是在家附近的便利商店買了一副塔羅牌。當時覺得抽牌聯想解讀很有趣，即使在沒有學習過牌意的情況下開始幫身邊朋友做占卜。剛開始只是覺得好玩，直到有一次，我在玩 RO仙境傳說線上遊戲時，突發奇想在聊天頻道中留下了一句「免費塔羅占卜，想要參加的人可以進聊天室排隊」。在當晚聊天室內滿滿的都是排隊的人潮，

我也忘了究竟幫多少人占卜了，只記得每一位的個案都回應說非常的準，很感謝我說出他們的心聲，這一刻我才意識到，原來自己是有牌卡占卜的天份的。

正式開始學習的那一年我正逢人生重大的變故，一夕之間人生失去動力及目標，消沈了好一陣子。直到自覺不能再繼續消極那天，也因為機緣順應著緣分接觸靈性，認識了我人生中最重要的貴人，現在也是我妻子，她帶領我進入靈性的學習，也開啟我這一路的覺醒之路。

覺醒後身邊多了很多會一同探討靈性的朋友，在他們討論牌卡占卜時，我發現我可以從這些我從沒了解過的畫面當中，讀取到更多超出牌意的內容。也恰好，一位朋友的指導靈說「謝巖谷擁有直覺解讀牌卡的能力，適合學習雷諾曼。」我就因此而開始學習並研究雷諾曼卡牌。

雷諾曼帶給我的意義

開始研究雷諾曼占卜後發現相關資料並不多，在台灣的學習資源也相當有限，因此我幾乎在沒有任何理論基礎的情況下自己摸索，包括一張張地連結牌卡以及自己解讀牌意與自創各種不同的牌陣來應對問題，同時也整理出自己解牌的邏輯。最初就是透過這樣的方式，不斷地去為身邊的朋友占卜推演再結合實際發生的劇情，一步步的去校正跟確立自己的雷諾曼系統。

對於事件推演越來越自信後，我開始想嘗試幫他人占卜，剛巧身邊一位朋友正遇到情感挫折，我為他使用雷諾曼占卜，這是我第一次的收費占卜。當時還只是從 15分鐘的簡短占卜開始做起，但他的反饋給了我很大的自信。就這樣我就一路占卜了破千例的個案後，也開始在 Youtube頻道上傳雷諾曼大眾占卜影片，後來應觀眾要求開始了雷諾曼占卜的教學，一直到現在為了給我的學生們一本更實用的雷諾曼工具書，決定著手撰寫一本完整的雷諾曼占卜教學書籍。

以前我是從來沒有想過我可以當一名老師，甚至出書的，是雷諾曼一步一步的帶著我走到今日。

更適合東方人的解牌教學

為什麼想寫這樣的一本書？其實最簡單的想法，只是希望我的學生們能更有系統地學會雷諾曼，所以想將我了解的完整內容整合起來，讓他們在學習過程中有任何問題都能在書中找到答案。

除此之外，我發現市面上的雷諾曼書籍都是以外國翻譯本，很多牌意上可能因為風俗民情的關係和亞洲人的想法會比較有落差。例如：我在女人牌當中會看到女人內心糾結或是一種內斂的情緒，但在國外的書籍當中就沒有這些的描述，但這卻是我認為在東方國家中很重要的一個訊息。

一般我們會把每張牌化成一個名詞、動詞、形容詞，再把這些連結成句子，用這樣的方式進行聯想和占卜。這在我看來卻是受限的，但對我而言，雷諾曼能看到的不只是這樣，它其實應該是一個動態的畫面，像是影片一樣，會有完整前因後果，當然也包含人物心態、性格的描述，例如：看著窗外的她現在的心情、心中的想法、甚至是正在等待的訊息會帶給他什麼內容等等。

所以我才想寫出一本針對亞洲人的視角，結合東方傳統玄學、命理等去做一個結合，讓讀者及我的學生以符合東方風俗民情的方式去進行解讀。

我會在本書呈現以下內容給大家：

1. 36張卡牌完整牌意解析
2. 撲克牌花色解析
3. 個人獨創牌陣：前世回溯牌陣、因果關係太極牌陣 ......
4. 個人解牌心法
5. 獨創抽卡前引導詞提升解牌準確度
6. 每張牌卡的實際占卜對戰經驗分享

希望讀者們能在本書中找到你要的答案，讓我和雷諾曼陪你開啟一趟奇妙的靈性旅程吧！

本書架構

第一章：雷諾曼如何與你的生活結合

《雷諾曼卡預言全書》全書主題圍繞在除了可以推演日常生活的事件之外，還包含著解讀前世今生的占卜法。學習占卜除了可以協助我們用更廣闊的角度去了解事件發展外，同時也可以透過占卜獲得靈魂以及生命的領悟。

此章節包含：

· 說明雷諾曼牌的種類，以及針對占卜題目可以使用哪些雷諾曼牌。

· 介紹雷諾曼牌與塔羅牌的不同之處，在占卜前可以依照個案問題挑選適合的占卜工具。

· 其中有說明如何找出占卜問題的核心，學習拆解問題找到重點的邏輯，幫助你的解讀可以切中核心，精準解答。

· 書中介紹初步接觸雷諾曼卡時如何有邏輯、有步驟的練習聯想記憶牌意，而不是死背。

· 最後每次占卜如何做紀錄，並撰寫占卜日記或個案報告，透過紮實練習一步一步往雷諾曼占卜師之路邁進！

第二章：雷諾曼牌義介紹

在此章節會將雷諾曼的每一張牌的解析及聯想關鍵整理出來。首先每張牌會有一段這張牌在我占卜中帶給我的故事，以及牌卡聯想方法。

此章節包含：

透過我的占卜經驗在書中跟大家分享每張牌卡帶給我的故事，可以從這些故事中學習牌卡想方法以及更貼近日常生活的解釋角度。

每張牌的快速查閱特點：牌性、意象、聯想、意識、建議、事物或環境，透過重點整理可以快速查詢牌卡聯想關鍵字。

對應常見的占卜問題做牌意聯想整理：前世與未來、工作、感情、財運、健康、家庭、夢想、指導靈、時間線性，裡面含有對應「前世記憶雷諾曼牌」的前世解讀整理，以及指導靈的靈性訊息。

針對「日常活動解析」（小事件）、「流年樹解析」（大事件），在雷諾曼劇情推演中，有時候會依照事件大小來做推演判斷，例如騎士牌出現在日常生活中，移動距離可能是北部到南部，如果出現在整年的流年樹解析當中的話，可能就是指出國或到離島去的涵義。

最後會放上這張牌的推演聯想範例。

在這個章節我會告訴讀者們，我在實際占卜過程中的解釋方式，以及遇到某些情況時可以怎麼跟個案說明。學習牌卡占卜除了會聯想及推演外，其實還有如何跟個案表達牌卡所帶來的訊息。

第三章：雷諾曼解讀邏輯與牌陣

這個章節中完整講述從一張牌的畫面解構聯想，到初、中、高階的牌陣解讀推演說明，最後會附上數個實際占卜案例。

每一個牌陣都會依照牌陣說明、解牌技巧、微觀、綜觀的邏輯來說明如何使用牌陣推演，一開始練習時可以將步驟寫在自己的筆記上，透過不斷演練就可以建構起解牌邏輯，進而也可以自己建構自己的解牌邏輯！

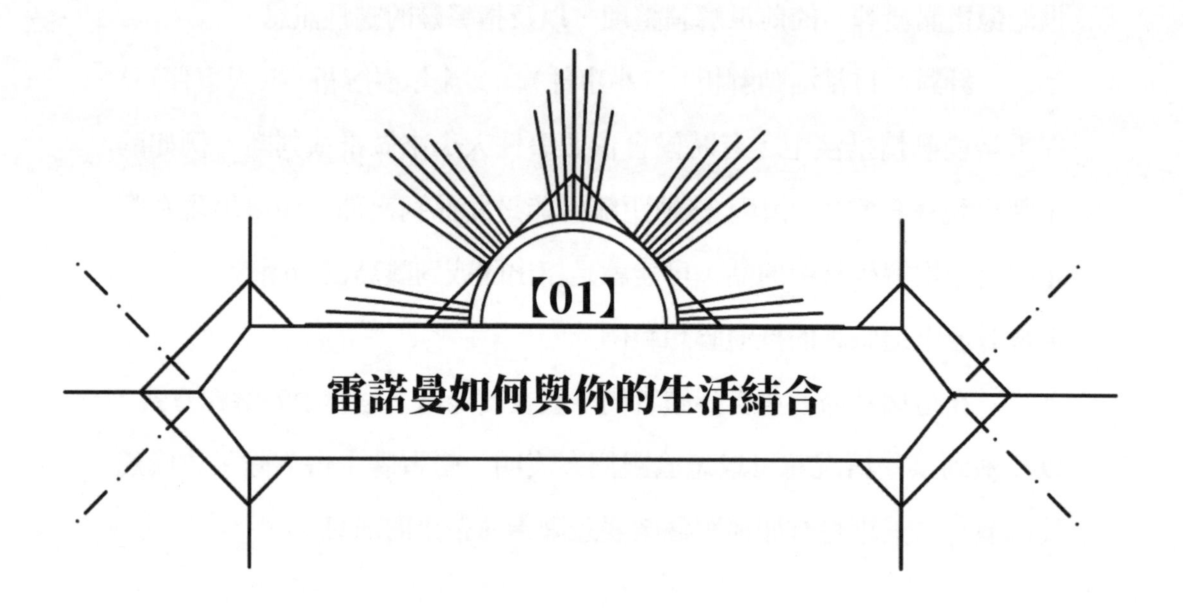

【01】雷諾曼如何與你的生活結合

雷諾曼不神秘，它其實可以協助你判斷生活的大小事。例如台灣人最常見的煩惱是中餐吃什麼，這也可以透過雷諾曼占卜推演來得知吃飯如何安排，當然這也可以用來推演安排家族活動、約會行程、旅遊行程怎麼安排可以避免麻煩及危險。

占卜牌卡是可以協助我們從生活小事，到人生方向導航的功能，而且是人人都可以學，都可以解讀得了牌面，所以不管是覺得占卜有趣或是想要為自己或他人在人生中導航，都很適合進入雷諾曼占卜的世界。

挑選雷諾曼卡

現在市場上面有很多樣的雷諾曼卡牌，也在各國畫家開始注意到雷諾曼這個市場之後，我們開始有各種雷諾曼卡可以做選擇，像是較現代化、向量圖的風格或是用燙金、印花方式等設計出來的牌，都是近期在市場上流行的雷諾曼牌種類。

身為初學者要挑選第一副屬於自己的雷諾曼，畫風以及在圖像上的記憶就會很重要了，建議要以容易去記住這些符號來選擇。所以原始雷諾曼、復刻雷諾曼相當適合拿來作為初步占卜練習。

那雷諾曼卡又有哪些分類呢？我們可以大致分為原始雷諾曼、復刻雷諾曼卡、插畫型雷諾曼、現代雷諾曼、藝術雷諾曼，還有跟此書一起推出的「前世記憶雷諾曼」。

原始雷諾曼適合讀取大的時事、生活流年、月份推運或者是全年記事。

插畫型雷諾曼和現代雷諾曼適合讀取生活瑣事、小道消息、八卦、兩人關係。

而「前世記憶雷諾曼」中也用了很特別的圖樣記憶法以及特殊

設計在卡牌畫面中，對於想了解前世今生的讀者來說，這套卡牌非常適合用來讀取前世故事以及推演今生的課題。

雷諾曼與塔羅不同的地方

雷諾曼吸引人的特點在於圖面的多樣性以及不解讀正逆位，相較於塔羅牌的故事以及龐大的牌意解讀，雷諾曼相對的有更多的延伸思考以及想像力的使用優勢。

除此之外，塔羅牌解讀的是直擊內心的感受，或是靈魂及生命如何安排的事件，雷諾曼更加的可以針對實質上會遇到人事物以及更多的預言。這些都是雷諾曼相較塔羅的優勢。使用雷諾曼時可以感受到事件中的物品、人物、符號、細節，這都能為你在解牌時有更多資訊來完整整個故事。

例如我們提問「明天天氣將會如何呢？」，如果用塔羅占卜可能會出現「明天是一個陰天，你會感受到煩悶，下午過後感受上會舒適一些，或許又覺得有新的動力。」；然而在雷諾曼上可能會更明確的指引「明天會是一個陰雨天，可能會出現打滑或東西掉落的可能性，下午後會有好轉的轉機，感受到陽光灑落，或是地板上泥濘減少許多。」

如果個案詢問的是投資的話，在塔羅牌的解讀可能會是「初期有一些辛苦，中期小有所獲，後期會由於感受到煩悶、不自在的感覺來讓你覺得投資上有點失望或沒自信。」然而雷諾曼則會更重視故事劇情推演，例如：何時會有收穫、風險，或是在過程中會不會再繼續加碼投入等的動作。

圍繞核心問題的重要性

占卜過程中很常遇到個案並不了解自己想要詢問的問題到底是什麼，或是個案一直認為自己需要詳細描述問題起因而給予了過多的訊息。所以第一步我們需要先協助個案整理問題，每一次占卜要明確定義占卜的主題，每次占卜只有一個主題或圍繞一件事。

例如個案在問題中描述了「我在工作中與同事有溝通上的不良，導致我想離職，那我應該如何解決？」，個案提出問題後接著可以透過以下步驟來找出問題核心，並練習如何緊扣主題做雷諾曼劇情推演。

第一步：要從問題中找出議題，在這段敘述中出現了兩個議題「與同事的相處」以及「工作是否要持續或離職」，此時可以從主題類中去抓取，詢問個案要問的是「工作」還是「同事關係」，這就是第一個設定問題時我們要先去整理出個案的問題。

第二步：牌面要緊扣主題，不過度延伸，才不會讓提問變得無限擴張。所以我們要在事件中明確地找出「人、事、時、地、物」才能進行完整的解答或預言。依照上述範例，個案若選擇解讀「同事關係」的後續發展，則以此為目標做延伸，整個牌面都以此為核心做解析。

第三步：牌意要與主題結合，非常忌諱生搬硬套牌意。例如：同事關係中出現花（百合花），有長官、長輩、資深學長或是經營比較久的廠商的涵義，而男人牌就會往主管、老闆、同事、顧客等的方向解讀，不會延伸到男主管變成有情感對象。

若在解牌過程中有其他延伸問題，需另外將問題拆出來，例如上述問題中個案延伸詢問「工作」後續發展，就可以再抽補充牌。若選擇占卜新的主題詢問「工作上作法可以如何調整」就可以往「可以怎麼改善」、「發展」等去抽卡並推演。

不間斷的驗證日記

身為一位占卜師，我們要怎麼開始對自己占卜實力有自信呢？這會需要累積占卜經驗來增加自己對解牌的詮釋。所以對於每一位占卜師們來說累積經驗是非常重要的。

初學者可以為自己設定一個占卜實習數量，透過累積 40~100 份的經驗後會增加非常多的信心。所以不妨嘗試用每日、每週週記、感情推演，或是為自己做簡易事件推演的方式來累積報告，以及加上不斷回頭驗證，相信你一定可以成為一位厲害的雷諾曼占卜師！

以下範例就是透過每日運勢占卜紀錄練習，從第一張牌到第六張牌，為生活設立主題，鎖定並整理出符合主題的關鍵字，依照聯想的方式來跟牌面做描述，記錄每一張牌發生的事情、關鍵的事項，與生活最有連結的詞彙，再將詞彙描述成當天會發生什麼事情。透過記錄占卜後續可以在事件發生後回頭驗證自己的占卜。

雷諾曼占卜日記及紀錄報告

日期：yyyy.mm.dd	個案名稱：謝巖谷

題目：明天的運勢會如何？（分為上半天、下半天）

劇情推演：

上半天牌面關鍵字：
- 月亮：等待已久或內心期待
- 花束：邀請、邀約、慶典
- 庭園：會議、發表、聚會

上半天牌面組合關鍵字聯想：
- 月亮＋花束：期待或等已久的邀請要到來
- 花束＋庭園：受邀參加一個聚會或會議
- 三張牌總結：會有一個期待已久的邀請和聚會要參加或介紹分享。觀察花色組合為黑色出現較多，則會伴隨著社交時感到疲憊的狀態。

下半天牌面關鍵字：
- 送子鳥：轉機、更新、進步
- 太陽：明朗、開拓、展開
- 騎士：前行、前往、消息來臨

下半天牌面組合關鍵字聯想：
- 送子鳥＋太陽：新的轉機或市場的來臨
- 太陽＋騎士：很明確的需求或訊息到來
- 三張牌總結：有新的機會來臨，會有不錯的市場需求跟反應來交流或詢問。觀察花色組合為紅色出現較多，感受上是喜悅的。

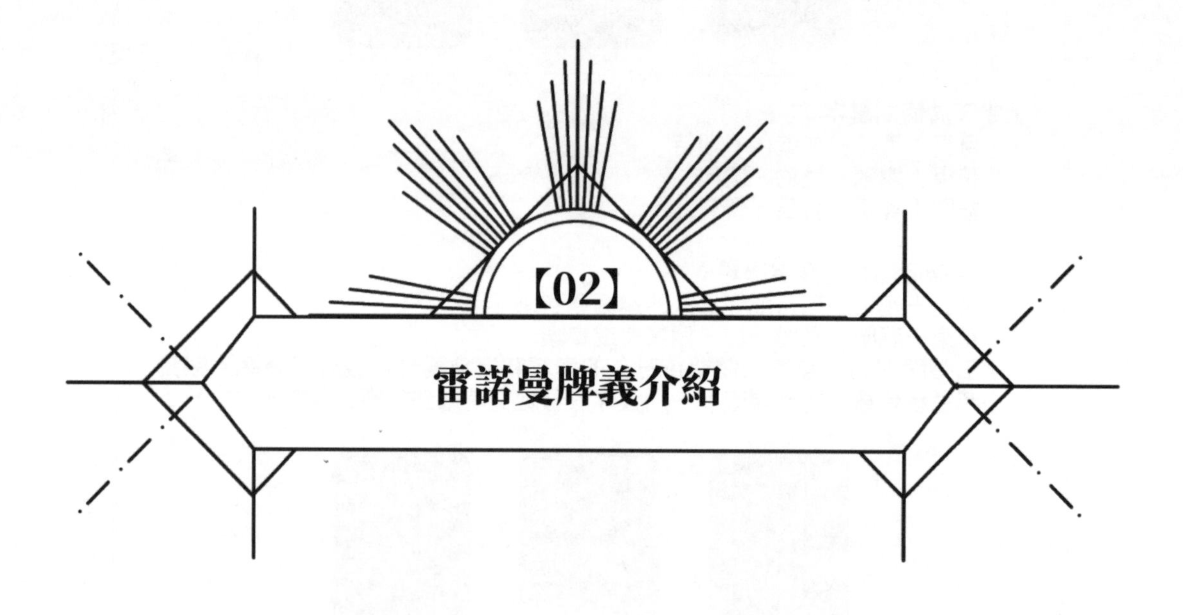

【02】

雷諾曼牌義介紹

這個章節主要會淺談與分類 36張牌的牌意，首先會先說明每一張牌的聯想脈絡，接著整理出可以快速掌握的關鍵字，接著將不同主題分類出來針對單張牌做整理。

透過本身牌意的解釋以及從我的占卜經驗中整理出來的牌意，為每張牌卡增加更多層次的詮釋方式。透過這些聯想項目的集結，可以讓我們在做劇情推演時獲得更多訊息，且可以描述出世界觀更立體的故事。

每一張牌卡的快速記憶項目：

- **牌性：**每一張牌都會說明它分為正性、中性、負性哪三種類型，牌性會影響周遭的牌面，也可能被周遭的牌面影響本身的牌意。例如：騎士牌如果前面是負面牌時那這個訊息的傳遞就有可能是壞消息；或是後面接負面牌時，代表前行移動的方向可能會有危險以及不如預期。
- **意象：**象徵的畫面、行為、外觀等等的。
- **聯想：**說明牌卡的聯想關鍵字。
- **意識：**說明此張牌在想法、思想和習慣上的狀態。例如：抽到雲牌在解讀意識狀態時可以說個案可能會感受到不知道如何面對自我衝突。
- **建議：**抽到此牌的時候的行動建議。
- **事物或環境：**代表推演中會出現的場景、工具、物品等等。

每一張牌卡的主題分類：

- **前世：**主要搭配「前世回溯牌陣」讀取前世劇情。
- **未來：**任何雷諾曼牌卡及牌陣都適用的未來解讀的項目。
- **工作：**就業、工作中、事業相關的主題牌意。
- **感情：**在愛情關係、戀愛或人際關係中的牌意。
- **財運：**投資與財務問題的牌意。
- **健康：**身體健康狀態的牌意解讀，包含物理及心理狀態。
- **家庭：**家人、家族和家庭課題的牌意。
- **夢想：**當在找尋人生方向時可以使用此分類作為解讀關鍵字。
- **指導靈：任何心智、心靈、靈魂方向、靈性成長的牌意解讀，稱為指導靈訊息。**
- **時間線性：**說明牌卡代表的時間長短、快慢。
- **日常活動解析：**針對較小的事件或日常生活劇情的解讀，例如：明天去百貨公司逛街會遇到什麼事件。
- **流年樹解析：**針對時間較長以及較大格局的事件劇情推演。
- **我與這張牌的故事：**這個項目是我在使用雷諾曼占卜的過程中與每一張牌的故事，在學習雷諾曼並練習解牌過程中一定會慢慢與雷諾曼牌建立起默契，以及從經驗中累積自己的聯想詞彙。
- **配對組合範例：**每一張牌銜接正面、負面以及中性牌時牌意都會隨之改變，因此在最後會舉列幾個配對組合，透過觀察牌卡之間的連結推演來加深對此牌的記憶。

如何占卜才會準

牌卡占卜要準確跟能量有關，要學習占卜首先能相信我們外在的世界都是內境的反射。例如外境有人跟你吵架、有人讓你不開心，這都是你生活的一部分，這就是你現在的能量有多少是讓你開心的事情；有多少是帶給你領悟的事情；有多少可以帶給你快樂。

所以一個人大部分的時間用來注意快樂的事情比較多，還是悲傷的事情比較多，這就會取決一個人生活是快樂或悲傷。

而能量是生活中的比重，所以不能說生活中永遠不要不開心，生活中只要幸福的事情，這不會存在，只能說我們開心的時間有多少，或我們跟自己喜歡的人相處的時間有多少？因為總數不變只是如何去配置。

以下是占卜前的準備步驟：

卡牌能量與洗牌暗示：

1. 拿到新的牌卡還沒啟動前需要有開牌動作，例如敲三下醒牌或是把牌拿在前面跟它溝通，希望身邊的指導靈、守護靈、高我、宇宙或其他你相信的更高智慧的存在，透過這副牌卡來給予訊息。當我們要開始占卜之前跟牌溝通時，意念要下準確「我希望宇宙、至高的智慧，通過牌卡給予我指引。」建議在每一次抽牌使用前都做一個這樣的暗示。
2. 二手牌或是閒置較長時間的牌卡面可能含有之前使用的人的意念，或是有一些晦氣干擾，做能量清潔就會是很必要的，可以在陽光下曝曬半小時到一小時，或是去觀想這個牌是不是完全能量場是光明、光亮的，去感受它裡面有沒有意識或是不是完全光明正面的牌卡。還有一個比較安全的做法，可以帶去能量高的地方，像是廟宇、冥想中心等去淨化它。

信任與連結代表能量

1. 個案的信任也是一個連結，占卜師本身是信任的也願意接受指引了，問題就來到了個案，個案信任不足也會導致結果不準確。如果個案沒有很認真當成一件事情，只是占卜好玩，這裡面涵蓋了一個不信任的能量，之前有學生問過我「老師，是不是常常幫不信的人占卜後自己能量就會變不好，幫自己占卜都不準了！」其實結果真的是會導致這樣。
2. 占卜師收費也是信任一種，個案願意花錢來占卜，代表他是認同占卜師的，如果是朋友之間可以買個飲料、隨喜或送點小禮物，這是一個基本的授權。
3. 占卜的能量交換會使結果更加準確，上述實質的報酬、飲料、小禮物都是能量交換。如果在完全沒有能量交換的前提下，信任度不足、能量不足都很容易造成占卜結果不準，會導致最後你不信任自己的占卜。

哪些行為破壞信任連結？

1. 短時間內重複問同樣問題是破壞信任，每一次問問題前要確定好問題再問，或是如果擔心答案不是你想聽到的，可以讓期限設定短一點，例如：這一週、這一個月，在這個期限內不要再問第二次。

2. 占卜是一個能量的演算，不是占卜不準是個人的能量不穩定。所以當心情太亂或是被干擾時不適合做占卜，平時可以透過靜心、冥想、修行保持能量及思緒純粹。所以想成為占卜師，你自己要先成為一個能夠平穩能量的人。
3. 資深占卜師會修行並穩定能量，你有沒有能夠跟牌卡建立信任？能不能跟著牌卡指引去思考？能不能相信他給的建議都有道理，這都是成為一位占卜師的條件。所以要拿掉你心中既定的界線，心中的限制性信念。你有沒有對卡牌有臣服度，這是成為資深占卜師的先決條件。
4. 不常常照著卡牌給的建議行動，如果你很長期的問卡牌，但你總是說我做不到、我不要做，當然每個人都是自由的，是可以問完意見不做，但久而久之你會發現問同一件事情一下出現可以一下出現不行，表示指導靈與牌卡也沒有要認真看待你的問題。

如何維持信任連結

1. 做開牌儀式以及帶去能量高的地方淨化。不要隨便把牌帶到能量很混雜的地方，或是定期曬太陽或去宮廟過香爐清理能量。
2. 看大眾占卜可以選擇一或兩位跟你能量比較一致的，這樣你會得到的建議比較有可延續性或可發展性。建議跟同一個理論或派系、論調去學習，會比較穩定。不然一直跟不同的論調去學習，你的想法變來變去也會影響牌卡，也會導致你對自己沒有信心。
3. 不要一直找你不信任的人完成占卜。不信任的能量產生了，會影響牌的能量。

01

騎士 Rider

紅心九

快速掌握關鍵字

牌性：中性的，容易被旁邊的牌影響

意象：訊息的來臨，移動迅速，自由、健康美麗與活力

聯想：訊息、迅速、行動、傳遞、進度、郵件、指揮

意識：前進、自由、分享智慧、才藝、找尋自我的自由

建議：開始、繼續前進、離開

事物或環境：交通工具、騎乘、路途、曠野

牌意解說

占卜的過程中我多次抽到騎士牌，它有引領及訊息傳遞的意思，例如：帶著訊息來並與大家說「跟著走會有好事，趕緊一起來」的感覺。

它同時也有找尋自我及找回自己的涵義，過程會經歷斷捨離，例如：先離開這一段關係，才能進入到下一段關係。這些尋找自我的過程，都是在為自己無所畏懼的選擇決定屬於自己新的方向，並再一次前行所以意識上也會與找尋自我自由有所相連。

給予個案建議時內容就會是「開始」、「計劃」、「繼續」前進的意思，但是也代表著要離開某個狀態，要前進的過程也意味著一定要跟現在擁有的人事物進行斷捨離，所以前進也代表著你決定離開現狀。

騎士牌的出現表示命運會帶領著你往下一個方向前進，但是也告訴你要與現在的自己做一個告別。獨立涵義的話會有帶來訊息、消息快速傳遞的意思；如果來到意識上的解讀，我們可以知道這代表有沒有學會獨立，以及是否知道自己要的是什麼有很大的關係。牌性部分屬於中性，獨立時是正面的但是容易受周圍的牌影響，如果前面是負面牌時那這個訊息的傳遞就有可能是壞消息，若後面接負面牌時，代表你前行移動的方向可能會有危險以及不如預期。

在騎士牌中所指的交通工具比較是個人而不是大眾的，例如：機車、腳踏車、馬，甚至如果你有私人遊艇也算是，主要是個人或騎乘方式的交通工具的一個聯想。

主題牌意

前世	· 前行、前進 · 開創、引領 · 傳遞訊息 · 逃脫指引 · 收到徵召 · 收到訊息或指引 · 引領前行或領導者
未來	· 下一步訊息 · 跨越、出走 · 拜訪、邀請 · 引領未來或引路人 · 新的方向到來 · 加快進程腳步 · 即將來臨的事件

工作	・ 面對挑戰或前行 ・ 下一個位階或升遷、學著成爲領導者 ・ 需要當機立斷的行動 ・ 收到一份邀請 ・ 是時候捍衛自己的權益或出走 ＊工作特質＊ ・ 積極有效率的人、急性子 ・ 喜歡臨時派發工作或調動
感情	・ 新的關係定義、感情階段 ・ 短暫且快速 ・ 分離或出走的契機 ・ 收到一個回應或邀請 ＊對象特質＊ ・ 衝動、直接 ・ 身高較高 ・ 下盤紮實 ・ 敢愛敢恨、不拐彎抹角 ・ 牡羊座

財運	· 財務上的消息 · 帳單或繳費通知 · 趕緊確定理財動作 · 第一手財運消息、新的財運方向 · 投資理財的指引
健康	· 奔波疲勞、缺乏休息、睡眠不足 · 過度急躁（火氣大、體燥） · 是時候停下腳步喘息 · 下半身肢幹的問題（膝蓋、關節、韌帶、舊傷）
家庭	· 新決定 · 開始表達 · 保持距離 · 需要學著獨立、承擔或擔起責任 · 意見不合的開始 ＊家庭課題＊ · 騎士有著一種肩負責任的感覺，出走或者是離開也是爲自己負責的開始。

夢想	‧ 創業、投資 ‧ 成爲上位者（主管或領袖） ‧ 更高的社會榮耀感（職業或稱號） ‧ 開創新的系統 ‧ 革命或使命感的自居 ‧ 不畏懼他人眼光
指導靈	‧ 前行方向的指引 ‧ 信任靈魂安排的劇本 ‧ 行動才是眞正的開始 ‧ 無需畏懼安排 ‧ 下一步的機會來臨
時間線性	‧ 短暫、快速、稍縱即逝 ‧ 一天或一個月 ‧ 一號接續的牌面則顯示出月份 ＊補充＊ ‧ 如同可以聽到馬蹄聲再收到消息，對於新消息也有稍有耳聞的感覺。

日常活動解析

騎士牌出現在日常推演中時，多數有四處奔波勞苦的感覺，例如抽出一週運勢時在週三出現騎士牌，上班之餘去做居家採購，讓整個行程匆匆忙忙，也沒有時間列出購物清單。

流年樹解析

詢問公司的發展時，騎士牌就有一種領導者需要探詢新方向，像是調動每個部門之間工作配置到最佳狀態，或者在下決策時需果斷。用來解釋國家或更大的局面時表示會有新局面的到來。有時候也會有一種英雄降臨，帶領大家往新的方向前行的解釋。

我與這張牌的故事

曾經我的復刻雷諾曼的騎士牌中的人物右手拿著一根馬鞭，有著鞭策賽馬的感覺。占卜過程中個案猶豫要不要進入多角關係，我跟個案說：「感覺你這件事拖很久了，其實早就已經在進行中了！你根本沒有猶豫的餘地，你只能決定要繼續拖延還是放棄出局。」此刻個案苦笑不已……。騎士牌也包含鞭策行動的涵義。

配對組合範例

問題 1：MIKO問晚餐要吃什麼會開心？

★配對組合：

・ 蛇＋騎士：有跟以往不同的心思。

・ 騎士＋船：去有規劃或主題的餐廳。

問題 2：Crimson詢問摩托車怎麼壞了？

★配對組合：

・ 星星＋騎士：有些儀表板跟啟動上面的狀況。

・ 騎士＋月亮：工具很久沒有檢查，長期曝曬在戶外。

幸運草 Clover

方塊六

快速掌握關鍵字

牌性：正面，遇負面牌會改變性質

意象：好運、機會、祝福、成功、小豐收

聯想：好運、小利益、簡單、輕鬆、賭注、勝利、機會

意識：嶄新、小甜頭、瑣碎事物中尋找樂趣

建議：感到開心、保持正面態度、抓住機會、面對挑戰

事物或環境：幸運物、彩券、御守、平安符、小蛋糕

牌意解說

讓人感覺到雨後萌出新芽與新希望，但畢竟還是嫩芽的狀態，所以也代表著會發生開心的事情但是會很豐盛的結果或喜悅，比較類似於小確幸。

幸運草牌出現在我的占卜的經驗之中時，表示事情沒有想得這麼糟糕，例如：原本對一件事情的預期是偏負面的，但實際遇到後感覺上好像也沒想像中的這麼糟，幸運草就會帶有這樣的感覺。

如果在推演事件看到這張牌時，會發現事件結局不會太差。那如果在工作上的解讀會有嶄露頭角、小機會，因為幸運草的牌面有著一種事情扎根過後露出一點點的嫩芽的涵義，例如：之前在職場或情感上，有認真付出過這段關係，又有抽中這張牌的話，代表你的付出與努力會帶來一點點不錯的回應，就像種子冒芽前是最辛苦的，要一直灌溉、施肥及澆水，可是能不能知道何時能夠成長順利就不得而知了。

所以在建議方面是感到開心、保持正面態度、抓住機會以及面對挑戰，既然可以冒芽了，表示之前的灌溉一定有某程度的用心，但是冒出芽也代表著要把握機會，可能還是要持續努力。

幸運草牌右邊牌是偏負面的話，代表會有小疏漏及壞事可能重新上演。牌性是正面的，但遇到負面牌時會改變性質，不然幸運草都算是小吉祥、小確幸的感覺。

主題牌意

前世	· 邂逅、相遇 · 火花、驚喜 · 任性、調皮 · 青梅竹馬 · 事件萌芽 · 兩小無猜 · 短暫的相處 · 甜美的時光 · 命運突然的安排
未來	· 小有成果 · 嶄露頭角 · 逐漸轉好 · 新的機會 · 好轉的跡象 · 找到下手的契機 · 挖掘出的苗頭

工作	· 好的機會、受到賞識 · 釋出的善意 · 有不錯收穫、好轉的跡象 · 抓到獲利的方式 ＊工作特質＊ · 容易滿足、很幸運的 · 弄巧成拙、出乎意料的 · 小聰明、鬼點子多 · 愛開玩笑、打鬧、團隊的開心果
感情	· 短暫的約會、萌芽的好感 · 好久不見的相遇 · 小驚喜或確幸、意料之外的接觸 ＊對象特質＊ · 貪小便宜 · 樂善好施 · 樂觀開朗、隨遇而安 · 機智靈巧、幽默愛吐槽 · 射手座、雙子座

財運	・ 獎金、偏財運、財務逐漸好轉 ・ 接到小案子 ・ 特價或折扣 ・ 中獎或禮物 ・ 副業的收穫、投資理財獲利
健康	・ 毛髮、毛囊發炎 ・ 皮膚過敏、痘痘 ・ 開始有症狀 ・ 漢方的調理 ・ 好轉的跡象 ・ 不起眼或難發覺的狀態
家庭	・ 新的觀點、好的開始 ・ 放下防備 ・ 溝通的契機、找到切入點 ＊家庭課題＊ ・ 事件出現解決契機。會有小事情覺得不需要急著處理的樂觀。

夢想	· 小本生意 · 小衆市場、新創產業、投資加盟 · 普及大衆 · 文青或獨特氣質事業
指導靈	· 靈感、直覺、機會來臨 · 散播更多愛、勇敢的把握 · 獲得生命禮物 · 對的方向訊號 · 相信自己值得擁有
時間線性	· 短暫結束 · 快速消散 · 突發或即刻 · 兩天或二月 · 二號接續的牌面則顯示出月份 ＊補充＊ · 幸運草快速帶來綠意卻又很脆弱，代表快樂不會持續太久。

日常活動解析

普遍會帶來開心或好轉的契機，即便再不好的氛圍也會帶來一絲愉悅或快樂的感覺，在小事情上解讀就像是上班非常無聊，但是公司每週三會為大家訂下午茶，這個時刻的愉快持續時間不長。

流年樹解析

通常在流年樹出現幸運草都是一個好機會和愉快，像是聚餐、歡慶、獎金，也會有事情轉機，搬家的好機會、有個升遷機會釋出、合作的契機、不同的挑戰；最常出現的還是數偏財運最多，像是意外賣了個好價錢、投資獲利。少數也會有一種不幸中的萬幸感，流年推運時可以解釋成，感覺事情還是有保留了部分的餘地。

我與這張牌的故事

二號牌到底是幸運草還是咸豐草，其實一開始我一直搞不太清楚，因為我的第一副雷諾曼的二號牌圖面是像果實般的紅花，最開始我還稱呼二號牌為小果實或小紅莓，感覺會嚐到一點甜帶著酸，感覺偶爾淺嚐一口是很美味的，這個體驗愉快且短暫。

配對組合範例

問題 1：週末出門去哪裡會開心嗎？

★配對組合：

- 送子鳥＋幸運草：想要散散心換個環境，調整生活品質。
- 幸運草＋花：會發現一些老地方或者是經營很久的去處。

問題 2：房子會順利過戶嗎？

- 棺材＋幸運草：前置作業或文件告一段落或定案，帶來不錯的成果。
- 幸運草＋女人：雖然是一個好的結果，但很快會跟房子道別，可能會有一些憂傷的情緒或為下一步安排憂慮。

船 Ship

黑桃十

快速掌握關鍵字

牌性：中性，此牌會被附近的牌影響

意象：旅行、前行、離開、轉換、陌生地，假如在棺材的右方，也可能代表繼承遺產。

聯想：海外、交易、調動、夢想、猶疑、國際距離、輸出

意識：空間、時間、距離、相交點

建議：需要自由、旅行、嘗試、前行、出發、行動

事物或環境：各類的交通工具、 碼頭、港口、停靠站

牌意解說

船牌感覺像是乘風破浪在前行，在雷諾曼牌組中的船牌，一定都是很大艘或是載著滿滿貨物的，這代表著做好準備然後前行。有些雷諾曼牌組會用前方有危險的方式來提示占卜師，例如：大章魚、海浪、岩石，部分牌卡也有些只是單純一艘船在前行，不一定會把障礙畫出來，那到底前行為什麼要做好準備以及為什麼要用危險或阻礙的方式，來描述這張牌卡呢？

像剛剛所說的這張牌卡需要做齊準備才能前行，代表著會需要耗費一些時間，例如：長途旅行、公路旅行以及出門前都需要花時間準備行李，這也代表在路途上其實會有些意想不到的事情發生，解牌時可以把它舉例為一個要做好準備前行的任務，那也因為我們對前方未知的恐懼而不得不去做一些準備。所以船的前行通常都代表著下定決心，是做好準備才前行的。那為什麼會有些牌卡有著阻礙或恐懼呢？因為代表自己內心雖然告訴自己這件事情可以，但還是會擔心自己無法做好。

所以這張牌最好的建議就會是需要自由、旅行、嘗試、前行、出發、行動，除了要觸發行動以外，船牌也會要求思考你是否該做準備了，是否把準備做好了，這種準備不只是物理上同時也包含內心有沒有真的願意執行。在解讀時除非有特殊性，否則都會看作其實是不是早就準備好要離開了，牌性是中性，會被附近的牌影響，因為前行方向是好是壞或恐懼是否被放大，這都要看下一張牌接的是正面或是負面。

主題牌意

前世	· 船難、逃亡、偷渡 · 傳教 · 遷徙、橫跨 · 探險、冒險 · 人口販賣 · 海上戰爭 · 遠走他鄉 · 諾亞方舟 · 亞特蘭提斯記憶 · 飛船或平行宇宙交通工具
未來	· 出國、移民 · 被迫搬遷 · 末日預言 · 長遠執行 · 計畫啟動 · 危機重重 · 脫離舒適圈 · 時代的革命、長期對抗的準備

工作	· 旅遊業、交通業、運輸業 · 海外或國際企業 · 長期的駐守或出差 · 長期企劃的啟動 · 重振或革新的改變、孤注一擲的挑戰 ＊工作特質＊ · 思慮縝密 · 有野心、有組織能力 · 小心駛得萬年船
感情	· 聘金、聘禮 · 共同努力維護、結婚爲前提 · 蜜月旅行 · 遠距離的戀情、異國文化差異、旅途中的桃花 ＊對象特質＊ · 成熟、穩重、事業有成的 · 擅長言詞 · 喜好規劃、不喜歡臨時改變 · 摩羯座、天蠍座

財運	· 正財、薪資 · 貸款、分期付款、預付款項 · 流動資金 · 非固定資產 · 不要冒險 · 世界經濟趨勢、大筆金額、投資
健康	· 脫水症狀 · 暈船、暈眩 · 腹瀉、便秘、水土不服 · 體內濕氣 · 長期高壓、睡眠不良、腦神經衰弱
家庭	· 家庭採購、開支、債務 · 家庭旅遊 · 家庭結構改變、共同生活議題 ＊家庭課題＊ · 船牌有理念不合的狀態，可能是時候離家或去建構新生活。

夢想	・ 遠大的理想、革命性的創作 ・ 引進各國的資源 ・ 帶領團隊或王國 ・ 冒險王的人生 ・ 走向國際舞台
指導靈	・ 前世回溯 ・ 成就靈魂的道路 ・ 靈魂航行的路線 ・ 是時候該出走，你已經做好準備 ・ 前往靈性、天命的旅途
時間線性	・ 緩慢前行 ・ 長遠或安排 ・ 三天、三週、三個月 ・ 三接續的牌面則顯示出月份 ＊補充＊ ・ 長期計劃與目標，出航就有收穫，持續要完成某個進程。

日常活動解析

船牌在日常中比較常見的是旅遊、出差、遠行，這類的事件就滿常出現的，也會有計畫性的事件推演中會常出現，例如減重計劃、家庭旅遊計劃。

流年樹解析

船牌在流年樹中，其實一定跟「離開」有非常的大的關係，請鎖定好這些詞，出差、離職、遠行，都是在流年樹當中解釋船牌中最常出現的，這些離開是做好準備但是又忐忑不安的，但無論如何一定要去執行。船牌也會很像八字中的流年有「驛馬」有行走或移動的運。

我與這張牌的故事

我的首副雷諾曼卡的船牌，船上有一隻超巨大的海怪，雖然依照牌意解讀是計劃啟動，但是被海怪抓著總有點動彈不得的感覺。在占卜前世記憶時，海怪變得更有故事性了，劇情中會有被抓住、遭逢困難、被宇宙外星怪物攻擊這類的劇情。不過後來市面上的雷諾曼船牌就幾乎沒有海怪的存在了。

配對組合範例

船牌通常有著方向指引或者是出航入行的方向性，所以屬性也容易受到影響。船牌也會是現代交通工具的器材或機械的指引。

問題 1：我最近在交通上要注意的地方？

★配對組合：

· 船＋棺材＝交通工具會停止運作需要維修，要學會定期保養整理交通工具。

· 送子鳥＋船＝有升級交通工具設備更替，有換車的機會或者有更新的技術可以更換某個配件。

問題 2：連假的出遊會順利嗎？

★配對組合：

· 船＋雲＝出門會遇到天氣不佳或者路況不熟悉導致的受阻，導致前往的方向延宕。

· 熊＋船＝是一個很大預算的旅行，訂了昂貴的飯店或享樂行程。

· 船＋戒指＝會去一個需要預約而且要相當守時的景點或餐廳，但是感覺這是當地必排的景點。

· 樹＋船＝會變成一個家族旅遊或養生之旅的行程，像是需要健行或是爬山的行程。

房子 House

紅心國王

快速掌握關鍵字

牌性：中性，此牌會被附近的牌影響

意象：舒適、安穩、保護與安全、家族、基地、王朝

聯想：基礎、成員、室內、當地、內在、成立、定下來

意識：站穩、 根基、 整頓、 物質、建構

建議：保持原本、原地不動 、靠近

事物或環境：房產、建築、基地

牌意解說

房子有家園、安全及基礎平穩的涵義。同時也代表著物質的豐饒與物質的架構，例如：完整的家就會是一個基礎、擁有多少財富資產也會是基礎，這張牌也代表著完整有架構，但是有些雷諾曼牌組的房子牌，會有些窗戶帶著黑影或是看起來沒有舒適感，帶有空屋及不完整的感覺時都代表著有外強中乾，架構沒有你想像的完整，例如：虛有其表，這就像有些人外表光鮮亮麗但其實個性非常的差且沒有能力。

建議會是保持原本、原地不動 ，如果問職場方式怎麼選、一段關係怎麼選時，如果想找能夠照顧自己的人，想必有出現房子牌的話在物質的豐盛是較完善的，至少在別人眼中的價值裡是是絕對擁有的。

房子牌也會有原生家庭或是家裡所帶給你的框架、觀念也有很大關係，牌性是中性，單獨出現是好牌，很同意被周圍牌影響，例如：前面是負面牌的話觀念與架構就會是不好或較頑固的，如果是後面接負面牌的話，就會是沒有你想的這麼完善或表裡合一，事物環境上還有居家、老家、觀念都會是以房子牌展示。

主題牌意

前世	· 大宅院 · 城堡、王宮貴族 · 領地、古老家族 · 被限制思想 · 禮教規範
未來	· 安穩、舒適 · 架構完整 · 搭建完成 · 根基上建構 · 擴張領域 · 可以依靠的地方

工作	・ 置產投資 ・ 家族產業、傳統產業 ・ 架構穩固、制度完整 ・ 建築、營造、房仲業 ・ 空殼公司（依照卡牌風格） ＊工作特質＊ ・ 踏實、穩定 ・ 大家長、領導風範 ・ 按部就班、不愛冒險 ・ 背負他人期待
感情	・ 有家庭因素 ・ 豪門、書香世家 ・ 成家、同居的進展 ・ 穩固的關係重視家庭關係 ＊對象特質＊ ・ 媽寶、愛家、戀家 ・ 可以被依靠、喜歡管別人 ・ 家族產業工作、有基本的經濟能力

財運	・正財、定存、房地產 ・穩定收益 ・低風險 ・房產、祖產 ・承接家族的財運
健康	・家族習慣 ・生活作息 ・骨幹、骨架 ・風水格局影響 ・環境型的過敏
家庭	・家門清白 ・父權主義 ・守護家人 ・繁瑣的規矩、符合家人期待 ＊家庭課題＊ ・「飲水思源」適當就是感恩，過度就變成情緒勒索。所以要在這些狀況與自己的未來達成平衡。

夢想	· 擴大經營 · 成就 · 宗教團體 · 王國、派系 · 保護協會、公益團體
指導靈	· 靜心冥想 · 覺知覺察 · 心靈結界 · 靈魂家族 · 接納宇宙的愛 · 回歸靈魂的本源
時間線性	· 緩慢 · 平穩的建構 · 四天、四週、四個月 · 四號接續的牌面則顯示出月份 ＊補充＊ · 房子牌會有不能立刻看到成效的涵義。

日常活動解析

在日常生活中占卜解釋到房子牌，通常還是會用架構或者組織、家人，這類方向的視角去下定義，例如：午餐要吃什麼？抽到房子牌代表在家自己煮或者買回家吃。

流年樹解析

流年樹會鎖定在「架構相當完整的單位」這類的方向。可以藉由前後牌來知道這個架構指的是哪個方向，像是「創業」、「成家」、「組織」。

我與這張牌的故事

那年冬天我人在上海的時候，有個曾經問過投資理財的學員來找我占卜，個案問：「我想問適合投資的財務公司」抽出第一間投資公司時出現了高塔＋房子＋狐狸，雖然看到整體架構都是完善有組織的，但是我當時使用的雷諾曼牌的房子很多的窗戶沒有亮燈，這個房子實在太像鬼屋了，我便跟個案說：「這間外表包裝得很漂亮的公司，好像是空殼公司。」個案他也覺得一直有這種感覺，因為那間公司一直提不出實際的案例和數據的資料，透過這次占卜也驗證了他的想法。

配對組合範例

★配對組合：

- 房子＋高山＝架構組織上會出現阻礙，或者家庭的狀態可能會出現滿大的壓力或是彼此的關係出現障礙。
- 房子＋錨＝決定要將房子買在某個區域，建構架構的方向有了定案或者在整個事情的核心價值跟公司理念有了一個定案。

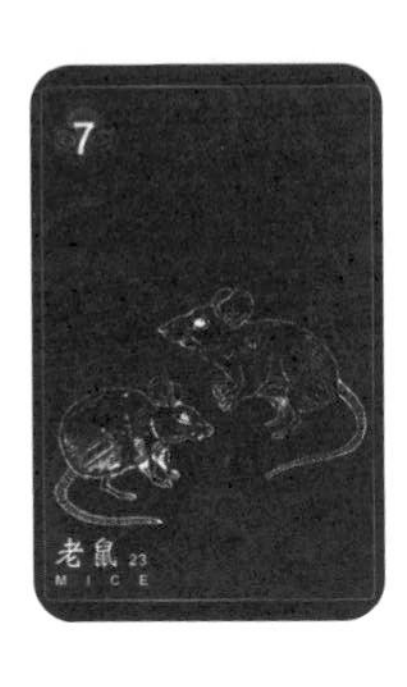

- 老鼠＋房子＝正在逐漸侵蝕整個架構，根基有耗損或者底層看不見的地方的瑕疵，老鼠在前方又有一種從外面進來的侵襲，像是年齡老舊或破損漏水，反之則變成內部的瑕疵所造成的破損。
- 星辰＋房子＝建構組織有了一個藍圖和希望的方向，腦中可以想像完整的模樣和未來成形的樣貌。

樹 Tree

紅心七

快速掌握關鍵字

牌性：中性，容易被周圍牌面影響

意象：強而有力，肥沃、成長、長壽、耐心、週期、薩滿

聯想：基因、藍圖、先祖記憶、脈絡、忍耐、復原、扎根

意識：根源相連、身心靈、修行、內在和平、與智慧相連

建議：保持原本、原地不動 、靠近

事物或環境：家族、 家庭、自然森林、結構架構圖

牌意解說

有些樹牌會帶有鳥、卡巴拉的圖案。樹要長大需要很長時間的灌溉與滋養，所以樹牌也代表年長。樹也和薩滿有關，代表著大地能量，接地與能量呼應。

除了原本灌溉、升級，還代表著要學會成熟以及學著讓自己修護，所以了解自己的健康狀態是很重要的。你需要灌溉及照護健康，才能如此的茁壯，唯有茁壯的你才能讓他人寄託，那這種茁壯不只在物理的能力也代表內心的茁壯。也可以代表需要學會調解自己的情緒，知道如何用智慧面對身邊的人事物與課題，所以樹牌也代表你要學會自我成長來成就完整的自己，可以讓自己內外合一，領悟更多的內在智慧。

樹牌與房子牌的原生家庭感覺很像，房子代表思想架構，而樹牌扎根屬於原生家庭的課題感，就像是習慣慣性，不是因為被教導而形成，而是在家庭生活中耳濡目染出的模樣，例如：父母及家人對你表達情感的方式是否接納，所以樹牌也代表深植在你心中的習慣、根基、基礎。

樹牌也跟祖先業力有點關係，祖先能庇蔭你是因為深植了這些觀念給你，這些會跟家庭課題有關係，例如：我家的思想可能是很可以自得其樂，剛剛好就可以的，有些家庭可能讓小孩從小就有節儉的個性，也就是因為這樣會造成原生習慣、內心陰影或內在小孩。
那為什麼意識會說身心合一呢？因為樹牌就像是我們人在地面上扎根，而在成長過程中，我們就像行走的樹木，你就如同一個宇宙，在這個生生不息的循環中會長成什麼樣貌、根基、多成熟，樹木也代表著年長的智者、能擔起責任的人也可以用樹牌來象徵。

在建議方面與房子牌有類似訊息，房子牌是要繼續穩定架構和在架構下要完善它，而在樹牌是要你要持續扎根持續生長。所以在給占卜個案建議時可以給保持不動，基礎已經很穩不適合亂動，在事物環境方面為什麼說結構架構圖，因為像是族譜、姓氏排列的字、家族排列都會用樹牌做展現。

主題牌意

前世	· 樹葬 · 業力牽扯 · 古老記憶 · 深刻的回憶 · 埋藏的秘密 · 記憶中的大樹 · 大地女神蓋亞 · 薩滿巫師記憶 · 古印度、西藏 · 盤根錯節的故事 · 遠古大自然文明 · 上古神明的記憶

未來	· 生生不息 · 信念、堅定 · 茂盛、旺盛 · 成長、茁壯 · 健康、復原 · 深根去發展 · 堅定的信念 · 被植入的意識 · 根基的穩固、層次的生長
工作	· 企業理念 · 中醫漢方 · 療癒系統 · 木造類產業 · 打穩根基 · 理想主張、上下同心 ＊工作特質＊ · 踏實、傳統、耐壓高 · 基層人員 · 白手起家

感情	· 靈魂伴侶 · 前世業力連結 · 循序漸進的發展 · 原生家庭理念影響 ＊對象特質＊ · 空靈、喜好靈性 · 成熟、有想法 · 有信念思想
財運	· 正財 · 穩健發展 · 等待市場經濟 · 長期投資經營 · 興趣培養出副業
健康	· 冥想、脈輪療癒 · 調養生息、中醫漢方、民俗療法 · 素食主義 · 家族遺傳疾病 · 腦部健康 · 脊椎、神經元、精神類的疾病

家庭	· 家族業力 · 家族史較長 · 家族理念、薪火相傳 · 充分滋養 · 扎根的記憶 · 傳承的習慣 · 望子成龍，望女成鳳
夢想	· 思想家 · 療癒師 · 信仰佈道 · 神職人員 · 醫療發展人員 · 建構思想的架構
指導靈	· 身心靈合一 · 祖先根源的信念 · 斷捨離、內在清理 · 關注自己的內心感受 · 拿回靈魂深處的力量

時間線性	· 緩慢且持續的成長 · 五天、五週、五個月 · 五號接續的牌面則顯示出月份 ＊補充＊ · 樹木從發芽到逐漸成長到足以撐起天地，要花費較久的時間。

日常活動解析

日常抽到樹牌通常都會往比較靈性的方向解析，像是會解讀為清理脈輪能量。推演工作發展或者是財運的時候抽到樹牌，表示這個項目的發展是穩固的。

流年樹解析

流年數推運時，樹牌很常解讀到健康問題，像是身體四肢、過度疲勞、脊椎或者神經衰弱。所以看到樹牌圍繞在健康主題時，就可以提醒個案疲勞跟需要休息。如果樹牌圍繞負面牌時，就會有意念植入的涵義。

我與這張牌的故事

在錄製大眾占卜影片的過程中，有幾次會讀取到家中長輩或是祖先留下的意念或是執著，後來有觀眾留言給我說看到這支影片的解析，跟家人坐在家中不停的落淚，讓我對樹牌又有了更深一層的認識。而我在創作樹牌時將樹木的糾結、根深的狀態表現在牌面上，強調了盤根錯節的關係和樹枝茂密的伸長的型態，彎曲的樹幹也有著柔軟與剛硬並存的涵義。

配對組合範例

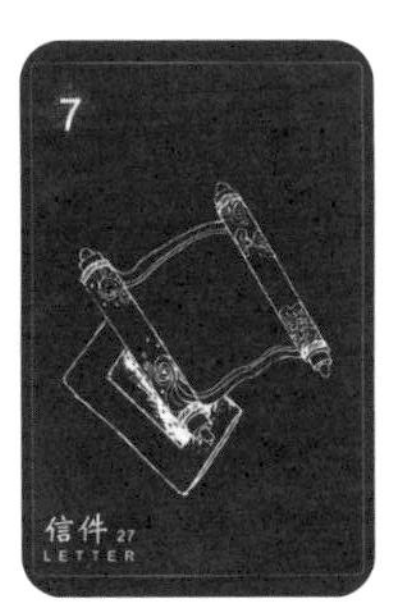

★配對組合：

- 樹＋信件＝有個養生、健康的邀請。可能是療法分享。
- 樹＋鑰匙＝原本的想法會是某個緣份有了新關係的開始，或是有下一個狀態可以前行。
- 熊＋樹＝自己擁有的部分會逐漸地茁壯，像是事業會繼續茁壯或者收入會持續的擴張下去。
- 太陽＋樹＝獲得充足的資源來成長或盛開，就像是景氣會有好轉，或者是充滿信心跟動力讓自己變得更好。

雲 Clouds

梅花國王

快速掌握關鍵字

牌性：負面，這張卡會影響周圍的牌意

意象：糾結、撥雲見日、烏雲不會久留

聯想：愁悶、曖昧模糊、昏沉、糊塗、猜疑、風雨欲來

意識：不穩、無法心靈相連，思緒不清楚，感覺衝突

建議：放空、面對恐懼、放鬆、別輕易決定，退居幕後

事物或環境：香水、煙霧、燒香

牌意解說

雲牌面上的圖案顯示著一種被迷霧遮擋的狀態，帶給人「懷疑」、「不知道怎麼辦」、「看不見下一步」的感覺，此刻所問的這件事情停在烏雲之處會使人擔憂。

在坊間雷諾曼牌中通常會有烏雲與白雲，而梅花國王臉通常面向白雲，要表達的是老天爺不會給你過不去的課題，或老天爺不是要讓你一直愁雲慘霧，就算有也一定是有什麼樣的事情要你學會。

在聯想上這些感覺裡面都會有種被雲霧擋住了，所以會猶疑不覺不知道如何吹散雲霧。在意識上有思緒不清楚的涵義，就像是電視台收訊不好螢幕會變雪花般雜訊，所以會感受到不知道如何面對這個自我衝突。

雲牌的重點一定是一種阻礙，它不會久留，但是你會一時看不清真相，建議會是注意、放空、面對懷疑恐懼、放鬆、別輕易決定、退居幕後、小心一點。意識上要有穩定的狀態，因為疑惑糾結一定跟自我內在有關。就像是大雨來了，這場雨可能最長一兩個禮拜就會消散很快就過去了，那可以先避開、先躲雨。建議可以以不動應萬變，因為雲霧最終會消散。它可能不會真的帶來一整片的光明，但是至少會有短暫的休息時間或是雨會變小，所以有雲牌的時候不要太快做決定要特別小心，因為很可能處於一個很混亂的狀態下。

這張牌的牌性是負面牌，會影響周圍的牌意，例如：好的事情到這邊會停滯，或是騎士牌接到雲霧牌那這個訊息可能會受到阻礙，所以雲霧牌通常代表停滯、阻礙或是看不清真相。

主題牌意

前世	·雲上國度 ·跨維度的 ·戰爭、戰火 ·天道、天界 ·天譴、災難 ·天災、摧毀 ·暴風雨來襲 ·經歷過風波 ·重大的變故
未來	·迷路 ·模糊不清 ·天氣不好 ·停滯、阻礙 ·不明朗答案 ·不確定走向 ·事情變複雜 ·原本計劃被停止 ·真相被掩蓋、迴避

工作	· 瞎忙、不明確 · 帳目有誤 · 無法掌控的疏失 · 靠天吃飯的職業 ＊工作特質＊ · 表裡不一、逃避、易怒、不耐煩 · 多慮、猶豫、選擇障礙
感情	· 磨合期 · 曖昧對象 · 有所隱瞞、摸不清底細、搞消失、冷戰 ＊對象特質＊ · 時常低潮、不安全感 · 情緒反覆、性格難捉摸
財運	· 停滯、等待方向 · 經濟狀態不穩、理財不順 · 政策變動、市場大動盪

健康	· 吸菸、過敏 · 侵蝕性的傷害、吸入性物質影響 · 肺部、氣管、喉嚨 · 外在環境影響內在 · 心靈內外在的不平衡 · 憂鬱、躁鬱
家庭	· 財務問題 · 爭執、吵鬧、低氣壓 · 關係膠著 · 彼此觀念落差
夢想	· 重新定義夢想 · 被阻礙、停滯 · 外在環境的影響 · 本來的希望被遮擋 · 停下思考自己要什麼

指導靈	· 該重新整頓 · 不要想掌控 · 提高視角 · 停下腳步思考 · 臣服命運的安排 · 無論如何都會度過
時間線性	· 風雨欲來、快速消散 · 六天、六週、六個月 · 六號接續的牌面則顯示出月份 ＊補充＊ · 雲牌通常是快會消散，很快就會撥雲見日。但也有持續很久的可能性，像是梅雨季、疫情、政府政策，這些就是無可避免的停滯。依照牌面來判斷時間狀態。

日常活動解析

雲牌最適合解釋每日的氣象的推演，像是隔天的天氣如何，如果出現雲牌很明白的知道天氣會不佳且會阻礙行動，像是下雨天不能騎車出門不方便；旅遊行程劇情推演，除了天氣不好，也可能發生路上爭執、餐廳沒開、開車迷路這一類的問題，都是一些不怎麼好事情。

流年樹解析

鎖定整個關鍵字「停滯」、「不明朗」、「風暴」，接著仔細的看當月份會發生的事件走向關鍵，藉由關鍵訊息去尋找出停滯與阻礙的原因，可以依照雲牌接續的牌面解析出這件事情會停滯多久、造成的影響又有哪些。通常會建議個案期間內「靜觀其變」因為阻礙像老天變臉一樣是無法控制的，所以先止步下來靜候佳音或先求明哲保身，不要跟命運對抗。

我與這張牌的故事

我常常舉一個例子：「有個每天把工作排滿的人跌倒摔斷腿，待在家裡休息養傷的期間，可能會思考自己的人生，到底要不要花這麼多時間將自己的生命全部都花在工作上面？靈魂善用事件讓你獲得領悟。那從更高的視野看這件事情，摔倒對他來說不一定是壞事。所有的安排，都是最好的安排，或許遇到雲牌停下腳步是為了讓你重新校準方向。

配對組合範例

★配對組合：

- 雲＋幸運草＝事情會漸漸明朗，而且會有一個小收穫和成果；小收穫可能是意想不到的，或者要經一段停滯以後才逐漸萌芽。
- 雲＋鐮刀＝可能不明朗的狀況，不要擅自妄為的去探訪或硬闖，可能會受傷或者因此有所損失。（靈性解讀的組合，也會有心神不濟所以犯血光的意涵）

- 鑰匙＋雲＝開創的新方向，可能會遭逢一些停滯或者整個架構宗旨的定位還有些模糊。
- 花＋雲＝目前只能把手上的工作或者原訂計畫繼續進行，可能沒有下一步，或者無法有更好的安排。

蛇 Snake

梅花皇后

快速掌握關鍵字

牌性：負面，影響周圍的好運

意象：威脅、聰明、背信棄義、笑裡藏刀、羨慕又嫉妒

聯想：陰性能量、虛偽、複雜、控制、 誘惑、隱藏

意識：與想法相同的人相處，找能支持的朋友

建議：善用智慧、轉換傳統、小心信任之人、 繞路通關

事物或環境：管線、手環、圍繞、蜿蜒、曲線、水

牌意解說

通常蛇牌給人的印象都看起來很壞，可愛的蛇牌其實不太常見，大多數都帶有恐怖、綑綁以及勒索感。蛇牌也會有躲在暗處伺機而動的感覺。

為什麼在聯想的物理以及意識上會有兩種差別呢，其實基本上如果在物理狀態的推演的話，他一定帶有勒索、製造恐懼，讓你感受到被人用情緒抓著你脖子的感覺，如果帶進職場中的話，這就會指有小人，有人在背地裡說你壞話，也代表背後動手腳。

它不一定代表女性，也有可能是男生但是心思細膩難以推測，以意識上來說明對方會勒索你，這意味著蛇的這個人一定很聰明且很會算計。

相反的蛇牌在靈性上就會是要運用更多的智慧、想法，會有著蛻變，內在智慧的超脫。脈輪裡也有靈蛇的概念，講的是智慧以及內在指引，會說著繞過彎路、曲折來讓你知道其實可以藉由學習或是更高智慧逃避苦難，但是要注意如果蛇牌是在靈性有時太過聰明反而有靈性逃避的現象，所以建議就會是善用智慧，轉換傳統，小心信任之人、繞路通關、扭轉局勢。

蛇牌有著傳統對女性的思想綑綁與勒索，可是要去轉換這個思考，不應該再被勒索，重新嚮往自由及內在解脫，而不是用綑綁或被勒索的方式面對人事物。

主題牌意

前世	· 綁架、監禁 · 陷阱 · 被詛咒 · 被背叛 · 被欺騙 · 遭到埋伏 · 被害死、毒死 · 薩滿智慧
未來	· 困難 · 陷阱、危險 · 不懷好意 · 繞路改道 · 曲折離奇 · 各懷鬼胎 · 欺瞞、欺騙 · 潛伏的危險 · 不按牌理出牌

工作	· 犯小人 · 不法獲利 · 笑裡藏刀、高情商 · 臨陣脫逃、倒戈 · 管路、線材、精密技術 ＊工作特質＊ · 女性、背後會說壞話 · 冷血、城府 · 套交情 · 挑撥離間、心術不正、私下交易
感情	· 第三者、地下戀情、一夜情 · 別有意圖、充滿謊言、誘惑 · 欲擒故縱 · 因利益而建立關係 ＊對象特質＊ · 善妒、綑綁、情緒勒索 · 強迫症 · 不誠實、控制狂、冷漠、虛偽

財運	・債務、損失、套牢 ・漏財、破財 ・詐欺、小聰明 ・替人擔保 ・趕快降低損失
健康	・皮蛇、狼瘡 ・氣結、淤結 ・皮膚組織類 ・心血管疾病 ・腸道、消化系統
家庭	・情緒勒索 ・母親課題、不願放手 ・證明自我價值 ・必須小心翼翼生存 ＊家庭課題＊ ・與原生家庭的母親有很大的關係，像是情勒或綑綁，以至於長大後會有隱藏內心情緒的習慣。

夢想	· 更高的智慧 · 將一切都擁有 · 證明自我價值
指導靈	· 善用智慧去勇闖 · 你有更高的理想要去前行 · 相信自己的價值 · 將自己敏捷的思緒發揮在更好的地方 · 你不需要靠別人來證明自己 · 忌靈性逃避而不去行動
時間線性	· 快速的行動，迅速隱藏腳步 · 七天、七週、七個月 · 七號接續的牌面則顯示出月份 ＊補充＊ · 蛇牌的行動相當敏捷迅速，迅雷不及掩耳，等到獵物發現的時候都已經爲時已晚，需要更即時得注意這個警訊。

日常活動解析

較多時候會以慾望或是勒索解釋，像是個案的媽媽會情緒勒索或約會的對象有所意圖。最常見的占卜題目是想了解約會對象心裡怎麼想，出現到蛇牌表示對方只是想要發生關係，不是真心想談感情。

流年樹解析

關鍵字「小人」、「勒索」、「女性」其實每年一定會有遭逢小人的時節，所以其實看到這張牌的時候一定要把重點放在具體的人事物上面，例如：投資會逢小人來騙財，並提醒個案這件事情將會影響接下來的運勢。這張牌離當季主牌越遠越好，才能減少傷害跟受傷程度。

我與這張牌的故事

開班授課時有一位同學問「週末的約會運勢如何？」抽出了三張牌，分別是船＋雲＋蛇，我說：「雲牌表示會遇到雨天、陰天，船牌是交通工具的一個指引，最後的蛇牌看來不是一件好事，蛇牌代表誘惑或勒索，感覺這個約會對方的意圖會相當明顯，可能會有特別的邀約。」

下一週上課的時候，詢問大家的回饋以及上週末的練習有沒有驗證，這位學員就興高采烈地跟大家分享，上個週末與網友約會，天氣下著毛毛雨所以對方開車邀請他出去玩，路上一直喊著說想休息問要不要去旅館，印證了推演故事。

我繪製這一個牌卡的創作概念是，用太極陰陽的兩隻蛇以及交錯，來呈現綑綁的涵義，藉此強化我認為華人社會的情緒勒索思想的具象化，由於太愛、太怕失去了往往會讓愛扭曲，變成一種不同於我們認得愛的樣貌來呈現，而扭曲且綑綁。

配對組合範例

蛇牌通常都帶來一些負面意象，這些意象通常是很實質的事件或者是人。

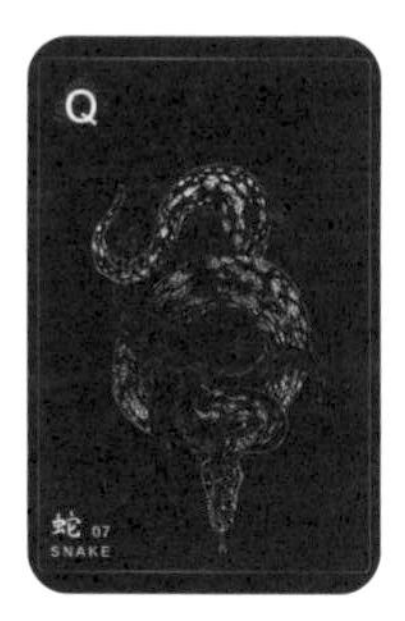

★配對組合：

- 蛇＋犬＝背叛的人可能來自一直忠誠守護或者是身邊的人出賣你。
- 蛇＋庭園＝充滿目的性的場合或是某種銷售集會。
- 船＋蛇＝旅遊可能會有景點會收大把的門票但不值得，或者是被欺騙價值。
- 樹＋蛇＝根深蒂固的習慣是勒索或者是對別人比較有防備心，不輕易表態。

棺材 Coffin

方塊九

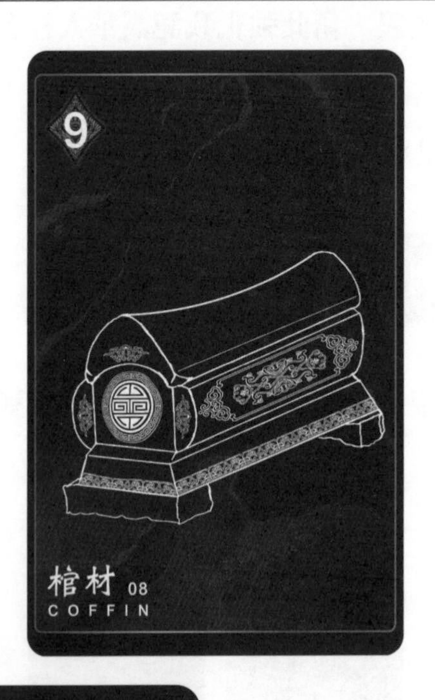

快速掌握關鍵字

牌性：負面，影響周圍的好運

意象：結束與死亡、陰沉、克服挑戰、死亡與重生。

聯想：破產、結束、定局、期限、霉運、生病、悲慘

意識：轉換更新態度、有時是蛻變

建議：休息、躺著、待在家裡

事物或環境：箱子、盒子、地下室、抽屜、床下

牌意解說

看到棺材牌切記不要過度樂觀解讀為重生，需要先經歷斷捨離後才有更多空間容納新的風景進入你的生命中，所以棺材牌是說你至少會經歷過一次死亡或結束，也許不一定很長的時間點或造成很大傷害，無論占卜到什麼問題只要遇到棺材牌出現就要有最壞的打算，之後才會經歷改變。

結論看到棺材牌時說的是學會斷捨離後看到的風景，因為我們知道丟掉東西後還可以獲得什麼，就會感受到自由。就像有人會覺得結束一段關係非常困難，但就是要經歷過一次挫折或關係的結束，才能真的學會應該用什麼樣的新角度來面對感情。

建議方面休息、躺著、待在家裡 ，其實更多的是要理解這個重生或蛻變是勢必要經歷的生命過程，這些都是要學會與自己的狀況相處，與沮喪痛苦相處以及與自己內在好好道別才有機會蛻變成真正的樣子。

牌性是負面這張牌會增加周圍牌負面，如壞牌於棺材前，則算結束厄運，意思是如果前面是壞事那代表結束了，如果前面是好事接棺材牌那就是好事到頭了或是該轉換到下一個階段，嶄新的契機或合作。

主題牌意

前世	・轉世投胎 ・埃及 ・送別 ・絕望、活埋 ・詛咒、陪葬 ・轉生儀式 ・道教儀式 ・地底城市 ・死後世界 ・下部世界
未來	・重新思考 ・全盤皆輸、砍掉重練 ・重生的機會 ・不祥的結果 ・害怕、恐懼 ・即將來臨的終結 ・無法喘息的壓力 ・失敗、損失、崩毀

工作	· 賠款、失業、非法工程 · 設備損壞 · 地面下工作 · 結束合作、計劃失敗、營運結束 ＊工作特質＊ · 搞破壞 · 陰鬱、不自信 · 事情到他手上就會結束 · 壓倒駱駝的最後一根稻草
感情	· 無能爲力、回天乏術 · 痛苦的終結 · 已經結束的關係 · 悲痛欲絕、絕望、心死 ＊對象特質＊ · 陰鬱、病人 · 批判、仇恨、悲觀 · 無神論 · 不相信愛情

財運	· 大破財 · 身敗名裂 · 金融危機 · 週轉困難 · 一次性危機 · 宣告破產、巨大的損失 · 重新整頓的時機
健康	· 住院 · 憂鬱症、自殺傾向 · 行動不便、臥病不起 · 細胞壞死 · 療程的結尾、疾病的結束 · 負能量干擾、負面情緒干擾
家庭	· 死心塌地、不離不棄 · 妻離子散、斷絕關係 · 萬念俱灰、以死相逼 · 老死不相往來 · 年邁長輩離世

夢想	· 貢獻人生 · 爲亡人祝福 · 重新開展人生 · 圓滿生命的體驗 · 宗教或人本事業
指導靈	· 伴隨成長 · 重生前必經過苦難 · 結束的就已經結束了 · 生命會找到最好的出路 · 一切都是爲了更好的安排
時間線性	· 結束、了結，依照牌面取決時間 · 八天、八週、八個月 · 八號接續的牌面則顯示出月份

日常活動解析

生活中抽到的棺材牌，相對來說就不會有這麼沈重的議題，但還是要做個心理準備，像是出門可能不會開心、餐廳剛好沒開門、或者各種的理由造成不成行或者取消整個行程。我都會戲稱這張牌叫做「至少要結束一次」代表肯定會有一個階段的結束。

流年樹解析

在流年運勢裡面出現棺材牌，鎖定關鍵字「結束」、「了結」、「重大疾病」、「財務危機」，如果在流年樹中看到了棺材牌，其實一定代表某一個層面的自己即將被轉化了，就一個重大的改變是時候該捨去過往的自己或將前一個階段的生命要做一個總結跟斷捨離。

特別要注意的事情，切記不要強行把棺材牌只解釋成重生跟轉變，在重生之前一定會先經歷階段的結束，或者有些事情會有重大的變故跟結束，而且將伴隨著痛苦。

我與這張牌的故事

流年運勢推演時抽到女人＋棺材＋小鳥，這很明確是有生命離去的能量，我便說對個案說：「會有一個年紀稍長或家中的女性，會有病情急轉直下的狀況，接著會有通知所有家人。」結果某天下午本來還跟這個個案聊天時，他的手機響起訊息是家中年邁的女性長輩過往了，要安排時間回老家奔喪。

配對組合範例

★配對組合：

- 棺材＋蛇＝事情破局以後發現暗地裡面還有其他人在背地裡動手腳；結束一段綑綁或糾結的關係或關係結束後仍然保有情感糾葛。
- 棺材＋道路＝經歷一場失敗之後，出現了抉擇的道路，被逼著做出選擇；波折結束過後，出現了更多的方向可以選擇。

- 花＋棺材＝長期合作以及配合的人，可能會結束合作或契約到期；順應生命或者能量的流轉，壽終正寢的感覺。
- 信＋棺材＝通知結束營業；查封的訊息或者收到一個暫停所有的進行的訊息。

花束 Bouquet

黑桃皇后

快速掌握關鍵字

牌性：正面，遇負面牌會改變性質

意象：歡樂、美麗、愛與幸福、滿足和溫暖、成功與勝利

聯想：禮物、驚喜、創造、天份、愉悅、享受、魅力

意識：內在滿足、感謝、治療、饒恕、豐盛

建議：要美化、隨喜贊助、儘管交付

事物或環境：花束、情人、化妝保養、修整、花盆

牌意解說

花牌有著豐盛、邀請、美滿，但是有些牌面畫家在描繪這張牌時反而不將花畫得這麼茂盛，可能會是少而精緻的。

在聯想以及意識合起來要特別注意，要看牌卡上花的圖案表達，如果花是比較特別或沒有這麼漂亮時會有種虛偽的邀請或是邀請背後有別的意圖，因為不會平白無故獲得好處。所以在前後有接負面牌的時候，就會有是否真心給你或是他是否有別的意圖才交付給你這麼多情感或是邀約，但是在本書中還是要鼓勵大家一定要讓個案先相信無論如何邀請一定是豐盛或是符合預期的，再看後面出現什麼牌組再去判斷意圖為何。

所以在建議就會是開心、要美化、隨喜贊助、儘管交付，一定是人事物準備好交到你手上了，只是說交付你甜頭跟好處背後的意圖是什麼還有著另一層面的解析，至少接到訊息的當下充滿了歡喜邀約，例如：朋友聚會請你來幫忙或是參加工作邀約，也會用花束牌做代表，但是花束的邀約時間性不會太長，花束牌在工作代表可能是接案子，關係上是約會，因為當下還是會開心，所以還是儘管開心吧。

主題牌意

前世	· 相遇 · 邀請合作 · 精靈、昆蟲 · 媒妁之言 · 關係建立、迎親成婚 · 賣花郎、賣花女 · 花田、花海 · 花海中相遇 · 華麗的年代
未來	· 喜悅、禮物 · 利誘 · 願景、夢想 · 婚禮 · 貴人來臨 · 開幕典禮 · 盛大迎接 · 豐盛、盛開 · 階段性的展開

工作	· 企劃 · 禮品店 · 邀請、推薦函 · 尋找事業夥伴 · 共同理想的盛情 · 裝潢、設計、花藝、庭園造景產業 ＊工作特質＊ · 熱情、盛情、有美感 · 採購、團購 · 活動企劃、喜歡慶生、舉辦儀式
感情	· 形式主義 · 驚喜、禮物、人人稱羨 · 浪漫愛情、熱烈追求 · 一見鍾情、夢中情人 · 滿足、喜悅、歡笑聲 ＊對象特質＊ · 自戀、花心、虛榮心 · 文青、藝術家、設計師、美容師 · 浪漫主義、專注外表、擁有魅力 · 天馬行空

財運	・價值提升 ・意外之財 ・小道消息 ・曇花一現 ・貴人指引 ・你的財務狀況受到保障且穩定
健康	・肺腺 ・外表 ・花粉症、植物過敏、香精過敏 ・過敏性鼻炎
家庭	・老本行 ・遺傳五官 ・繼承家業 ・形式的愛、注重形象、門風 ・注重門當戶對、自我感覺良好 ・金玉其外，敗絮其中 ＊家庭課題＊ 花牌表示物質或形式，所以也有寵壞小孩的涵義。

夢想	· 花店、植物園 · 大型的宴會 · 創建精品品牌 · 物質豐盛的生活
指導靈	· 宇宙禮物 · 相信宇宙的愛 · 你將得到生命的豐盛 · 宇宙會給你應得的物質 · 你的付出將有所收穫
時間線性	· 花生長週期不長，也算是短暫的驚喜 · 九天、九週、九個月 · 當月的九日（右邊的牌會顯示月份）

日常活動解析

在日常解析時我們如果抽到了花束牌的話，其實我們就可以預言會一些小驚喜或者是會有人送禮上門、登門來拜訪的一個機會。但這也代表對方也有所求，就算只是想博得好感也是一種有所求。

流年樹解析

流年樹解牌的過程之中我們也會將關鍵字鎖定在「邀約」、「邀請」、「合作」，花束牌距離當季的主牌靠近，其實是好的一件事情，因為代表要開展一個新的合作、結婚或收到邀請一起開公司。

特別要注意的是如果花束牌的前後是負面牌的話，很可能會影響花束牌的屬性，如果花束牌的前後有著棺材牌或鐮刀牌，這個時候花束牌可能就會變成一種秋後算帳，或者是說有雪中送炭的意象，但是這個幫助或禮物可能是無事獻殷勤非奸即盜。雖然很感謝即時來協助，但是也難免有著未來要再還這個恩情涵義。如果距離主牌的前後都是正面牌的話，其實也代表的事情會有往好的發展或者是一個好的合作機會到來，如同 8號牌是棺材牌而 9號緊接著是花束一樣，為重生獻上賀禮，所接著的轉機或往更好的一個改變人生的機會。

我與這張牌的故事

在我最剛開始接觸雷諾曼的時候，其實我不是很懂得去解釋這張花束牌，因為我的第一副花束牌，他的意象是玻璃花瓶裡面只插著一支桔梗，雖然是一個象徵性的邀請或優雅點綴，但是孤單感及渴望被關注的訊息就被放大許多；所以最開始我在推演這張花束牌的時候雖然有著邀請、合作、優雅，但是也會感受到滿滿的孤單跟期待受到關注。

家庭課題中更放大雖然外在看似衣食無缺，但這樣的形式生活更失去了靈魂熱情般的本質。所以花束牌，在我看來並不是這麼全然豐盛、富饒，尤其在花色上面，每每注意到黑桃Q的時候，總覺得像一個臃腫的貴婦將全身帶滿名牌，撲滿胭脂水粉的細心妝容，但是這一切如同要掩飾自己婚姻不順一般，不斷的向外穿戴來武裝自己。

在我創作前世記憶雷諾曼卡的花束牌時，我就一直在思考如何將歐式的花束或捧花變成東方元素的風格，這個時候我便想到了剛剛我說的第一副雷諾曼卡，花瓶以及剪好的花，是不是組合起來也是花束的意象呢？所以我就用青花瓷為這一次的設計理念基底，在青花瓷上則創作插花來讓整體更佳的一致性。

配對組合範例

★配對組合：

- 花束＋書本＝受到邀請參加一個企劃的開展；受邀參展、策展。
- 花束＋鐮刀＝禮物打開以後快速被分食或者有人討要。
- 熊牌＋花束＝從原本熟悉的同溫層被邀請參加不同的聚會。
- 高塔＋花束＝大型公司機關的招商或合作企劃，市場壟斷；公司發起的邀請，像是尾牙或春酒，有種不得不去的感覺。

10

鐮刀 Scythe

方塊侍者

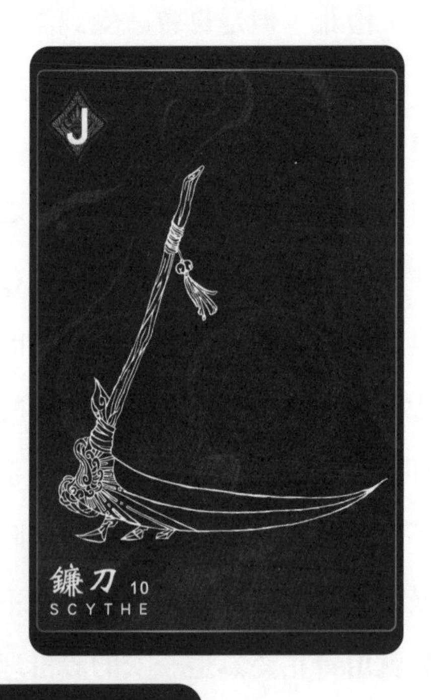

快速掌握關鍵字

牌性：負面牌，偶有中性，會影響周圍的牌

意象：清理、切割、收集、警惕與小心

聯想：瞬間、裂開、清理、分離、收割

意識：清除某些狀態、切除惡性，與不必要的人事物了斷

建議：抉擇、準確、切斷、是非分明

事物或環境：各種刀類利器或是耙子

牌意解說

鐮刀有著收割與收穫的意思，在每一組雷諾曼牌組的鐮刀牌中看起來都是銳利的，所以也代表斷掉、切除。解讀這張牌時它的刀刃方向通常會透過刀口方向來做判斷，朝右表示切斷；朝左表示收集。若在鐮刀牌在主牌左邊，事件已發生或正發生，在右邊代表還沒發生。如同上述，左邊是收穫、右邊是切割，如果占卜問題是負面的時候，鐮刀牌在左邊可能是即將發生切割的狀態，那如果在右邊的話，可能是切割的事情正在或已經發生了。

這張牌在過去的解讀經驗中，收穫的涵義佔多數，例如：上了很多課得到很多收穫。這張牌也和斷捨離也有關，因為鐮刀牌在解讀兩人關係或親密關係時，會有需要跟舊習慣了斷，在關係中不能已經覺得不舒服了卻不敢提分手。所以意識層面上鐮刀牌有與不必要的人事物了斷或是切除的涵義。建議方面改緊決定、抉擇、準確、切斷、是非分明、小心注意。

若讀取的是靈性相關題目時，鐮刀牌會有血光的涵義或跟內心斷捨離、危險有關，在我的經驗中，例如：個案問夢的訊息時，出現男人牌接鐮刀牌的組合，因為在夢境中男人不是真實存在的所以鐮刀就有種索命、討債的意思，就好像是前世姻緣討債、祖先業力討價，所以會犯血光。

牌性方面是負面牌，偶有中性，會影響周圍的牌，注意刀口面對的主牌方向，如果在主牌的右邊可以知道一件事情之後會怎麼樣，就可以趕快注意，如果離主牌很近的話，就可能割到或傷到主牌能量或著詢問事情的主能量就有可能因為鐮刀牌而有所損傷，當然如果牌面是在問業績如何時，有鐮刀牌反而是不錯的，帶來的是豐盛、豐收的狀態，但也代表著某些客戶是一次性合作。

主題牌意

前世	· 兵器 · 貧困、奴隸、底層 · 劊子手 · 受到壓榨 · 獵巫行動 · 抗爭、起義 · 農夫、耕田 · 務農的年代 · 跟死神擦肩而過
未來	· 爆胎 · 驚嚇、突發意外 · 注意停損 · 操之過急、不自量力 · 收割、收尾 · 強制、暴力行爲 · 果斷且迅速行動

工作	· 職業傷害、高危險職業 · 外科手術醫生、牙醫、廚師、美髮師 · 使用銳利器具工作 · 合約中斷、辭職、團隊縮編、裁員 ＊工作特質＊ · 果斷、乾淨俐落 · 有效率的 · 精準停損 · 斤斤計較 · 錢花刀口上
感情	· 報復、恩斷義絕 · 分手、拒絕、絕情 · 危險的戀情、強烈情緒起伏 · 快刀斬亂麻、糾葛戀情中解脫 ＊對象特質＊ · 自殘、粗魯、執著、固執、EQ不高 · 生活困難 · 恐怖情人 · 教育水準不高 · 身上有疤痕、輪廓分明、身形曲線偏瘦

財運	・ 破財、減薪、辛苦錢 ・ 會獲得金錢收益 ・ 經濟狀況突然逆轉 ・ 財務狀況受到保障且穩定
健康	・ 劇烈疼痛、切片檢查 ・ 醫美整形手術 ・ 敏感性牙齒 ・ 骨折、挫傷、割傷、刀傷 ・ 頭痛、偏頭痛 ・ 血光、受傷、見血 ・ 牙齒、牙科神經相關
家庭	・ 家庭革命 ・ 又愛又恨 ・ 關係切割 ・ 斷捨離課題 ・ 跟家裡要錢 ＊家庭課題＊ ・ 斷捨離及放下執著反而有更多收穫，例如：因爲離家工作，反而跟父母關係變好。

夢想	· 革新 · 改革 · 資源整合 · 整頓世界 · 整理規則
指導靈	· 愛回自己 · 放下得失心 · 回看自己的努力 · 斬斷不必要的牽連 · 放下不必要的人事物 · 是時候要爲自己收穫
時間線性	· 鐮刀牌有著銳利、快速、利索，所以時間線性比較快，或者有快速收割的速度。 · 十天、十週、十個月 · 當月的十日（右邊的牌會顯示月份） · 五月的下旬（稻田收割的季節）

日常活動解析

鐮刀牌在日常的解析中出現時通常代表著要小心突如其來的傷害，例如：被紙割傷、被刀子割傷，或者是撞到所導致的傷口。通常我稱這張牌為犯血光或破財。但是要注意一下鐮刀牌也有收穫的意思，依照刀口的方向判斷。例如：占卜活動會不會順利出現鐮刀，這一場活動就讓我收穫了很多新同學的認可與稱讚，也感受到大家熱情參與豐盛心情，對我來說這也是一種收穫。

流年樹解析

流年樹的解年運解遇到鐮刀牌時，如果剛好是農曆四月或七月的話，這時就會出現「破財」、「血光」的能量就會偏強，所以我會告訴個案這兩個月份要特別小心，跟注意人身安全或健康狀況，如果可以的話記得那陣子要低調一點不要亂跑或者不要觸犯一些月份禁忌。

我與這張牌的故事

在教授雷諾曼預言占卜課程時，每個學生都會很認真的去記得鐮刀向左向右代表的含義，接著解牌時就會一直強調左邊是收穫；右邊是切割，所以也會不管前後牌面通順與否，一定要把收穫與切割加進整個推演描述，當時就覺得大家實在是太可愛了，怎麼都這麼認真。

鐮刀牌是一體兩面的牌，就像天王星的能量一樣，是帶來一種突如其來的改變，但是有失去亦有得，例如：割到手是不是下次就會小心拿工具了呢？這何嘗不是一種收穫。

在創作前世記憶雷諾卡的時候，總覺得鐮刀這個工具，從石器時代到現在的菜市場，好像從來沒變過多少，所以特地要將東方元素點綴上去有點困難，這時我問妻子：「你覺得鐮刀可以怎麼變東方？」，她說：「就把它畫成武器啊」我就開始朝著設計成兵器的方式去著手了，所以大家不妨注意一下鐮刀牌的細節，其實上有著華麗的裝飾哦！

配對組合範例

★配對組合：

· 鐮刀＋魚＝收穫很多的資源，然後換取到大量的收入；因為切斷了原本的產業，進而獲得更多的發揮空間。

· 鐮刀＋高山＝整頓一切的心情和行囊，接下來有巨大的考驗要跨越；將資源整合好，面對新的挑戰。

· 高塔＋鐮刀＝龍頭產業的併吞或者是將其納為己有。

· 狗＋鐮刀＝意外獲得忠誠且專業的人員共同行動。

11

鞭子 Whip

梅花侍者

快速掌握關鍵字

牌性：負面牌，除了運動與習慣的作息則會變中性牌

意象：爭吵、反對、懲罰、報復、性、上癮

聯想：恆心、暴力、規劃、鞭策、重複、清掃、處理

意識：調節內在紛爭、平衡和諧、規範、自我約束

建議：為自己表達、重來、劃分與策劃、重複練習

事物或環境：鞭子、皮帶、掃帚、棍子或桿子

牌意解說

有些牌面會使用鞭子，有些會使用掃帚它們代表的涵義都是被驅使、驅逐、重複勞動。出現鞭子牌時跟許多上癮症狀很有關係，當然也代表需要有意識的去清理這種狀況，這個成癮是不是代表你的自我約束不夠，明知道傷害自己卻又不知該如何規範自己這是需要學習的。

鞭子牌也有重複勞動的涵義，例如：問工作的內容如何抽到鞭子牌，代表會與之前工作差不多，而且主管會更嚴格，約束你每件事情都要照規範走且不好溝通。如果是在說人本身那就會跟自我約束、調節自我內在有關係，因為需要知道自己為什麼會有成癮症並從中解脫出來。

如果在解情人關係時，容易有吵架、爭執、言語暴力與行為暴力的溝通方式。但鞭子牌畫面上有掃帚的話也會有清理的涵義。所以有時候解讀雙人關係時我反而會問個案，你們是不是其實一直在忍耐彼此，會不會吵一吵，爭執過後就沒事了，反而更加輕鬆呢。

所以建議就會是先想再說、行動、為自己表達、重來一次、劃分與策劃，學會有耐心的調整行為讓自己學會該怎麼溝通。那為什麼另一個是行動，簡單來說如果壞習慣應該怎麼被調整的時候，就需要鞭策自己。結論這張鞭子牌需要看事情，講自己就有自我規範、為自己表達，如果講別人的話就要看事情的方向，被約束、管制或是被要求重複勞作。牌性是負面除了運動與習慣的作息以外，基本上會帶有被規範、約束或是有成癮狀況，其實偏負面的。

主題牌意

前世	· 監獄 · 勞動 · 慎刑司 · 被虐待 · 聽命於人 · 魔法掃把 · 鞭子武器 · 奴隸、奴役 · 牢獄之災
未來	· 有所要求 · 按表操課 · 遵守規則 · 謹言慎行 · 聽命於人 · 指責、指控 · 憤怒、暴力 · 爭執、打架 · 激烈的言語 · 遵守紀律行爲 · 爭辯、爭吵、口角

工作	· 體力活、時薪制 · 日復一日的 · 健身、運動產業 · 遵守相當多規範 · 緊張與高壓的職場環境 · 不和與紛爭、意見不合 ＊工作特質＊ · 自律的人、自我要求 · 重複被提醒、需要流程、只做熟悉的事
感情	· 肉體關係、特殊性癖好、激情的慾望 · 充滿火花激情的關係 · 控制、競爭、搶奪、侵略性強 · 喜好爭論、辯論 ＊對象特質＊ · 霸道總裁 · 疑心病重 · 充滿魅力、慾望較強 · 強烈的控制狂 · 體格健壯

財運	・固定收入、開支 ・金錢上的糾紛 ・用體力換取物質 ・計時收入、按次計費 ・花錢消災、糾紛和解
健康	・整骨、復健 ・挫傷、拉傷 ・虐待與濫用 ・男性生殖器 ・反覆的症狀 ・民俗筋骨療法 ・各種的成癮症 ・強迫症、焦慮症 ・慢性疼痛和慢性病
家庭	・軍事教育 ・控制、打罵教育 ・肢體傷害過 ・遵守規則規矩 ・家暴、激烈衝突 ・思想保守、傳統

夢想	· 證明自己 · 一勞永逸 · 存款很多、有被動收入 · 證明努力能成功 · 打下自己的江山 · 證明給不看好自己的人看
指導靈	· 展現包容與耐心 · 學會自我的規範 · 爲自己訂下目標 · 自律是爲了獲得更多自由 · 沒有規範的愛，是一種浪費 · 找到愛回自己的規則與界限
時間線性	· 快速被鞭策；長期的勞動則時間會被拉長 · 十一天、十一週、十一個月 · 十一月 · 當月的十一日（右邊的牌會顯示月份）

日常活動解析

日常活動的解析中，鞭子牌其實常常代表著重複性的動作或者是自我的規範的提醒，所以如果抽日常的運勢有鞭子牌的話，就會提示著，記得去運動、繳費、打掃、洗衣服、跑銀行，這一類固定模式的行動和規範性行為。

流年樹解析

流年樹的解析時，鞭子牌就會是全年流年運勢會特別為了計劃或者規劃而去長期鞭策自己，需要有點約束的要求自己需要去完成整個目標的意涵。所以流年樹的關鍵字鎖定在「約束」、「鞭策自我」「壓力」、「不間斷」的詞句上面。

我與這張牌的故事

復刻雷諾曼中的鞭子牌，其實是畫著掃把。有一次解前世記憶時，就讓我想到迪士尼動畫的米奇狂想曲中會走路的掃把一樣，我就跟個案說：「從這張牌感覺你前世是一個魔法師，有著一把飛行自如的魔法掃帚，還有一些魔藥需要帶在身上。」

在創作這張前世記憶雷諾曼的鞭子牌的時，結合了我的學習過程，我決定將我最開始喜歡的掃帚留下來，在結合鞭子在做這個設計，而我一直不是很喜歡像馬鞭的短鞭子，所以這張卡牌我創作是設定長鞭，與掃帚一起來一段狂想曲，圍繞在掃帚上面，讓勞動、控制的能量來的更加地彰顯。

配對組合範例

★配對組合：

· 鞭子＋房子：不間斷的勞動和頻繁的完成整體架構；為了將整個系統寫出來，不斷地去糾錯系統跟抓漏防呆。

· 鞭子＋花園：充滿禮儀、規範和各種形象要小心的社交場合；夜店或者內衣秀大家可以展露性感的場合。

· 船＋鞭子：準備啟程去到下個地方，路上必須戰戰兢兢小心翼翼，一不注意可能就會有口角或衝突；出去旅遊的過程可能會有口角或爭執。

· 魚＋鞭子：突然有大量的金額要進行資源分配，或者是開始規劃理財；收到貨款以後開始發薪資。

12

小鳥 Birds

方塊七

快速掌握關鍵字

牌性：中性牌，會被周圍牌給影響

意象：成雙成對、愛情或伴侶、安穩、智慧、消息、溝通

聯想：吵雜、言語溝通、八卦、思緒、謠言、神經質

意識：與內在的智慧連結、嚮往自由

建議：主動表達或溝通、相信你的第六感

事物或環境：聲音、電話、鳥類、交流性的傳遞訊息

牌意解說

小鳥牌通常會有兩隻鳥，有些牌則會用貓頭鷹做展示，小鳥牌依照牌面繪製的鳥類品種的不同也會影響解讀時的感覺。

解讀上會觀察牌面是否有比翼雙飛、自由自在、一同前進、互相交流或是遷移感，如果牌面上繪製的是貓頭鷹的話比較多的是有智慧的傳遞，彼此很懂對方在想什麼。

那如果不是貓頭鷹的話就會比較像下方說明，有種小鳥牌會是有鳥籠很多鳥聚集在裡面的話這就不是好事情，會比較像茶水間的八卦，很多嘴很多謠言的感覺，像是有個通訊軟體的圖示也是用小鳥來做標示，那意思就跟小鳥牌意涵相像，大家一起丟出小訊息、小八卦共同分享。

在意識上會是與內在的智慧連結，嚮往自由，智慧的追求，也就是說在關於課題、意識成長的話代表解脫，所以在意識上會提醒個案，是不是有很想做的事情但因為被家庭或工作勒索而無法去做？是不是很想追求思想的自由，那這時候就是要建議主動表達或溝通，相信你的第一印象與第六感的指引。小鳥牌的自由也代表著靈魂內在很想活出有自由的模樣，藉由溝通與表達讓自己不再恐懼，你才更加自由。

牌性是中性，但會被周圍牌給影響，前面是好牌的話，帶來的消息會是好消息，那如果是負面牌的話，可能你的八卦會被人謠傳的滿天飛，事物或環境會是聲音、電話、鳥類、交流性的傳遞訊息，例如：通訊軟體、通訊設備都有可能用小鳥牌做象徵。

主題牌意

前世	・私奔 ・詩人 ・歌手 ・鴛鴦命 ・流落人間 ・充滿爭議 ・自由自在 ・情投意合 ・雙宿雙飛 ・會飛的種族
未來	・互通有無 ・互相交流近況 ・參與談話會議 ・訊息或資源的分享 ・協商、溝通、談判 ・短暫的探訪、拜訪 ・簡單的聚會或午茶 ・面試、推銷、會面、簡報 ・電話、視訊、社群軟體的訊息

工作	· 業務、微商、電商、機動性高 · 職場謠言八卦 · 談判、聚會、面試 · 拓展專業人脈交流 · 演講撰稿人（搭配信件牌） · 公關類工作 · 影音創作者 · 社工、心理諮商師、語言治療師 ＊工作特質＊ · 嘴巴甜、油嘴滑舌、熱情 · 八面玲瓏、喜歡辯駁 · 喜歡分享、喜歡接話、聒噪
感情	· 曖昧言語、需要溝通 · 情投意合、眉來眼去 · 接收到期待的電話或訊息 · 親密的對話、電話聊天充滿情慾 ＊對象特質＊ · 活潑、蹦蹦跳跳、單眼皮 · 很多話題、見多識廣 · 喜歡四處旅遊

財運	· 集資購物 · 共同投資 · 適合求財 · 進出自如 · 股市起伏 · 新聞媒體報導
健康	· 脖子 · 表達障礙 · 語言治療 · 支氣管、肺腺 · 喉嚨、咽喉、扁桃腺 · 跟聲音喉嚨相關的症狀
家庭	· 家務事 · 意見不同 · 家庭聚會 · 溝通和樂 · 家庭會議 · 近況分享 · 講壞話、八卦 · 暢所欲言、表達自己

夢想	· 講師 · 律師 · 主持人 · 大法官 · 大學教授 · 揭露眞相、傳達理想 · 宗教講師、法師 · 名嘴、辯論家
指導靈	· 韜光養晦 · 注意口舌官非 · 去表達與溝通 · 把這份情傳下去 · 分享你的光芒與愛
時間線性	· 小鳥是快速飛翔的，如果形容訊息會像新聞快速出現到又快速被其他新聞替代版面。 · 十二天、十二週或是一年 · 十二月 · 當月的十二日（右邊的牌會顯示月份）

日常活動解析

日常解析到小鳥牌，我會建議把關鍵字鎖定在「交流」、「八卦」、「小道消息」例如：提問聚會順利嗎？，出現小鳥牌表示有熱烈交流、遇到有相同話題的人，依照前後牌面的不同，也可能會有聽到別人的八卦，更新到某些人的近況這類的訊息。如果提問曖昧對象的話，小鳥牌可能就暗示著，對方可能目前跟很多不同的對象交流。

流年樹解析

在流年樹的解析中，我會建議把關鍵字鎖定在「溝通」、「聚會」、「大量討論」小鳥牌的能量偏正面。

也有共同話題得以交流的機會，例如：公占卜活動所有的與會者都是有接觸靈性在靈性有共通話題。這就有更目標性的交流的解析，是一個可以分享自己理念與思想的機會。如果後面接著男人或女人牌，那就很有可能遇到一個不錯對象。

我與這張牌的故事

待在上海的時期我有一副有著可愛翠鳥的雷諾曼，但在移動的過程中遺失了！所以創作前世記憶雷諾曼小鳥牌的時候，我很想再重現遺失的小鳥牌，所以我也是設定蜂鳥來做整張小鳥牌的風格，兩隻蜂鳥，有著快速、交流、溝通的感覺，也從蜂鳥裡面去展現出來。

配對組合範例

★配對組合：

- 小鳥＋月亮＝一起交流內心的感受還有講心事；跟情人對話中表達內心個感受
- 小鳥＋十字架＝討論沈重或需要很認真的心態面對的議題；在一個宗教或信仰的交流討論中。

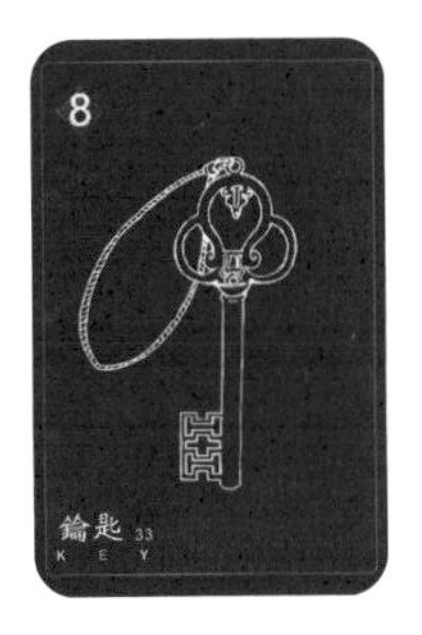

- 鑰匙＋小鳥＝下一個階段需要開啟的討論與對話；開啟一段對話或創意發想會議。
- 戒指＋小鳥＝正式簽約的會談與討論；婚姻契約、合作細節的討論。

13

小孩 Child

黑桃侍者

快速掌握關鍵字

牌性： 中性牌，會被周圍牌給影響

意象：用天眞的眼光看待世界、隨性行動

聯想：嬰兒、青少年、好奇、嬌小、幼稚無知、學生

意識： 起點、開花結果，找尋內心的童貞

建議： 釋放赤子之心，開心享受，用天眞態度面對問題

事物或環境： 遊樂場、玩具、托兒所

牌意解說

小孩牌有著勇氣天真與浪漫，但是他可能不太會保護自己，或是不知道會遇到危險。有些小孩牌牌面比較陰暗代表的是內在小孩。小孩牌表示沒有真的學會成熟，浪漫天真無所畏懼得前進但不知道會不會遭遇危險，有些牌面的小孩會把臉部放大讓你們看他的神情，例如：看著城堡的模樣有點沮喪、拉著玩具綁在地板上，在意識層面上的解讀就會有不願面對長大、負擔責任的意思。

對占卜個案說明時，我會說你需要學習用成熟眼光看待事情。如果占卜個案詢問的是在工作職場上的煩惱時，我反而會跟他說你會不會覺得自己很愛抱怨，常常覺得別人對不起你，大家應該幫著你呢？所以小孩牌在解釋上也會有覺得自己還小還沒長大、需要被保護及不需要背負責任的涵義。

建議方面是釋放赤子之心、開心享受，用天真態度面對問題，要試著放開自己那份堅持與恐懼，如果占卜時牌卡右邊出現小孩牌時，表示可以堅持下去，接下來會遇到有人來幫助你，如果占卜問題是遇到的傷害會造成什麼結果時，解釋就會是要學會成長以及為自己負責。

牌性是中性牌，會受周圍牌給影響，因為前後的好壞影響，到底是獨立自主的模樣玩樂自己還是不想放開只想大人持續陪伴。

主題牌意

前世	· 小公主 · 陪嫁丫鬟 · 孤兒院、修道院 · 被遺棄 · 指腹爲婚 · 父母雙亡 · 星際小孩 · 自給自足
未來	· 有孩子 · 有成績 · 新的事業 · 重新開始 · 減緩或減弱 · 計畫的雛形 · 與兒童有關 · 雛形、小企劃 · 正在起步的過程 · 全新的開始、起點、開創

工作	・基層職位 ・新興產業 ・全新的專案、新創、草創公司 ・兒童市場相關產業 ・兼職、零工、接案、簡單不費力的工作 ・年齡層偏低的職場 ＊工作特質＊ ・職場新人、不懂世俗、經驗不足 ・轉換跑道 ・講一次記不住，需要手把手地教
感情	・熱戀時期、初戀 ・兩小無猜、青梅竹馬 ・羞澀、害羞、幼稚、純潔、不成熟 ・沒遇過的對象類型 ・年輕或年紀更小 ＊對象特質＊ ・幼稚、娃娃臉、年紀輕、容易氣哭 ・不負責任、不懂表達、比較任性 ・身材嬌小、較矮 ・天真無邪、人畜無害

財運	· 晚一步 · 新的副業 · 無心插柳 · 貴人來相助 · 粗心、錯過 · 小額的投資 · 小面額的中獎
健康	· 自小體弱 · 小腦反應慢 · 障礙或缺陷 · 懷孕相關症狀 · 各種兒童疫苗、疫苗的接種 · 剛注意到的輕微症狀、發病初期
家庭	· 驕縱、任性、隔代教養 · 內在小孩、自信不足 · 備受關注、被細心呵護 · 排行最小的孩子
	＊家庭課題＊ · 小孩牌表示想緊抓自己的東西不想分給別人。

夢想	· 光耀門楣 · 不要長大 · 活在自己的世界 · 無憂無慮的生活 · 證明自己的價值
指導靈	· 關注內在小孩 · 傾聽並跟隨內心 · 看見內在的自己 · 你正準備開始綻放 · 你需要開始療癒自己 · 你需要追求導師的指引 · 長大的同時代表背負責任 · 相信世界的良善並放過自己 · 請原諒我、對不起、我愛你、謝謝你
時間線性	· 時間性通常是短的，但若是詢問培養則會變成長時間的涵義。 · 三天或十三週、一年 · 當月的十三日（右邊的牌會顯示月份）

日常活動解析

日常解析中的小孩牌，我會建議把關鍵字鎖定在「初始」、「開始」、「懵懂無知」多數都是一種剛起步還沒有準備好所有的資源或經驗的狀況。例如：「新工作面試的結果會如何？」抽到小孩牌可以跟個案確認，是不是其實沒有做很多準備、經驗和自信不足？這樣就可以推演面試官會覺得這個面試者還很菜，那可能會因為經驗不足而被壓地薪資或經驗考量不錄用。

流年樹解析

在流年樹的解析中，我會建議把關鍵字鎖定在「新創」、「成果」、「事業」、「小孩」是創作出自己的作品、創立公司、創建品牌，都是自己的小孩的象徵，所以可以了解出現小孩牌不見得是生小孩，而是有什麼東西誕生或創造出來了，如果小孩牌接近季運核心時，就代表整季可能都會繞著這個小孩跑。

我與這張牌的故事

我自己收藏過幾副雷諾曼卡牌中的小孩牌，都長得有那麼一點可怕，像是眼睛很哀怨或者姿勢像骨折，還有一個童話風的額頭很高，所以每次我想要嘗試把天真無邪跟這個牌面連結在一起總是有些困難，反而我都只看到自己內心那個不願接納任何人，沒有真正接納他人進入生命的小孩。

創作前世記憶雷諾曼的小孩牌時，我用了兩個不同的小孩呈現這樣情感，一個有著想被照顧或者想被關注的模樣，另一個姐妹則是瞇眼笑著天真的模樣，其實就是將這樣的內外衝突給展現出來。

配對組合範例

★配對組合：

- 孩子＋樹＝往下探索可能會發現更多可能的意圖與開展的可能；純真無知的外表，隱藏著成熟且固執的性格。
- 孩子＋雲＝未知的危險在前方，目前的狀況可能無法承受；一昧的天真無畏可能會碰到一些障礙。
- 熊＋孩子＝財富可能會有一些新的發展或轉型的機會；太快就獲得一桶金，不知道該怎麼確認下一步。
- 送子鳥＋孩子＝新生活的來臨，有新生兒準備要加入你們的世界；重新整合和全面更新，會整合出一個全新的樣貌。

狐狸 Fox

梅花九

快速掌握關鍵字

牌性：負面，如果和工作有關則是中性

意象：聰明狡猾、私心、設計陷阱、對家人忠心、生存者

聯想：隱身、旁門左道、背信棄義、小偷、狡猾、謊言

意識：自欺欺人，逃避現況與不願解決問題

建議：運用才智、靈巧創意、小心危險、面對

事物或環境：任何陷阱、奇巧的設計、騙局

牌意解說

狐狸給人的印象都會有狡猾、奸詐、偷雞摸狗或是不安好心的模樣，前世記憶的雷諾曼卡中的六尾狐，則有一種修煉已久的感覺，更加是一個老狐狸或者是心中滿滿的計謀感。可能也懂很多伎倆和手段。

狐狸狡詐私心但會為了家庭與生存去偷竊，同時牠會合理自己所作所為。狐狸牌出現也表示占卜劇情的人物中有老狐狸，絕對不能輕易相信他，他就是正大光明讓你知道我就是帶著面具，如果需要跟這樣的人合作的話需要選擇適當的時機，例如：公司需要業務時，這個人說不定就能帶給你利益，但相對的給予他的好處要夠多，同時他可能會有些小動作讓你沒辦法發現，難以管教及太聰明及狡猾。

狐狸牌解讀情人時，在我的經驗中都代表會有偷吃、外遇或同時跟很多人約會的涵義並且他們會合理化自己的行為。

在意識上的解讀是自欺欺人，逃避現況與不願解決問題，明知道目前的做法不是長久之計，但不欺騙自己就活不下去，所以需要用假象蒙蔽自己。

建議上因為狐狸是很奸巧的，他是很可以運用面具、心機或鬼點子來取得優勢，試著勇敢正視與面對。在我幫個案占卜的的經驗中，我可能會說，你會用裝可憐騙取同情心，這個爭鬥又能鬥多久，最後誰輸誰贏也很難分曉，所以還是會建議要面對事情，可能可以用這種做法解決某些問題但不能永遠都用這招過關卡。

主題牌意

前世	・陰陽師 ・狐狸族、妖怪幻化 ・落井下石 ・商人記憶 ・不安好心、陷阱 ・被欺騙、利用、聽信讒言 ・追逐、獵捕、被搶走信物 ・重要的物品
未來	・倒戈的人 ・禮中有詐 ・注意收受賄絡 ・不安好心的人 ・被搶走的功勞 ・有人虎視眈眈 ・注意細節上的手腳 ・天下沒白吃的午餐 ・注意拍馬屁、吹捧的人 ・切勿輕信他人 ・準備、戒慎小心、提高警覺

工作	· 網軍、暗箭傷人 · 獵人頭公司 · 來探查敵情 · 隱私資料販售、檯面下的交易 · 犯罪、非法 · 間諜、記者、狗仔、私家偵探類 ＊工作特質＊ · 搶功勞、自私不願分享 · 僞善、心機重 · 爲了生活不得已、不爲人知的面具 · 展現聰明、耍心機、爲達目的不擇手段
感情	· 攀關係 · 別有意圖、各取所需 · 假戀愛眞利用 · 隱瞞與欺騙的關係 · 有陰謀的誘惑上當 ＊感情特質＊ · 精實、優雅輕盈 · 騙子、迷人但是危險 · 神秘的吸引力、靈活、狡猾

財運	· 破財 · 貪心 · 小心被騙 · 需要更多的謹慎 · 陰謀、詐欺的投資 · 避開高槓桿、風險的投資
健康	· 延誤、誤診 · 過勞、操勞 · 緊張兮兮 · 容易不安焦燥 · 偏頭痛、眼壓 · 久病成良醫的人 · 有還沒發現的問題 · 還沒發現眞正的問題 · 需要再次檢查、多方確認
家庭	· 假面具、形式主義 · 互不干涉、離鄉背井 · 彼此心照不宣 · 非常忠誠於家人、要讓家人過上好日子 · 不知道家人間眞正的狀況

夢想	· 自主創業 · 連鎖產業 · 餐飲集團 · 成就一番事業 · 帶領更多人成功
指導靈	· 不要逃避 · 是時候獨處面對內在 · 不要爲自己找藉口 · 是時候承認自己的失敗與錯誤 · 拿下面具的你其實很多人愛 · 你值得擁有更好的生活 · 你不用強迫自己變成不喜歡的樣子
時間線性	· 狐狸的獵食速度很快速，而且會埋伏很久。所以如果推演事件發展是快速的。 · 十四天 · 當月的十四日（右邊的牌會顯示月份）

日常活動解析

我會建議把關鍵字鎖定在「欺騙」、「假象」、「逃避」，就像是今天去賣場買菜可能就會買貴了，或者特價品組合起來可能不划算。或者老同學約吃飯，抽到狐狸牌推演可能對方要推銷或投資保險。

流年樹解析

狐狸牌一定代表某種誘惑或是利益免費送上門，而這些好處一定是無法說得很清楚，或沒有合約保証相關利益，所以不是被騙錢就是會買了一些根本沒有用到的東西，到時候還要騙自己這個很好。這就是狐狸牌一定會在每年的流年占卜戳到個案心裡那塊想不勞而獲的心理。

我與這張牌的故事

狐狸牌就像是包裝著糖衣的小騙局，有時他不認為自己是欺騙因為是對方自己要上鉤的。就像去連鎖漢堡店我總是會點套餐，因為普遍會認為套餐在價格上較優惠，但有一次加總了每個單品價格發現跟特餐價格是相同的。

商人用另一種說法讓你更能接受商品，這就是兵不厭詐，狐狸就是狐狸，東西明擺在那邊，願者上鉤。

在創作狐狸牌的時候，我其實嘗試了好多種風格，素描、寫實、動畫，但是一直找不到一個適合想呈現的狐狸，東方與西方的狐狸又根本沒什麼差異，後來我想到山海經以及影視作品中的狐族，還有兒時動畫有妖狐逃到人間的故事，於是我便決定將狐狸牌變成六尾狐狸，更奸詐但是因為帶點仙氣，我本來還有點擔心貪心的意念不足，後來畫完我覺得，他或許貪的是人心吧！這樣也是意外地符合意象。

配對組合範例

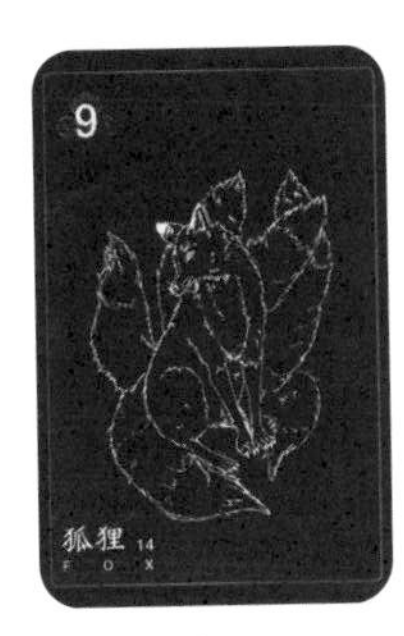

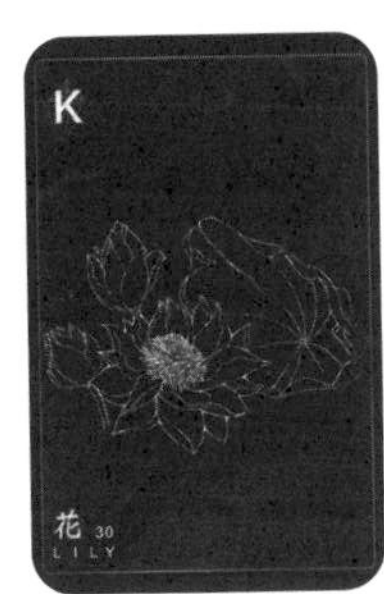

★配對組合：

- 狐狸＋花束＝深藏陰謀的一個邀請或合作案，裡頭可能有著騙局；詐欺的邀請函或者是一個假署名的參加通知。
- 狐狸＋送子鳥＝從剛開始的有所意圖，漸漸的被真誠打動而重新再來一次；這次安排的賭注很大，幸運可以一次解決很多問題。
- 鐮刀＋狐狸＝快速斬斷或切掉繼續被騙或者非法的行為；知道這個水很深，獲利就趕快收手，就像賭盤一樣。
- 太陽＋狐狸＝突然一切真相大白，哪些人是假戲真做，哪些人有問題，一目瞭然；看清了敵人的真面目，也清楚他的目的為何。

熊 Bear

梅花十

快速掌握關鍵字

牌性：中性牌，會被周圍牌給影響

意象：保護領土、豐盛的財產、母性守護者、惰性

聯想：力量、勇氣、影響力、超出負荷、肥胖、怕老婆

意識：原始本能、守護與防衛、平衡物質與內心世界

建議：擁抱、勇敢、相信自己、拿回力量

事物或環境： 餐廳、銀行、囤積的地方

牌意解說

熊有地域性會守護一個區域或範圍，雷諾曼牌裡的熊都帶有笨拙、緩慢以及不願思考的涵義。只有侵犯到牠的領地時他才會舉起爪子抗爭，但沒有危機時表示有點愚鈍或是不願意思考。

從聯想看熊牌，會像家中有些固執長輩，說什麼不願聽覺得瞥人在找麻煩，很難溝通然後出問題才在說為什麼不早說，把罪推給別人。

意識方面的解釋是答案在內心深處，因為熊牌代表知道自己有能力保護自己的領地，例如：存錢，熊牌就會知道有這個資源可以運用，就像儲存熱量為了過冬，過完冬繼續儲存，但有些人就會變守財奴，不願意用錢讓生活過得快樂，回歸本質可以知道其實存錢最好目的就是為了過好生活，為了存錢而無法過好生活時就是物質與內心世界的不平衡。

會建議擁抱、勇敢、相信自己、拿回力量、用自己的力量突破缺陷與恐懼，你其實做得到的只是想不想做而已，想做一定做得到不用擔心會失敗，因為你如此擁有力量，所以給建議時一定要讓個案有信心，要相信自己已經擁有的才有機會前行，所以熊牌我都會覺得任何事都可以做，只是你不想而已。

牌性是中性牌，會被周圍牌給影響，他不會是造成重大損傷，而是還有一點忍耐能夠承受，但是損傷不知道還要多久，所以進而變成擺爛、兩手一攤的感覺，固執不肯改變。

主題牌意

前世	· 老臣 · 山神獸 · 開國元老 · 古老帝國 · 少數民族 · 山賊、山寨 · 自給自足的家族 · 兵團、商會、財團 · 國王、領主、地主
未來	· 貪戀權力 · 倚老賣老 · 固執己見 · 大量的金流 · 人脈非常廣泛 · 坐擁相關的資源 · 女權、母權的主張 · 大型、宏偉的事物 · 穩定、紮實、低調的 · 財務、經濟相關事務 · 擁有權力、專業權威

工作	· 地方宗教 · 財經、土地、地政相關 · 職位高、資歷深 · 待遇豐厚的公司、連鎖、版圖較大的企業 · 營養、食品、飲品相關事業 ＊工作特質＊ · 注重規則、固執傳統 · 大家長、照顧大家、忠厚老實 · 有業務能力、主管的特質 · 慷慨、很懂得交際應酬
感情	· 母性氾濫、專橫霸道、過度保護或管制 · 年齡差異的感情 · 照顧、體諒、呵護 · 穩固、堅定的關係、互相照顧、安全感 · 很穩重且被好好守護的情感 ＊感情特質＊ · 愛說教 · 國字臉、老成的臉型、像父母長輩 · 健壯、豐滿、魁梧 · 毛髮較爲濃密、粗獷

財運	· 投資不熟悉的產業會失敗 · 很會存錢 · 家族投資、長輩資助 · 利潤高的投資 · 富足或有積蓄 · 獲得大量的金額、擁有祖產或遺產 · 薪資優渥、經濟穩固、保障
健康	· 過量、懶散、笨重、疲累沈重 · 囤積症、大量採購 · 體重、體脂、管理 · 營養、飲食、胃部 · 各種細胞成長或腫脹 · 食品過敏、消化系統失調 · 注意飲食習慣、熱量攝取
家庭	· 寵愛、溺愛 · 家族體系龐大、有權勢的家族 · 父權主義的家庭 ＊家庭課題＊ · 需要不斷證明自己讓父親或家人認可。

夢想	· 大地主、大企業 · 在地開發 · 繼承家業 · 擴大家業 · 建築公司 · 慈善機構
指導靈	· 靜心、修行、修身、修心 · 物質與靈性取得平衡 · 結界、自我能量保護 · 內在的力量是你的泉源 · 其實你可以負起很多的責任 · 你可以擁有更多保護自己的力量
時間線性	· 十五天 · 當月的十五日（右邊的牌會顯示月份） · 有時候是六到八個月（熊的冬眠期）

日常活動解析

我會建議把關鍵字鎖定在「慵懶」、「肥胖」、「能力強」，例如提問：「假日我去做什麼會開心？」如果抽到熊牌，那答案肯定圍繞在窩在家裡、不想動、躺在床上，這類的答案。那如果是問吃飯類的問題，熊牌就是代表著「吃到飽」、「俗擱大碗」吃的粗飽又不用動腦。

流年樹解析

我會建議把關鍵字鎖定在「領域」、「舒適圈」、「力量」、「挑戰」如果熊牌靠近當季的核心牌，那肯定有需要撐起一個家的負擔，擔起整個團隊的重心，或者是時候要站出來做一些精神喊話引領大家。

流年樹解析中如果前後牌面是負面的，可能就會有一種故步自封，或者一直不想去正面直視這個責任和自己的力量，不斷地覺得自己做不到、自己能力不足，所以就一直迴避展現自己，挺身而出。

我與這張牌的故事

熊牌跟我的緣分可深了。當時我剛從多年的工作環境離職，對我來說離開舒適圈覺得不安和害怕。那次占卜是在晚上的饒河夜市為一位朋友占卜，朋友詢問：「近期有沒有桃花？」，我答：「你就上一段關係還沒結束，然後跟這張熊牌一樣賣萌裝傻不想改變，沒有準備好接受新戀情啊！」就從這次解牌後，這位朋友就變成了我的長期客戶。

配對組合範例

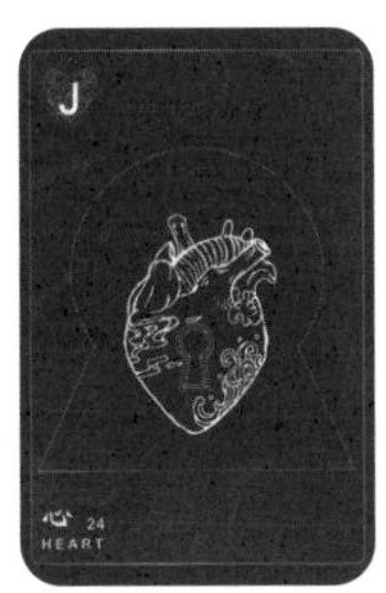

★配對組合：

- 熊牌＋心牌＝是時候挺身而出，找回自己的內心；可以負擔更多的責任了，把想做的去做吧。
- 熊牌＋老鼠＝要拿出家長或領導的風範了，把各種的瑕疵跟工作的紕漏做整頓；擁有的事業或金錢，有些疏漏像是持續扣款或者漏財。

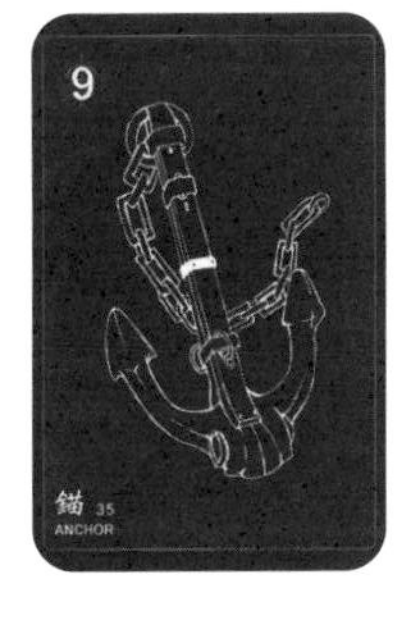

- 錨牌＋熊＝重大的一個決定，要升遷成主管或者高位；有些重大的決策，要花費大量的金錢跟資產。
- 小鳥牌＋熊牌＝交談或討論關於接下來要處理的目標跟整體行動；七嘴八舌，議論主管或者老闆。

16

星辰 Stars

紅心六

快速掌握關鍵字

牌性：正面牌，會被周圍的牌影響

意象：夢想、指引道路、曙光、擴散、希望

聯想：名望、幸福、鼓勵、找尋信仰、靈感

意識：開拓心胸、突破界限、相信宇宙

建議：希望、計畫、夢想、相信、指引

事物或環境：地圖、水晶、網路、煙火、星象圖、徽章、星空夜下

牌意解說

希望、計畫想法、可能性以及遠望的涵義，同時也代表著靈感、思想、創意。星星牌在整個雷諾曼牌組裡，代表遠望、佈局、想法，很像靈光一現、看破事情、快要有方向，有些大顆星星也代表前行的方向應該往哪個方向發展。

意識層面解讀有著開拓心胸、突破界限、體驗內在和平、相信宇宙傾聽心聲、相信自我。星星牌是打開你的內心與宇宙呼應，所以也有你要讓自己相信生命一定能找到出路、一定會給你指引會有訊息告訴你下一步該怎麼做的涵義。星星牌會是已經呈現出計畫，你可以很泰然自若地相信下一步不必擔心。

在建議上希望、計畫、夢想、相信、指引，所以星星牌有種明天會更好的感覺，每一個時刻的你都有上天及宇宙的指引。

牌性是正面牌，此牌會帶來正面能量，除非周遭是接續是負面，才有可能是計畫落空、沒有想得完善或是後續出現漏洞，不然其實星星牌一定是有一個你充滿希望的計畫在眼前，執行上也沒問題，一定做得到。

*原始雷諾曼稱為「星星」而前世記憶雷諾曼稱為「星辰」，本書內容稱呼這張牌時會交替使用這兩個名稱。

主題牌意

前世	· 宇宙 · 煞星、星宿神 · 欽天監 · 飛行員 · 光行者、星際小孩、外星人 · 瑪雅星象 · 天生異象 · 命運的捉弄 · 特別的安排 · 命運的流轉
未來	· 胸有成竹 · 嶄新的道路 · 信任、傾聽、有把握的方向 · 老天爺的安排 · 靈魂藍圖的指引 · 通往盡頭的光芒 · 傳播、通訊、新聞 · 靈感、直覺、開竅 · 希望、指引、方向 · 和諧、平靜、寧靜

工作	· 規劃、整合、架構 · 大數據分析、數據表格 · 會議、報告、企劃書 · 天文、星象學家 · 夜間工作、大夜班 · 天文、星象、占卜、占星師、預言、礦石、水晶 · 資訊工程、網路科技、建設 ＊工作特質＊ · 鬼點子很多、有創意 · 很多靈感、直覺 · 擁有理想、夢想，但無限展開組織 · 想得太多做得不多、天馬行空、異想天開
感情	· 心心念念、籌劃已久、進入戀愛 · 理想戀情、滿心等待真愛、沈浸式的戀情 · 活在自己幻想中、單戀 · 幸福、安穩平靜、真摯的關係 ＊對象特質＊ · 理想主義、追求完美主義、樂觀、開朗、模範 · 公衆、知名人士、諮商師、系統設計師 · 帶點雀斑或痘痘

財運	· 好運、偏財 · 各種的開展機會 · 勝券在握的投資 · 完整的理財計畫 · 多樣、多角化經營 · 每個環節都正在進度上 · 無需多擔憂財務狀況
健康	· 幻覺、多夢、失眠情況、睡眠呼吸中止 · 心理層面的 · 整體健康數值 · 皮膚上的狀況 · 心電圖、核磁共振 · 各類健康調整計畫 · 症狀擴散
家庭	· 樂觀主義、隨遇而安 · 自由、充滿夢想 · 學習才藝、不強求課業 · 各類的計畫、很多期望、期待 · 按部就班的教育

夢想	· 太空人 · 宇航員 · 占星家 · 星象學家 · 軟體創辦 · 自己的系統 · 遠大的夢想
指導靈	· 連結宇宙感受愛 · 你有遠大的使命等待你 · 有更遠大的夢想等著你 · 感受內在心靈上的平靜 · 勇敢去夢、去想、去追逐 · 傾聽、並信任自己的意志力 · 相信自己被這個宇宙的無限大愛支持
時間線性	· 夜晚 · 當月的十六日（右邊的牌會顯示月份） · 大約兩週或十六天之內

日常活動解析

我會建議把關鍵字鎖定在「希望」、「方向」、「目標」如果問感情的話，就可以解析為，很有希望可以發展到下一個階段，有夢最美希望相隨。當然這時候也很需要跟個案確認一下，對方有知道你喜歡他嗎？如果遇到同性向的就要問，你有確認對方性向嗎？星星牌有一種海王星能量，會有點活在自己的世界中。

流年樹解析

我會建議把關鍵字鎖定在「藍圖」、「大企劃」、「靈感」、「嘗試」復古雷諾曼牌的傳統牌意，帶來了各種樂觀和希望，有個很多事的正面能量，在流年運勢中，這代表很多貴人、各種機會和同的靈感會在這個時候一直湧現出來，趁這個時候去安排設定目標，確認自己在哪一條方向走起來最不費力，盡力而為就好，無論如何都會帶來收穫。

我與這張牌的故事

讓我想到自己有一個前世回溯的故事，那是維度位於八維度的永夜星球，天際總是布滿了各種星球的光暈還有輪廓，那裡的人們是星星小孩的樣貌，輪廓是光點跟光線組合成，每個人的額頭眉間都會有一個寶石，他們的特殊技能是負責去完成其他宇宙的「願望」，每個星族人好像都有自己可以負責實現的願望，而且分類相當繁瑣，我是其中一個星族人，這個寶石稱為「許願星」。

所以對我來說，星辰牌總帶一種夢想成真的能量與指引，但是行動跟改變都要同時去進行才可以。不能喊著減肥口號每天吃炸雞吧！

在設計前世記憶雷諾曼卡中的星辰牌時，我正苦惱怎麼怎麼用東方元素展現星辰，指導靈跟我說，你畫「古代觀星儀」加上天干地支的星象圖，星星的意象就會完整了，真的萬分讚嘆指導靈！

配對組合範例

★配對組合：

· 星辰＋高塔＝一個建構大型機關或者成立大公司的藍圖企劃；未來的遠景。

· 星辰＋幸運草＝可以預測到，之後肯定會小有成果；很多企劃和靈感都有能發展的機會。

· 房子＋星辰＝整個架構很有願景和多元的發揮空間；居家生活改造的小靈感。

· 雲＋星辰＝遮擋跟阻礙逐漸地散去，開始有了滿滿的方向與靈感；有阻礙讓所有的計畫全部停擺了。

送子鳥 Stork

紅心皇后

快速掌握關鍵字

牌性：正面牌，會被周圍的牌影響

意象：尊重、欽佩、嬰兒來到、更新

聯想：饒沃重生、新的契機、季節性，遊牧

意識：往更高的思考邁進、全新靈感的感受

建議：轉移改變、進步、修復、讓志向更加遠大

事物或環境：托兒所、尿布、階梯、在某處的上方

牌意解說

送子鳥是送小孩給父母或是將某件事物變得更豐富以及進化變得更完整的涵義。這張牌聯想會比較困難一點，除非像是有些牌面比較明顯的有築巢、成家，有些陽光照耀時，會比較依照牌面聯想涵義。送子鳥牌代表著全面的轉換與更新，是一個新的開始，一定會享受到新的改變。如果兩人是約會關係，有送子鳥的牌代表進展到穩定交往，如果已經在交往關係可能會到論及婚嫁之類，表示生命進程的推進及更多演變跟演化。

送子鳥牌是張很好的牌代表全面革新、增進，建議是轉移改變、往前往上看、進步、修復、提升或著是要進入到人生下一步了，目前的經驗來說抽到送子鳥涵義都是正面的，但同時會覺得壓力很大，但無論如何都是要進展到下一階段的，升職、換工作、調整，這些雖然都有些壓力或緊張，但都是代表其實會有人生進程下一步。

牌性是正面牌，往前推進的正面涵義，但後面如是負面牌，則有惡化跡象，這句話是說可能更新完沒有更新完整，後面的負面牌變成有漏洞你要修補或是因為沒計畫好有地方沒完工，所以才可能變惡化，否則不管前面怎麼走，到送子鳥牌都會是好的轉換轉變的感覺。

主題牌意

前世	· 天道 · 仙鶴、仙人 · 鳳凰 · 孤兒、流浪 · 帶來希望 · 女媧造人故事 · 起源故事 · 文明發展 · 新時代來臨 · 各種時代的革新
未來	· 新的開始 · 改頭換面 · 除舊佈新 · 全面的轉換 · 重新大改造 · 搭飛機的行動 · 出生、懷孕、領養 · 更新、改裝、改善 · 遷徙、遷址、改變現居地 · 家庭架構改變、新成員誕生

工作	‧ 生育懷孕、汰舊換新 ‧ 新的領導者、新的責任、工作升遷 ‧ 全面性的改變、重新設計、轉型、放眼國際 ‧ 大量生產、批發 ‧ 煥然一新的格局 ＊工作特質＊ ‧ 有影響力、帶來新的風氣、部門協調能力強 ‧ 擅長優化、糾錯 ‧ 有效率、增加效率、化簡爲繁
感情	‧ 迎接新生活 ‧ 更多的進展、同居、成家、私奔 ‧ 一切都好轉了 ‧ 需要改善的關係、做出改變 ＊對象特質＊ ‧ 擅長跳舞 ‧ 手長腳長、優雅、貴氣、不在意別人眼光 ‧ 潮流、輕浮、不穩重 ‧ 書香氣息、文雅、好還要更好

財運	· 熬出頭了 · 一切都好 · 負擔變輕 · 壓力減緩 · 不停添購 · 收入逐漸增加 · 新的兼差或收入 · 狀況改善或好轉
健康	· 保健食品 · 新的治療器械、新的治療方法 · 重新調整作息、健康養生 · 病情或症狀逐漸好轉 · 腿部或雙腳類的毛病
家庭	· 三代同堂、兒孫滿堂 · 家庭成員增加 · 家境逐漸小康 · 關係逐漸改善 · 經常轉學、外地就學 · 不停的搬遷、換城市

夢想	· 政治家、改革家 · 城市優化 · 各種系統的轉化 · 社會的進步 · 核心價值的進化 · 心靈姿態的進步 · 改善整個架構
指導靈	· 感謝你自己的改變 · 你讓生活變美好了 · 該從內而外的蛻變了 · 你已經成爲不同的自己 · 是時候完整的靈魂體驗
時間線性	· 清晨轉夜晚的區間 · 當月的十七日（右邊的牌會顯示月份） · 大約兩週以上或十七天之內

日常活動解析

我會建議把關鍵字鎖定在「轉換」、「更新」、「升級」各種的好轉或是好消息，像是如果問工作的話，就是會有好的轉調、職位的升遷，好轉或是提高薪資的改善，當然也可能是公司換了一組新的辦公椅。或問「午餐吃什麼會開心？」可能就會解析成常光顧的餐廳出了新的口味餐點，每吃一口味蕾被重磅的襲捲，是好吃的。

流年樹解析

我會建議把關鍵字鎖定在「改善」、「革新」、「新生活」、「重新開始」復古雷諾曼牌的傳統牌意有意味著遷徙、移動、改變現在的位置，鸛鳥（送子鳥）嘴巴會叼著一個青蛙放進河流，代表一個季節交替的變化，春暖花開新的展開。若解析的是疫情狀態就表示會好轉，人們有機會開始新生活。

我與這張牌的故事

以前都覺得這張牌好難解，就是大嘴巴的鳥吃青蛙跟人生有什麼關聯？後來才知道送子鳥帶來了新氣象的到臨，全新的開始或者季節的更替。那青蛙被吃掉就可以有新的青蛙加入的意思嗎？我就一直開送子鳥玩笑，但是抽到這張牌還是超開心的，畢竟一定會有事情被更新，可能換一個手機殼都是一件開心的事吧！而且送子鳥的轉換時間性比幸運草還要來得久。

在設計前世記憶雷諾曼卡中的送子鳥牌時，我畫的其實是鶴不是鸛鳥，我覺得東方元素整體形象比較能代表這樣意涵的鳥類就屬「鶴」莫屬，之後有再版的話會想換成黑面琵鷺。我很喜歡這張送子鳥，有著脫俗、仰頭，就像一隻仙鶴帶來一個新的消息或者是好運來臨一樣。

配對組合範例

★配對組合：

· 送子鳥＋花＝整個架構重新被統整完成，要往下一個長期發展培育；來了很多的新生或幼兒，接下來有更長遠的計畫要培育。

· 送子鳥＋公園＝經過資源整合以後，有更大的市場接納，接觸更多人群；更新了賣場的系統和收銀的動線流程。

· 鐮刀＋送子鳥＝舊的事物已經切割或交接完成，準備要重新再調整更新；合約交割完成接下來有新的東西來經營。

· 月亮＋送子鳥＝等待或期待已久的事物，有了新的變化與改善；內心的世界有了新的平衡且療癒了自己。

18

狗 Dog

紅心十

快速掌握關鍵字

牌性：正面牌，會被周圍的牌影響

意象：忠誠信任、守護、真誠、監督、固執

聯想：保守、熟人、靈魂伴侶、嚮導、溫暖、可依靠

意識：仁慈、幫助朋友、心靈嚮導、堅持

建議：保護、和睦、可以當朋友、對自己與他人誠實

事物或環境：狗或寵物、寵物區、絨毛玩具娃娃、安全性系、消防系統

牌意解說

狗牌像是身邊有些很忠誠的朋友會有點盲目，不分是非對錯只要是家人朋友都相挺保護顯得有點固執。狗牌也有警察及公家機關的象徵，監視、監督、守護規則一板一眼的涵義。

狗牌如同熊牌代表比較年長的長輩較為固守己見、倚老賣老的狀態，有點死腦筋。另外也有擇善固執的涵義表示些原則不能被破壞，可以聯想到年長的長官或主管。

有些狗牌的牌面中是咬著繩子的，沒有被綁起來或是在跑步的，這代表這個人很願意忠誠與守護且等待被豢養，所以套用在情感上，我會說這個人很忠心耶但沒什麼安全感，所以可能需要給他一個名份或身份地位，如果來到自己也是很需要名份，抽到狗牌會與馴服、忠心有相當大的關係。

牌性是正面牌，此牌也容易被負面影響，單獨時則是正面，但是我覺得狗狗代表忠誠、守護等待被豢養，在占卜中抽到都表示願意守護且需要名份，如果是指人的個性的話表示戀家，自己的家人是絕對不能被批判或攻擊，固執且容易把事情攬在自己身上，會過度忠誠守候，到了有點盲目犧牲自己的狀態。

*原始雷諾曼稱為「狗」而前世記憶雷諾曼稱為「犬」，本書內容稱呼這張牌時會交替使用這兩個名稱。

主題牌意

前世	· 管家、僕人、護衛 · 夥伴 · 奶媽 · 嘯天犬 · 手足情 · 前世家人 · 前世狗狗 · 忠誠、護佑 · 同袍、同窗 · 莫名的熟悉感
未來	· 寵物、導盲犬 · 良師益友 · 久別的重逢 · 恩情、湧泉以報的感謝 · 管理員、守衛 · 不離不棄、死心踏地 · 加入生活圈的新朋友 · 熟悉感、忠誠、安全感 · 值得信任、可靠、堅定 · 教父、指導、引領、援助的人

工作	· 職場友善、貴人幫助 · 社工、護理人員、保全 · 助理、隨從、秘書 · 慈善事業相關體系 · 軍警、軍警法相關體系 · 醫生、諮商師、治療師 · 遛狗員、獸醫、寵物相關的職業 ＊工作特質＊ · 固執、老實 · 怕事、怕麻煩 · 把公司當自家 · 守規矩、不在其位，不謀其政
感情	· 靈魂伴侶、白頭偕老 · 人畜無害的模樣、裝可憐 · 信賴、價值觀相同、相互支持、專情 · 從朋友變情人 ＊對象特質＊ · 工具人、好騙 · 遲遲不敢告白、一直在身邊守候 · 堅持、忍耐、不輕言放棄

財運	· 被騙錢、借別人錢 · 財運平平 · 適合穩定收益、低風險 · 信託類的基金 · 會有貴人金援 · 定存或被動收入
健康	· 鼻子相關 · 氣味相關、味覺相關 · 皮膚過敏 · 會忍耐病痛 · 要定期健康檢查 · 心輪相關的堵塞
家庭	· 忠誠守護 · 爲家裡付出、家人是全部 · 喜歡待在家裡 ＊家庭課題＊ · 家庭的觀念非常重，雖然忠誠守護但是也帶著一點固執

夢想	· 侍衛長 · 守護一家到老 · 犧牲奉獻的一生 · 光榮的退役、退休 · 把家人都帶在身邊 · 不是太大的夢想，通常樸實無華
指導靈	· 發揮你的良善 · 指導靈在你身邊 · 付出都是為了領悟 · 你已經守護了很多人 · 適當要把專注放在自己 · 力量動物（守護動物）
時間線性	· 帶著長期的守護或命定的涵義時間較長，要以年為單位計算。 · 十八天 · 當月的十八日（右邊的牌會顯示月份）

日常活動解析

關鍵字鎖定在「守護」、「忠誠」、「日常」像會是有讀書時期的老朋友來拜訪，或者是很久不見的人來聯繫，這些都很能代表犬牌。如果問「對象是怎麼樣的人？」表示對方明顯是個老實人、比較憨厚，不過我覺得這些特質可能是一種手段，為了吸引更多人的到來，或者其實私底下追求者不少，畢竟可愛的狗狗還是會狩獵，這是犬科動物的狩獵本質。

流年樹解析

表示有要守護的事物或是忠誠的人到來。事業工作上面看到犬牌就代表有很忠誠的投資人，或者是願意一起守護這個價值的人到來。他們會把你當成家人一般來付出努力，但總覺得狗狗的忠誠有種「能一起受苦卻不願意一同享樂」，所以一定要好好的把契約和整個合作的方案談清楚，雖然情緒勒索對犬牌的人很有用，但是也會有一種永遠還不清個感覺。

我與這張牌的故事

傳統雷諾曼的犬牌其實像是一隻獵犬沒有帶著項圈。但是各種雷諾曼的狗狗五花八門，像是有臘腸、黃金獵犬、獵犬、希伯來犬等等，不過我注意到一個很特別的事情，犬牌的各種型態有些明顯的差異，像是有狗屋與否、有項圈與否，都代表牠們已經有效忠的對象。少數是將項圈咬在嘴上的形象這代表等待被豢養的犬。

在設計前世記憶雷諾曼卡中的犬牌時，我發現在犬牌中還沒有出現過柯基犬，所以我把曾經在台北養過的家犬給畫上去，牠的名字叫 Elmar是一隻電臀男孩。

配對組合範例

★配對組合：

· 犬牌＋高山牌＝守護的事物可能會到一個障礙或阻擋；一直忠誠的事物可能會跟你分離。

· 犬牌＋星星牌＝一直在等待別人的賞識，接下來可能有一個大展奇才的機會；得到喜歡的人的通訊軟體或社群軟體帳號。

· 高塔牌＋犬牌＝體系或架構需要有更忠誠的團隊來開發；政府單位的資深職員。

· 心牌＋犬牌＝開心的事情，有多年的朋友陪伴；給等待或陪伴很久的人一個敞開心的機會。

19 高塔 Tower

黑桃六

快速掌握關鍵字

牌性：中性牌，被附近的牌影響

意象：雄偉、壯觀的大廈、地基穩固、權力、結構

聯想：政府、法庭、執政者、法律、傳統、野心壯志

意識：有穩固基礎、尋找更高自我、對自己的自信

建議：設立界限、找機構、提升管理、聚精會神

事物或環境：在城中、在辦公室、辦公中

牌意解說

高塔牌有政府機關或監視單位的感覺，所以如果是解釋個人狀態的話，會是追求要有個名份、位子、權限。然而很多時候，當事人都沒有意識到其實他想管不是歸自己管的事情，覺得自己個性就是這樣是理所當然，這就是高塔牌會顯現出的憤世忌俗批判他人。

在聯想上高塔牌也代表著規則、規章、單獨、獨立思想、獨立建構，有時會有過多想法想做，可是卻不知道自己有幾分能耐。如果占卜工作抽到表示個案其實有能力不足但想往高處爬的問題；如果是問工作方向有沒有阻礙的話，就有可能是上層、政府機關的限制所導致沒辦法真正的前行。

在意識方面的解讀是尋找更高自我，同時也表示課題到來，然而課題的出現表示要限制一些不好的習慣，才能將更多的能量用在突破自我。當你用更高角度俯瞰人生問題時，你可能會覺得這些障礙都是小事，並不會讓你難以掌控。

在意識解釋上會希望當事人有能力、有規則，懂得架構這件事更符合自己的身份和地位。建議會是設立界線、找機構、提升管理、聚精會神，說明你要更專注眼前做的人事物，要專注自己的身份到底如何提高及能不能用更高角度看事情，這樣才能學會更遼闊的視野看待整個事情走向。

牌性是中性牌容易被附近的牌影響，有阻礙的話就是機構或架構的阻擋，如果占卜有沒有機會或轉機的話，表示會有更高的想法或機構有機會給你方向。

主題牌意

前世	· 監禁、封印 · 中古世紀、教堂、寺廟、寶塔、城堡、高塔 · 西藏、地下城、鎖妖塔、金字塔、古代陵墓 · 巴比倫、樓蘭古國、空中花園、帕德嫩神殿 · 消失的記憶、亞特蘭提斯、吳哥窟、瑪雅城 · 被埋藏的記憶 · 大量勞動的人力 · 花費相當多的歲月 · 各類的古代城邦、遺址
未來	· 潛規則、官官相衛 · 具有各種優勢 · 各種綁手綁腳 · 放眼整個大局、視野、思想提高 · 安全穩固的、政府機關機構、政府機關的核定 · 高大的建築、樓層很高 · 各類的提升素質或標準 · 大型、大項目、大規劃 · 感到拘束、隔離、無法伸展 · 燈塔、界線、指引方向、建構 · 需要有更高的眼界去看

工作	· 在市中心、創辦時間很長 · 壓力大、審核嚴格 · 職權很高、前途無量，人人稱羨 · 政府機關的工作、在大型機構或醫院工作 · 落後地區、偏遠、荒涼的地方 ＊工作特質＊ · 較有遠見、富有經驗、抗壓性高 · 科班出生、經過重重培訓 · 不太懂人情、變通也偏低 · 自律性很高、條件跟合約要講清楚
感情	· 名門戀情、高調受關注、在意對方收入 · 很快就老夫老妻、穩定但有些沉悶 · 身旁的人不看好、很害怕別人的眼光評論 · 其中一人覺得不自由 · 正式的關係、有名份 ＊對象特質＊ · 獨行俠、自大、自負、自傲 · 高大、魁梧 · 白手起家、具身份地位、高度自尊心 · 社會榮耀感較高

財運	· 穩固正財 · 機構負責 · 高度福利 · 獎金制度完整 · 安全穩固的投資
健康	· 落枕、肩頸痠痛 · 站姿不良 · 靜脈曲張 · 脊椎側彎、骨盆歪斜 · 長期久坐或久站 · 醫療機構、醫院、診所 · 頸椎、脊椎、腰部、背部
家庭	· 壓力很大、高度被期盼 · 移民或留學 · 公務員世家、家人成就不凡 · 會被貶低價值 · 注重門當戶對、形象、門風 · 高端職業的家庭

夢想	· 諾貝爾獎 · 時代風雲人物 · 各種大型獎項 · 成立醫療機構 · 大學或教育機構
指導靈	· 意識提升 · 獲得領悟，覺醒 · 提升自己內在意識 · 需要更多的自修 · 你該用更高的視野去看到世界 · 讓自己獨處，靜心與閉關
時間線性	· 高塔建構的層級很高，所以時間性較長 · 十九天或十九週 · 當月的十九日（右邊的牌會顯示月份）

日常活動解析

日常解析到高塔牌，我會建議把關鍵字鎖定在「標準」、「界線」、「自律」，這算是一個指引牌，依照前後牌會影響整體的解析，同樣是規則和界線，情感的界線、自律的界線、尊重的界線。如果針對感情占卜的話，例如：「我會不會有好的桃花？」出現高塔牌，肯定知道這個人標準很高，很多要求或者一直都沒有看得上眼的人。

流年樹解析

在流年樹的解析到高塔牌，我會建議把關鍵字鎖定在「規則」、「眼界高」、「大方向」、「局勢」，表示要把自己的高度和限制給慢慢拉高，像是為了得到更好的職位，會對自己的行為和形象有所限制與檢點。工作上的高塔就會是推向新高度，或者有機會成立公司和政府單位合作。如果這張高塔牌推演遇到了人生課題的解析，那可能就是要把自己的規格設定好，重新思考你到底想做什麼？想要什麼？想成就什麼？把自己推向另一個視野高度，或為了大局去佈局思考，這將成為另一個轉折的機會。

我與這張牌的故事

每次我自己抽到這張牌都會感到緊張，或許沒有高山那麼難跨越，但是這是一種高度的意識形態，這得花多少時間和學習累積的經驗。五十而知天命，那活到五十歲我會看到生命歷程的全貌嗎？還是那時候只是剛開始？高塔或許像我靈魂給我的一個課題，盡頭，是意想不到的，或許回頭看才知道早已完成了多少的生命果實。

畫高塔牌前一晚我看到仙俠手遊的廣告，就想起國風鐘塔很適合作為前世記憶雷諾曼的高塔，不知道大家有沒有發現塔裡有鐘呢。

配對組合範例

★配對組合：

- 高塔＋騎士＝與一個大型企業會談的機會；政府機關派人來確認與稽核。
- 高塔＋送子鳥＝公司進行整個風格或裝潢的大轉型；政府的數位化的新政策。
- 小鳥＋高塔＝很多人在議論一個公司或品牌；討論政府的政策、政治人物。
- 小孩＋高塔＝剛起步就很快建立起了規則和整個架構；托嬰中心或者教育學校。

庭園 Garden

黑桃八

快速掌握關鍵字

牌性：中性牌，會被負面牌影響

意象：和諧、與自然聯繫、人群、公眾場合、繁榮

聯想：美麗、放鬆、幸福出外享樂人群、社交名媛

意識：與思想相近的人接近，華麗的外表下內心孤獨

建議：去往外社交、建立交友、認識自己內在不安與躊躇

事物或環境：庭園、各種社交場合

牌意解說

有些牌也稱花園、公園。庭園牌就是大家會聚集的場合、社群、社交很多人的地方，它代表很多人會一起去但待的時間不長，也類似社群軟體，例如：Facebook、IG、Line。如果是物理層面解釋就是人們集合、群聚的地方，例如：商圈、賣場、市集，但是如果個案問工作時建議往外拓展人脈，或是要把商品推到市場上讓更多人認識。

阿桑的「葉子」這首歌，裡面歌詞有一句：「孤單，是一個人的狂歡，狂歡，是一群人的孤單」，這句歌詞表示的是我們在社交場合上通常是用打扮、體態、名牌配件去獲得第一時間的關注，人們在這些場合時只看外在不注重內心。

意識解讀上就會有一直追逐外面世界的眼光與價值，需要因應這個市場狀態而將自己調整成別人期待模樣，所以有些庭園牌的圖示會是迷宮、動物，就是在說明這個看似歡樂的場合中，更顯著的是另一種內心的孤單，由於內心孤單人們會更需要這些外在的互動，這就像在社群軟體上每天很多人按讚。在這些過程中都是需要網友們的按讚留言他才能被滿足，努力想達成別人眼中的價值時又顯得更加的孤獨，太多的外在價值而把自己侷限住，而忘記自己原有的樣子。

我的經驗中，在占卜情感的問題時，抽到庭園牌表示個案會在社群軟體上遇到不錯的對象，但是這個對象的可能孤單感也很重，可能是外表是紈褲子弟、玩世不恭的模樣，但其實他內心是很孤獨的。

*原始雷諾曼稱為「花園」而前世記憶雷諾曼稱為「庭園」，本書內容稱呼這張牌時會交替使用這兩個名稱。

主題牌意

前世	· 祭天、獻祭 · 浸豬籠、斬首示眾 · 皇家庭園、噴水池 · 各類表演 · 慶賀、舞會 · 青樓、客棧 · 市集、慶典 · 遊行、遊街 · 城堡聚會 · 名流社交場合
未來	· 開幕 · 政商名流、開展人際 · 龍蛇混雜 · 各種社交場合 · 車水馬龍 · 蜂擁而至 · 會議、團聚、商務中心 · 演唱會、舞台劇、戲曲 · 著名景點、遺址、國家公園 · 有著花園或大片草皮的地方

工作	· 花卉園藝類 · 各大金獎典禮 · 廣告、行銷產業、活動策劃與顧問 · 公關、經紀人產業、人脈、社交組織 · 專業領域良好發展 · 宗教或信仰團體 ＊工作特質＊ · 愛交際、交友廣泛 · 業務專員、交換名片 · 活動策劃或接洽 · 懂社交禮儀、世故、有防備心
感情	· 相親、聯誼的場合、美好的邂逅 · 私生活複雜、流言蜚語較多 · 尚未準備穩定的關係、花心、多情、感情氾濫 · 社交場合中認識的新對象 ＊對象特質＊ · 迷人的、交際花 · 情場高手、公眾人物、交友圈複雜 · 紙醉金迷、玩世不恭 · 創意與藝術界接觸

財運	・ 新興市場、流動速度快 ・ 自負盈虧 ・ 升值、成長 ・ 很多人接觸 ・ 招募很多投資人 ・ 固定時間的投入
健康	・ 淋巴結 ・ 連鎖反應 ・ 生育能力 ・ 傳染性、交叉傳染 ・ 接觸類病徵 ・ 免疫系統狀況
家庭	・ 名人家族 ・ 喜好宴客社交 ・ 家人是名人 ・ 家裡經常有客人 ＊家庭課題＊ ・ 越是多人的地方越是孤單，其實這些都代表需要更多家人的關注與愛，這些都是在博取關注。

夢想	· 淨土 · 發明設施 · 大型機構 · 主題樂園 · 藝術展館 · 打造烏托邦 · 娛樂或影視的大公司
指導靈	· 新的交友圈 · 你值得被在意 · 與自己的孤單對話 · 重新思考自己與他人 · 靈魂家族與團隊等候著 · 與自己想法價值認同的人溝通 · 你不需要他人證明價值
時間線性	· 社交活動爲期不長，但形容孤單可能會很長。 · 二十天 · 當月的第二天或二十日（右邊的牌會顯示月份）

日常活動解析

關鍵字鎖定在「社交」、「多人」、「聚會」如果我們在生活中占卜，抽到庭園牌的時候，通常都在解析成許多的人參與或者是加入的場合及活動，例如「下一個投資者會從哪裡來？」就可以推演未來有個很多人的聚會，會在裡面找到適合的人或者對這個項目有興趣的人，像這類的形容場合的解析就相當適合庭園牌。

流年樹解析

鍵字鎖定在「社交場合」、「活動」、「展覽」、「大環境」復古雷諾曼牌的傳統牌意有意味著社交圈和某種場合。在流年樹的推演中，流年運勢走向了需要跟他人更多接觸的機會，有拓展人脈、社交圈，將自己內心重新敞開接納他人，當然依照前後的牌面也會變成沈溺在社交圈難以自拔的可能性，這張牌如果接續在工作與感情發展的推運是好事。

我與這張牌的故事

我的第一副雷諾曼卡的庭園牌，裡面有幾隻動物，動物們的姿態與整個公園的設計像是向左走向右走的場景，孤單的動物待在路燈下錯過是非常孤單的意象，像是在說無法遇到情投意合的人、彼此的圈子沒有交集和共同話題，導致狂歡是一群人的孤單的意象。

但是後來我重新去感受庭園牌以後我發現它其實代表著來來往往的人們，聚會以及接觸的環境，後面我才知道原來孤單是感受，但是身處的環境是熱鬧的。

設計前世記憶雷諾曼卡中的庭園牌時，我第一時間是想畫圓明園，但後來考慮到小小卡牌無法呈現，於是我降低了整理得華麗程度，不過還是有花有草有涼亭，以及繁瑣的水池及麻煩的地磚。展現這一個充滿規劃的公共空間。題外話這張牌的畫面在畫與處理時可說是地獄級的呢。

配對組合範例

★配對組合：

· 庭園牌＋樹牌＝銷售賣場找保健食品；健康保健分享會。

· 庭園牌＋鐮刀牌＝豐收的聚會像豐年祭或中元普渡；在 KTV被搜到毒品。

· 狐狸牌＋庭園牌＝各種有自己想得到利益的一個社交場合；拍賣會、競標會。

· 十字架＋庭園牌＝宣達理念教育或沈重的聚會，像戒酒會；教會、宗教聚會、媽祖遶境。

高山 Mountain

梅花八

快速掌握關鍵字

牌性：負面牌，會帶給周遭負面的氣氛

意象：克服巨大挑戰、預測問題、延遲、反對、挫折

意識：解放所有阻礙與障礙、原諒舊仇恨、不糾結

聯想：不做改變、耐力、堵塞、沮喪、干擾、負擔

建議：停止、穩住陣腳、堅信不移、持續努力

事物或環境：很高的地方、樓上、被擋在裡面

牌意解說

高山牌會有一條道路、屏障，反過來思考也會有被保護、舒適圈。高山牌通常會帶來挫折與困局，但不是阻止你行動，一定要繼續往前走，這就像我們在舒適圈但是又必須跨越出去。

高山牌就是阻礙與限制，例如：感情的話可能是兩人價值觀的障礙，而高山就像心中的高牆一樣，但這是可以跨越的。如果高山牌裡有鹿、老鷹的話，這意味著如果你願意跟著內心指引前進的話，可以找到快速跨越這座高山的方法或捷徑。

我覺得這張牌也在說，如果努力前行、願意捲起袖子來解決，那麼宇宙或靈魂不會安排你過不去的課題，在過程可能會感到那都是我們內心的障礙，要看用什麼角度來看這個障礙，是它當作學習機會還是阻礙呢？所以如果高山牌圖示裡有動物指引的話，代表內心一定有方向，請你傾聽聲音跟著它前行。

意識層面解釋是解放所有阻礙與障礙，放掉舊仇恨與負面想法，先不糾結懂得面對，這一定是自己給自己的障礙，像是斷捨離的狀態。建議停止、穩住腳步，不是字面上的停滯，是有種你終於是時候停下來看這件事情了，接著你要堅信不疑得超越阻礙，出現高山牌一定是你肯做就做得到，所以我會跟個案說，這個事情一定會有出現阻礙，你可能會覺得困擾或一時跨不過去，但是其實說實在的只是你想不想跨過去而已。

牌性是負面牌，會帶給周遭負面的氣氛，不管前面牌面多順遂，都代表新的阻礙來臨或是擋在你眼前的狀態了。

主題牌意

前世	· 修仙、苦行僧、山神、道長 · 詩人 · 探勘 · 精魅、山海經 · 牧羊人、獵人、野人、採藥人、遊牧民族 · 高山上 · 伐木工人 · 山中高人 · 隱姓埋名 · 不識廬山眞面目，只緣身在此山中
未來	· 風險、未知 · 時間不足 · 調整裝備 · 難關、行動限制 · 各種的延宕還有阻撓 · 感到麻木、精疲力盡 · 敵對的人、相反意見 · 有阻礙、障礙、考驗 · 抵抗、抗拒的事件 · 當前道路被障礙住

工作	· 失業、暫停營業 · 駁回導致延期 · 無法升遷、拓展的職位 · 反對聲浪、對立意見 · 礦物、地質、岩石、開採學者 · 高聳、毅力不搖 ＊工作特質＊ · 沒自信、自找麻煩 · 無力執行、會障礙自己 · 喜歡貶低他人 · 化簡爲繁
感情	· 遠距離、外界阻止、家人反對 · 感受不到眞心 · 預設立場太多、價值觀的衝突 · 男追女隔層山 ＊對象特質＊ · 固執、自尊心強、大男人、公主病 · 魁梧、頭髮少 · 成熟穩重 · 漠不關心、冷酷無情

財運	· 地下錢莊 · 週轉不靈 · 沈重的利息 · 流失的機會 · 鉅額債務、款項 · 遇到難關、障礙
健康	· 便祕 · 中風、血栓 · 鼻塞 · 肺阻塞 · 長痘痘 · 長期臥床 · 頭部相關問題
家庭	· 古板、思想僵化、各持己見 · 製造恐懼 · 親情牢籠 · 互相不交流 · 不接納新思想 · 拒人於千里之外

夢想	· 登百岳 · 爬高山 · 養老、退休 · 去深山修行 · 恢復大自然 · 朝聖者之路 · 世界遺址的探訪
指導靈	· 釋放阻礙與恐懼 · 停滯的時間，讓自己好好沈靜 · 相信自己可以跨越難關 · 寬恕過往發生的人事物 · 眼前的障礙只屬於你自己
時間線性	· 沈重跟阻礙前行，所以時間較長。 · 二十一天 · 三個月 · 當月的三日或二十一日（右邊的牌會顯示月份） · 冬天

日常活動解析

關鍵字鎖定在「障礙」、「壅塞」、「停止」如果問事占卜抽到了高山牌，障礙或者被迫停止的能量就會相當顯著，像是塞車、當機、卡住、排隊、沒有訊號、沒電。如果試「想知道接下來與約會對象發展？」出現了高山，就能確認可能是遠距離，或在不同城市工作，當然還會有對方還有感情障礙，也是一個阻礙或停滯。

流年樹解析

關鍵字鎖定在「困擾」、「被迫停止」、「卡關」、「動彈不得」傳統牌意有著強大的敵手在前方，但如果身份轉換也會變成好友跟家人，是強大的靠山或支撐著。在流年樹的解析中，如果看到高山牌，依照前後牌面的不同，可以很明確的指出，前方可能會遇到哪些障礙，這些障礙並不是無法被跨越，但翻山越嶺可能要花費不少時間、精力和金錢才能去完成。是非常難跨越的難題，還是跨出去就解決，就要看高山牌的相對位置；在年運占卜的預言上，高山牌一定代表個案的運勢或者各種狀態走到一個困頓受阻的狀況，描述完備什麼事情給阻礙後，亦可以用前後牌面來整合出整個高山帶來的阻礙是什麼。

我與這張牌的故事

我一直覺得高山牌有很深的寓意感，每一次的阻礙都是為了要引領我們跨越，或者把一直沒有做到的事情去依照生命藍圖要體驗的目標去完成。「見山是山；見山不是山；見山只是山」山就像是我們預設給自己個一層恐懼，我們會有很多預設的答案給自己，像是離職後的恐懼、分手後的生活、搬家後的生活，這些都是可以想到幾百種理由去告訴自己暫時做不到。但跨越這件事可能其實簡單、輕易。然而這也需要相當夠的信念，或者需要很多次的成功經驗來證明，讓自己有能力去執行。

設計前世記憶雷諾曼卡中的高山牌時，我腦袋冒出的滿滿的都是仙山，雲霧佈滿山頭，被祥雲圍繞的畫面。進去那座山找天命，進去的時候結界會散開，裡面又是另外一片天地，不同的瀑布、光線、不同的宮殿。所以以我在畫張這高山牌，也希望告訴大家不管是什麼阻礙，走過去後會是另一片風景。

配對組合範例

★配對組合：

- 高山＋高塔＝目前覺得最有障礙的很可能來自上級或公司政策；機關成立文件被政府找麻煩。
- 高山＋老鼠＝本來事情已經阻礙了，還遇到討厭的人來扯後腿；細節一直處理不好導致延誤。
- 幸運草＋高山：很多好處被阻礙著或停止；獎金暫時無法發放
- 蛇＋高山＝被小人陷害導致無法往前進而卡住進程；愛上不該愛的人導致事業止步。

道路 Crossroads

方塊皇后

快速掌握關鍵字

牌性：負面牌，會被周遭卡牌影響

意象：自由選擇、不確定感、懷疑與猶豫

聯想：線索、路徑、探險、口是心非、非傳統

意識：用另一種方式拓展方向、重新審視自己人生方向

建議：做決定、警慎選擇、開始行動出發

事物或環境：分岔、交叉路口、選擇題、考試

牌意解說

牌面上通常會顯示很多岔路可以前行選擇的畫面，所以道路牌也會有抉擇、方向不確定，覺得怎麼選都不對不知道哪邊好，對自己的選擇沒有自信。

道路牌就是抉擇，也有分道揚鑣的涵義。你要面對挑戰時並透過自己做選擇去了解自己要什麼。例如：要或不要、去或留、答應與否。道路牌在我個人占卜的經驗來說，一定是同時出現兩個對個案來說都還不錯的選擇，但個案通常無法決定哪個選擇對自己最好，例如：一邊可能利益較多；另一邊感受比較好，就可以問個案想要的是感受還是利益呢？

可以等待兩個選擇出現較大的差異時再做選擇也不遲，一定要釐清真正要的是什麼有答案時再做決定。如果有一個非常急需要做選擇的決定時，占卜師可以看後面銜接的牌指引的方向跟個案說他的選擇是他喜歡或不喜歡的，但是出現這張牌，一定要提醒個案要去思考想要的是什麼。

所以建議就會是去做決定並開始行動，而且我也會跟個案說，你選擇的一定是最好的選擇，如果做了選擇之後又執著於另一個選擇可能更好，就是在質疑自己的決定。

要堅信自己已經做出能力所及最適合的決定，又或許相信命運安排，會不會你還沒有能力擁有另一個選擇，那命運安排你到這邊一定是這裏更好更適合你。牌性是負面牌，會被周遭卡牌影響，抉擇的好壞會被周遭的牌所影響。

主題牌意

前世	· 神社 · 彼岸 · 梁祝 · 抉擇 · 門派 · 迷路 · 諸侯、遊說諸國 · 古道、山林小徑 · 反目成仇、分道揚鑣 · 不同的正義 · 下山去修行
未來	· 有失才有得 · 機會、抉擇 · 分開、離別 · 有了不同的理念 · 長途的公路旅行 · 魚與熊掌不可兼得 · 山不轉路轉、新機會 · 猶豫不決、原地踏步、躊躇不定 · 多樣、多元、擴展、變化、拓寬

工作	· 多角化經營、跨足別的領域 · 兩全其美的方法 · 不同的機會和可能性、替代方案 · 各種道路交通相關類型的職業 · 風險評估、風險管理、發展類型評價 · 仲介、裁判、翻譯、調解 ＊工作特質＊ · 數據分析 · 見風轉舵 · 經驗豐富 · 比較猶豫不決
感情	· 分歧點、腳踏兩條船 · 各自有新的方向追求 · 態度曖昧、話講不清楚 · 三角關係、不忠貞、出軌 · 懷疑和不安全感，傷害了關係 ＊對象特質＊ · 獨立的 · 混血兒、雙性戀、性向不定 · 喜歡模糊帶過、表裡不一、機靈圓滑

財運	· 跨界合作 · 異業合作 · 領域性接案 · 很多的兼差 · 不同的管道的客源 · 許多不同的財經投資或財務選擇
健康	· 經絡、氣脈、氣節 · 神經元 · 肌肉萎縮 · 靜脈、動脈 · 血液循環系統、血管相關的各種併發症
家庭	· 寄宿家庭、隔代教養 · 意見相左、長期不聯繫 · 無法兩全其美的遺憾 · 價值與觀念的差異 ＊家庭課題＊ · 無法合一的思想，包含價值跟觀念，還有溝通的方式，可能目前我們的距離是最好的狀態了。

夢想	· 事事完美 · 事業愛情兩全 · 解決世界缺陷 · 基因工程學家 · 不用再經歷各種抉擇 · 完美的結合不同產業
指導靈	· 拓展視野 · 你想做什麼？ · 相信你的選擇 · 你並非別無選擇 · 你只需要思考你要什麼 · 不用因爲他人而障礙你 · 嘗試接納他人的出現 · 自己可以擁有各種嘗試 · 所有路都是帶來知識與成長
時間線性	· 速度是中等的，可以快速做出抉擇或者需要遲疑很久，會被其他的牌面影響。 · 當月的二十二日（右邊的牌會顯示月份） · 「二」這個數字，象徵跟二有關的時間，例如兩週、兩個月

日常活動解析

關鍵字鎖定在「選擇」、「分開」、「放著」如果問事占卜抽到了道路牌，像是必然會遇到的選擇或可能分開是更好的安排，還選不出來那就不是做選擇的時候，例如「我現在有兩個曖昧對象選誰比較好？」出現道路牌我就會問個案，這兩個是不是都不是那麼喜歡？那表示現在不是選的時候，因為自己也不知道要什麼對象就不是選擇的時候。

流年樹解析

關鍵字鎖定在「新的方向」、「作出抉擇」、「多元發展」、「改變策略」復古雷諾曼牌的傳統牌意有意味著曲折彎長的道路可能會有繞路的風險，或者做不出決斷的涵義。在流年樹的解析中，如果看到道路牌，就要依照前後牌來做一個解析，可能會有一些需要拓展或者需要改變方向的人生抉擇，這些抉擇的沈重程度則視接下來的牌卡而定。

如果後面發展是不順遂，很可能個案就會做出一個比較不適合的抉擇，這時候就可以提醒一下他，現在不是做決定的時候，到時候可以再來占一下當月的局面來做判斷。

我與這張牌的故事

這張牌實在是長得很可愛，有些會用指標、兩扇門、或者不同的迷宮，我總覺得道路總有一種迷人的感覺，像是走進黑森林的愛麗絲夢遊仙境，永遠都不知道下一個階段是代表什麼故事的來臨，所以總會帶著一種驚喜，但到底是驚喜還是驚嚇，卻是相當耐人尋味的一個問題。讓我想到每次做前世回溯，我都需要先引導個案看到門，每個人形容的門都長得不同，也代表每個人的生命故事也不一樣。

設計前世記憶雷諾曼卡中的道路牌時，讓我想到好多電影類似的場景，都是道路一路漫延到森林，中間有個大石頭，彷彿石頭看了好多人在路中央做抉擇，所以我將牌面結合這樣的景色去繪製。

配對組合範例

★配對組合：

- 道路＋男人＝決定答案後會有男人來引領；有男人給出抉擇建議。
- 道路＋書本＝不知道學習什麼課程適合自己；拿出地圖來看一下該怎麼走比較好。
- 戒指＋道路＝確定要往哪個方向走了，其實沒得選；瘋狂得在高速公路迷路。
- 雲牌＋道路＝經過一場大雨，現在完全不知道自己跑到哪；濃霧遮擋了道路。

老鼠 Mice

梅花七

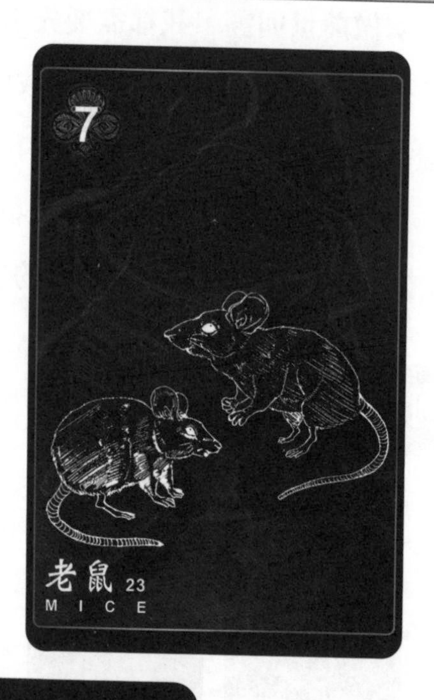

快速掌握關鍵字

牌性：負面牌，解讀細節則是中性

意象：傳染病、偷東西、強取、迅速靈敏、啃食

聯想：無法休息、勞累心悸、侵蝕、漸漸降級、恐懼

意識：放下恐懼、屏除煩惱、船到橋頭自然

建議：要堅持、不要杞人憂天、注意細節大局

事物或環境：角落、排水溝、貧困區、老鼠、害蟲

牌意解說

老鼠跟瘟疫有關係，所以解讀上會與生病或是常常沒有照顧好自己而導致侵害、慢性病、積勞成疾做聯想。占卜人際關係方面時會有拿取不該拿取的事物的涵義。老鼠牌也有散播謠言涵義，這種謠言與小鳥牌不一樣，通常老鼠牌所散發的訊息，是醜惡仇視或是抹黑誹謗的。

老鼠可能不知道在做的這件事不好，牠們覺得牠們也是為了生存而做，對牠們來說也是生存守則。老鼠牌的健康方面建議可能會過度憂鬱勿鑽牛角尖，會有不允許有一點錯誤或不完美的現象。所以這張牌也會有侵擾感，例如：一位女明星過度在意網友的酸言酸語，但過街老鼠散播的謠言如果不是事實，自然會煙消雲散。

老鼠牌指的是同事的話，表示容易被其他人攻擊或不被認同的涵義。所以建議要堅持，不要杞人憂天，注意細節與大局。如果問別人如何看待你的話，一定有人在背後說你不好或是你的行為舉止要更加小心，要避嫌不要讓別人討論你。

此牌有幾個關鍵，第一個身體健康，第二個事情的大局與細節的侵擾，第三個小心小人或破壞大局的小動作，又或者同事之間私底下一直再挑撥離間。

牌性是負面牌，解讀細節，則是中性，也就是說在解細節時，你反而發現問題的所在，知道該調整哪裡，這時就會變中性牌，因為可以知道如何調整。

主題牌意

前世	· 忍辱 · 乞丐、貧困、苟且偷生 · 地下道、地底生活、迷你人 · 尋找水源 · 鼠疫、瘟疫 · 糧食缺乏 · 屠殺、中毒、大量死亡 · 生化武器 · 惡意散播的
未來	· 疲於奔命 · 無力作爲 · 死灰復燃 · 物質的匱乏 · 治標不治本 · 不斷出現的小差錯 · 細部的損毀、瑕疵、報廢 · 遭到竊盜、搶劫、丟失 · 過期、惡化、損毀、腐敗 · 壓力、焦慮、擔憂、病痛 · 野火燒不盡，春風吹又生

工作	· 惡名昭彰、腐敗體系、剝削勞工 · 資源的浩劫、消耗、疫情 · 根基不穩固的、不小心會丟失工作 · 臨時工、零工、派遣工作 · 細部安裝、零件生產類型 · 生產線、工廠重複且瑣碎工作 ＊工作特質＊ · 不專業、手忙腳亂 · 桌面髒亂、粗心 · 一問三不知 · 降低團隊士氣
感情	· 地下關係、祕密戀情、不良嗜好、不道德的關係 · 關係不穩定、很令人煩躁的戀情 · 漸漸失去好感、結束不健康的關係 · 祕密、不為人知的特殊癖好 · 正處於操縱、利用的關係當中 ＊對象特質＊ · 愛抱怨、吹毛求疵 · 吃苦耐勞、強迫症、膽小

財運	・ 一有錢就亂花 ・ 吃不飽餓不死 ・ 漏財、留不住錢 ・ 破財 ・ 難以發現的小額竊盜
健康	・ 過期藥品 ・ 病從口入 ・ 食物中毒 ・ 提醒、警訊 ・ 阿茲海默症 ・ 緩慢衰退或是情況惡化 ・ 焦慮、不安、神經質、急喘 ・ 未被發現，但是持續惡化的 ・ 傳染、感染、病毒、寄生蟲、壞細胞
家庭	・ 窮苦日子、囤積症、勤儉持家 ・ 寄人籬下、低人一等 ・ 物質匱乏課題 ・ 遺傳不良習慣 ・ 節儉、東省西省

夢想	· 賺很多錢 · 平步青雲 · 很大的房子 · 衣食無缺的日子 · 可以有很大的空間塞東西
指導靈	· 唯有相信，才是改變的道路 · 相信自己值得被愛 · 將恐懼與緊張釋放出來 · 清空內在混亂與複雜的思緒 · 相信最好的安排，不過度焦慮 · 檢查身邊人事物是否耗損著你 · 你不需要用物質在證明自己的價值 · 放下執著細節而錯過大局，反之亦然
時間線性	· 快速的時間，數小時內，或幾天完成，一個月爲限。 · 當月的二十三日（右邊的牌會顯示月份）

日常活動解析

日常解析到老鼠牌，我會建議把關鍵字鎖定在「錯誤」、「瑕疵」、「損壞」如果問事占卜抽到了老鼠牌就代表有東西損壞、事情不順利，或可能有沒注意的人事物在挖牆角。例如：「我的工作運如何？」可能就代表個案要注意自己的壞習慣會造成缺失，或是賠償之類的損失，如果問工作上的人緣問題，會有小人或有人在團隊搞破壞。

流年樹解析

關鍵字鎖定在「習慣」、「出包」、「生病」、「不順」復古雷諾曼牌的傳統牌意有意味著偷偷的竊取、分食、鼠疫；在流年樹的解析運勢解析中，老鼠牌的位置可以知道是什麼樣的事物會受到侵襲跟影響，如果這張老鼠牌連結是工作指引後面出現，就代表工作中會出現一些破壞跟侵襲，像是流程安排的行動與企劃會出現狀況。出現在家庭指示牌的後面也代表著，家中可能會出一些棘手的狀況，所以注意一下老鼠牌造成的傷害。

我與這張牌的故事

老鼠牌在各種不同的牌卡中有各種的型態，但是大多數都帶著一點膽小，到處跑來跑去或者是搗亂的形象。可是有些牌卡又太過可愛，總是會給人一點天真俏皮的可愛的感覺，有一種人畜無害的感覺；

像我的第一副雷諾曼的老鼠，上面還有電視跟貓咪，我都只有解讀恐懼和到處躲藏的解析。但是其實老鼠本身就存在一些病毒或傳染的危害，所以這樣的形象，也會帶著些覺得自己沒有做錯事，或者不是故意要製造這些混亂的形象。

設計前世記憶雷諾曼卡中的老鼠牌時，我就不想要讓老鼠牌有上面的那種形象，所以我還是傾向於用更寫實的方式去呈現老鼠，和整個造成的恐懼和危害感，這樣的符號設計有助於直覺聯想這張牌卡帶來的關鍵字與指引。

配對組合範例

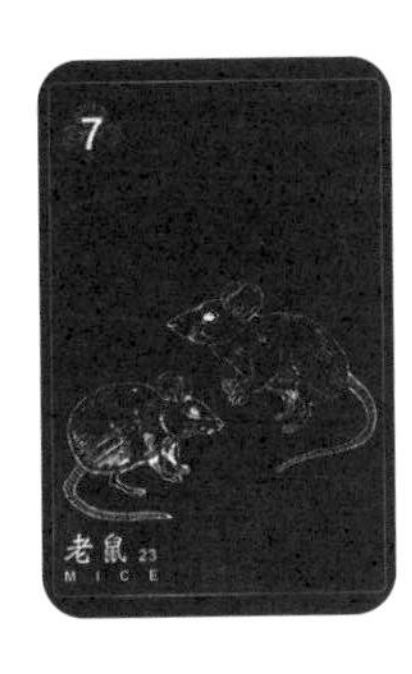

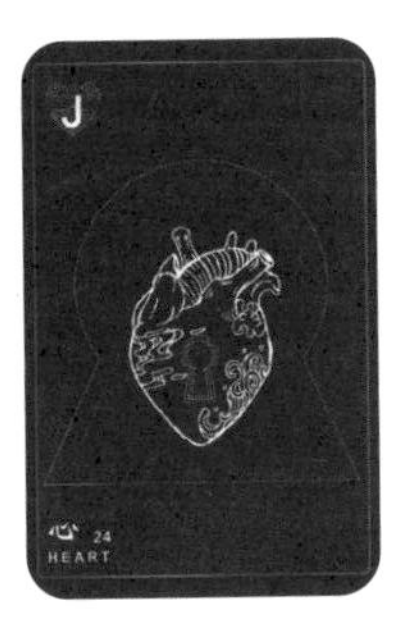

★配對組合：

- 老鼠牌＋愛心牌＝感受到環境或衛生有點讓人緊張恐懼；害怕跟恐懼的感覺。
- 老鼠牌＋鞭子牌＝很多的瑕疵或錯誤需要清理整頓；環境消毒。
- 幸運草牌＋老鼠牌＝本來是好事但是很多錯誤；彩票兌換但是資料都遺失。
- 高塔牌＋老鼠牌＝整個公司有很多偷懶的人；有很多人在浪費國家資源。

心 Heart

紅心侍者

快速掌握關鍵字

牌性：正面牌，會被其他牌影響

意象：人心交流、享受感情關係、歡欣鼓舞、關閉內心

聯想：幸福、滿足、情趣、愛慕、感性、保護色

意識：愛自己、鍛鍊無私之心、與信任進入生活

建議：去愛、分享喜悅、要開心、跟隨自己的熱情

事物或環境：跟愛心有關的東西、項鍊、耳環、手機殼

牌意解說

通常看到愛心牌會感到自在、放寬心，但目前我所知的雷諾曼牌組裡的愛心牌，都會有被禁錮的感覺。但是愛心牌都代表感受噴發、內心直覺。這張牌通常表達的是雙向，往外就會是綻放打開、往內會緊閉與封鎖。

在我的經驗中，這張牌全都會要回歸到感受、情緒、情感上，也會有點情緒化，看到這張牌我可能就會跟個案說你可能要敞開心胸，接納他人讓自己有機會與他人相容，這張牌雖然是好牌，但不管多好，一定要你心中有所回應覺得確實是這樣時才能接納。如同不懂愛自己的話別人怎麼有機會愛你呢？

通常在解牌的時候我都會說可能會出現一件事情讓你很有感受且讓你情緒激發，需要重新省思要不要接納他人。這張牌如果對應個案的狀態時，代表他是很有愛的人很能接受有愛滋潤的生活，但不懂怎麼接納愛且不懂怎麼表達。

建議去愛、分享喜悅、要開心、跟隨自己的熱情，要試著打開心去嘗試將這個事情展開找到熱情所在。不然在推演的時候變成用封閉的態度面對的話，就會走回頭路，心會再度關閉起來也就不會被看見，這不單指感情可能是熱情的方面，例如：工作熱情、生命熱情，所以一定要掌握好。

*原始雷諾曼稱為「愛心」而前世記憶雷諾曼稱為「心」，本書內容稱呼這張牌時會交替使用這兩個名稱。

主題牌意

前世	· 咒念、血祭、自我詛咒 · 埃及、陪葬祭品 · 防備心 · 鎖住感受 · 遺憾、仇恨 · 情感、浪漫 · 隱藏的秘密 · 封印的痛苦 · 付出的真心 · 很沈重的傷害 · 受傷、心痛、難過
未來	· 用心投入 · 交錯的情感 · 尋找已久的情感 · 尚在磨合的階段 · 富有情誼、親和力 · 浪漫、情愛、熱情 · 祝福、愉悅、享受 · 已經有了不錯的結果 · 相當的幸福、和諧的狀況

工作	· 追逐夢想 · 熱誠的老闆 · 工作被讚許 · 夢想而生的公司 · 擁有熱忱的工作 · 和樂的職場工作 · 各項人道、慈善類 · 從事自己喜好的職業 · 對職涯和規劃感到滿意 · 友善、富有志同道合的同事 · 辦公室中調情、暗戀、私情或戀情 ＊工作特質＊ · 有熱情 · 玻璃心 · 很敏感 · 小心靠近 · 防備心重 · 公私不分、公報私仇 · 感情豐富 · 爲私事請假 · 物質比較其次 · 承擔過度壓力 · 注重自己的感覺

感情	· 新戀情、墜入愛河 · 即將熱戀 · 交付真心 · 幸福與希望 · 至愛、真愛 · 覺得難得一見 · 曖昧調情、偷情 · 新的戀情、約會 · 尋找已久的情感 · 尚在磨合的階段 · 非渴望被理解 · 任何慾望、渴望的感受 · 充滿熱情與和諧的熱戀關係 ＊對象特質＊ · 浪漫、敏感、不表態、很多心事 · 渴望被理解 · 慷慨、大方 · 柔軟、溫柔 · 期待被挖掘 · 想找到共同價值 · 熱情、款待他人 · 深情、樂善好施、無私 · 富有同情心、慈悲心的人

財運	· 慷慨付出 · 滿足享受 · 信任的投資 · 爲了熱情花費 · 財務狀況滿意 · 會花錢買感受 · 慈善捐款、捐贈 · 金錢安排感到開心 · 投資自己的夢想
健康	· 脈搏 · 胸悶 · 貧血 · 心悸 · 頸動脈 · 高血壓 · 心肌梗塞 · 心律不整 · 壓力太大 · 血液流動 · 心血管相關部位

家庭	・ 幸福、圓滿的 ・ 忍耐 ・ 情緒勒索 ・ 沒有秘密、彼此很緊密 ・ 盡可能保護 ・ 報喜不報憂 ・ 隱藏壓力感受 ・ 男兒有淚不輕彈 ＊家庭課題＊ ・ 彼此都不將內心的感受講出來，所以家人彼此壓力會很大，或者永遠講話都是輕描淡寫，很愛彼此但是也距離很遠，要學會親密關係。
夢想	・ 烏托邦 ・ 理想國度 ・ 和平、理解 ・ 心臟手術權威 ・ 符合內心世界 ・ 可以信任且安全的地方

指導靈	· 寬容、奉獻、愛 · 接納他人的出現 · 傾聽內心的聲音 · 你需要療癒心輪 · 相信你可以保護自己 · 你值得無條件的愛與包容 · 是時候愛回自己的原來樣貌 · 學會為自己的感受劃界線 · 開放了太多的心給別人 · 生活注入同理、信任
時間線性	· 心臟是持續跳動的表示持續時間很長，但是描述心情時會有點緊張而急躁的跳動。 · 當月的二十四日（右邊的牌會顯示月份） · 春天、夏天

日常活動解析

日常解析到心牌，我會建議把關鍵字鎖定在「熱情」、「開心」、「付出」，如果問事占卜抽到了心牌，這張牌很容易代表開心、愉快的情緒。像是問到了感情的議題「心中的對象對我的看法如何？」出現了心牌，就代表可能對方是有準備敞開心胸接納這段關係，或者對於現在的狀況感到喜歡且有熱情並想付出的。

流年樹解析

在流年樹的解析到心牌，我會建議把關鍵字鎖定在「感情」、「快樂的事」、「接納」、「敞開」，復古雷諾曼牌的傳統牌意有意味著喜悅、快樂和滿足；在流年樹的解析中，如果看到心牌通常會聯想到感情關係類解析，像是心儀的對象出現、開心的約會。也會有事情發展很順利感到愉快，或是需要敞開心胸去接納更多的人事物的方向。所以如果在流年樹裡面解析到了心牌的話，可以依照前後牌面的解答，去鎖定在哪一個部分的心情需要開放，以及哪一個部分會感到開心或愉快，如果是工作排接到新牌，這樣就有著工作上面會有好事發生，如果是家庭排接到新牌的話，那可能就會有需要跟家人敞開心胸的一個推演。

我與這張牌的故事

我有一副雷諾曼牌，心牌牌面是一個女生的裙擺變成鐵網蓋著一顆心，然後女生的左右手各抓著一顆心。當時這個畫面讓我想說是不是心牌都有一種拘束跟掌控的涵義。曾經有一次在解個案的工作進度該如何改善的時候，出現那張特別的心牌，我詢問個案：「你似乎跟主管有感情的問題需要解決？但是主管怎麼會跟你有感情糾葛？你不是剛跟另一半分手嗎？」，結果個案說：「我的主管跟我的另一半有些糾葛 ...」個案渾身雞皮疙瘩，本來我覺得這張愛心很奇怪，經過了這次的占卜，我才發現原來選到任何卡牌來做占卜可能都有原因的。這就是我跟心牌特別有印象的一個故事。

設計前世記憶雷諾曼卡中的心牌時，我決定結合所有占卜的過程發現的所有心牌會有的元素，採用了心臟的原本形狀，再用了心鎖及鑰匙孔的方式做這個設計，代表封閉的心需要為自己解開。

配對組合範例

★配對組合：

· 心牌＋錨牌＝覺得敞開心胸去做出一個決定；沈重或不得已的決定。

· 心牌＋小鳥牌＝開心的交流與談話；嘰嘰喳喳的討論心事。

· 月亮牌＋心牌＝等待開心的結果到來；深層內心的聲音。

· 高山牌＋心牌＝巨大的障礙在眼前，無法表達；原本的開心的事情被堵塞住了。

戒指 Ring

梅花王牌

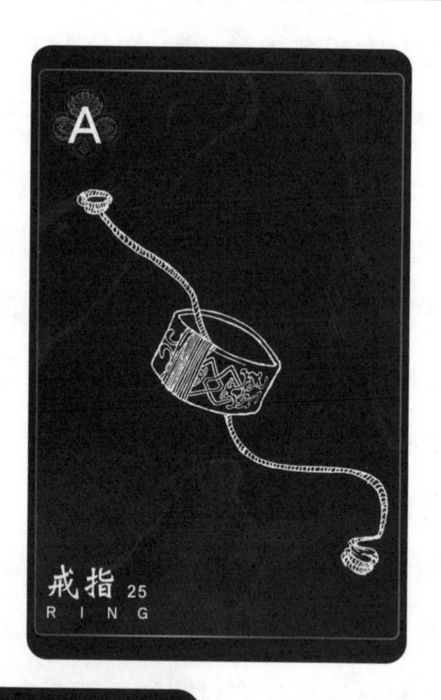

快速掌握關鍵字

牌性：正面牌，合約的話是中性的

意象：合作、合約、關係、認可

聯想：承諾、婚約、合夥關系、珠寶、循環

意識：陰陽循環、善惡有報、締結契約

建議：答應、重聚、注意重複事件、遞出邀請

事物或環境：戒指珠寶、珠寶盒、套索、手銬

牌意解說

戒指牌有著承諾、循環、誓言、守候的涵義，但是也重複強調是一個循環，例如：前面是張負面牌後面接戒指牌，個案的問題是回原公司的環境狀態會如何，我回答是有機會回到原本的角色與位子，但是戒指也代表上次在這間公司沒過的課題，會再次循環讓你再度學會，哪裡沒做好再做一次，所以建議才會是答應、重聚、注意重複事件、遞出邀請。

這張牌有輪迴課題或是重複考題到來的涵義，考驗你是不是會做與之前一樣的決定，要你學會跳脫輪迴與狀態，有時候跳脫輪迴只是拒絕或是表達就過了。

牌性正面牌，合約的話是中性的，就是一個締結契約，還是要注意課題循環的發生，這不是壞事，因為再次體驗代表還有再考一次的機會，會不會也就沒那麼難，這就是戒指帶來的正面能量。

主題牌意

前世	・紅繩 ・輪迴 ・課題 ・執念 ・還願、報恩、了緣 ・履行義務 ・沒完成的 ・環環相扣 ・前世姻緣、靈魂契約 ・承諾、約定 ・婚約、契約
未來	・緣份的安排 ・合作的完成、達成一個平衡 ・各類承諾關係 ・快樂、正面的結果 ・簽約、合約、協議 ・連結、親密、承諾 ・預購、併購、續約、轉讓 ・重複、輪迴、循環、日復一日 ・私人的社交圈、團體、會所

工作	· 高級訂製品 · 固定時間的 · 介紹、媒合、交流平台 · 飾品、珠寶、戒指 · 法律、各種相關事務所 · 齊心協力的職場環境 · 私人機構、會所、會社 · 合併、併購、整合相關產業 · 公證、證明、審核相關機構 · 已確認的交易、簽約、協定、保證書、契約 · 專屬組織、協會、公會、商會、職業協會 · 重複循環的行程、安排、任務、工作，感到無聊 ＊工作特質＊ · 已婚 · 龜毛、完美主義 · 適合責任制 · 承擔、負責 · 檢核細部項目 · 重複檢查、不斷確認內容

感情	· 交往多年 · 幸福、完整 · 熟悉的習慣 · 單身有新對象 · 交往會更加深 · 有承諾的關係 · 求婚、訂婚、結婚 · 値得信任、有擔當、願意責任 · 犧牲奉獻、不斷地投入 · 眷戀、依戀、已經習慣的 ＊感情對象＊ · 孝順、認眞 · 誠實、忠誠、可靠 · 爲決定負責 · 不輕易付出承諾 · 不斷的追求 · 生活很規律 · 有點木訥、無聊 · 喜歡吃一樣的食物

財運	· 穩定中 · 循環利息 · 將整個進出平衡出來 · 財務整合完成 · 固定週期的循環 · 不上不下的持平 · 有一個固定回饋 · 財務、投資協議 · 併購所獲得的收穫 · 共同帳戶、共有財產、合併資產
健康	· 淋巴系統 · 泌尿系統 · 血液循環 · 分泌循環系統 · 新陳代謝系統 · 重複代謝、頭髮、皮脂 · 例行健檢、各種檢查 · 需要重複的療程、持續治療 · 需要額外的檢查、頻繁、持續、追蹤 · 療程結束、整個計畫完成 · 療程成功、治療完成

家庭	· 傳宗接代 · 薪火相傳 · 生生不息 · 傳家之寶 · 家族的理念 · 內在小孩的課題 · 家庭價值的殘留 · 自我限制陰影 · 被教導的我應該 · 背負家中承擔 · 信念上的堅持 · 很多的制約跟規則
夢想	· 中西合璧 · 各種資源的合併 · 融合新元素 · 資源再生整合 · 內在循環系統 · 永續發展的產業 · 資源利用的循環 · 建構生生不息的系統

指導靈	· 永恆的模樣 · 從輪迴中解脫 · 重複體驗中跳脫出來 · 再一次的體驗，去學會領悟 · 放下批判和對立，接納更多人事物 · 提高自己的意識，相信各種的安排 · 付出與獲得，會是同時出現的 · 你可以爲自己付出責任 · 不要害怕承諾的到來 · 回頭看見自己，重新發現自己的完整
時間線性	· 持續進行所以時間會比較漫長。 · 當月的二十五日（右邊的牌會顯示月份）

日常活動解析

日常解析到戒指牌，我會建議把關鍵字鎖定在「約定」、「重複」、「信任」如果問事占卜抽到了戒指牌，就像遇到了一個信任、專業的人事物，對方可能有地方權威或在某領域是專業的涵義。如果問到了感情的議題「心中的對象對我的看法如何？」抽到了戒指牌，就有著信任、想照顧、想要付出承諾的感覺，這很大的可能性，對方已經有交往的打算或已經開始著想未來的日子該怎麼去過，或者該怎麼安排有彼此工作節奏的行程，怎麼安排可以更加符合兩人生活。

流年樹解析

在流年樹的解析到戒指牌，我會建議把關鍵字鎖定在「合約」、「保證」、「循環」、「認同」復古雷諾曼牌的傳統牌意有意味著婚姻和承諾、契約關係、負責的證據，在流年樹的解析中，如果看到戒指牌依照周圍的牌卡的指引，可以知道承諾的事情是什麼方向。如果解析方向是感情的話，戒指牌跟心牌的感情不太一樣，心牌很著重在感受的開心或熱情，如果是戒指牌則是解讀為：「已經準備進入到下個階段的情感。」朋友變情人、情人變交往、交往變同居、同居變婚姻，這樣一層一層的關係緊密，付出承諾和負責任的預言。如果是工作的話，就會看到合約、合同、契約、協議這類的事情，看在哪一個月份出現了戒指牌，就可以很確定這件事情是絕對會有新發展的。

我與這張牌的故事

我的第一副雷諾曼卡中的戒指牌牌面有一大堆的寶藏跟戒指畫在一起，當時我對雷諾曼的牌意還不是很熟悉，所以最開始的解牌，我都解析成：「會獲得很多的寶藏！」而且每次解戒指牌的時候還會很替個案開心。而很多個案回饋也會是一個案子、業績、合約、還錢、貸款成功之類的，很接近這張戒指牌的畫面意象。

設計前世記憶雷諾曼卡中的戒指牌時，我一直覺得既然是承諾就讓我想到玉戒，還有姻緣的話就想到紅繩，所以就用了這兩個元素來完成戒指牌的設計。

配對組合範例

★配對組合：

- 戒指牌＋星辰牌＝一個擁有很多發展機會的合約跟承諾；婚後的夢想跟生活。
- 戒指牌＋雲牌＝合約目前卡在上頭決定不明朗，所以停滯；原定的計畫被迫停擺。
- 船牌＋戒指牌＝整個計畫要往前發展的承諾；海外的合約。
- 魚牌＋戒指牌＝決定簽約加入一個很多人在裡面的社群和團體；加入一個大團隊。

書本 Book

方塊十

快速掌握關鍵字

牌性：中性牌，會被周圍影響

意象：隱藏的秘密、知識、未知數、發現、智慧

聯想：資料、與記憶相連、教育、智慧、契約

意識：增廣見聞、散播自己的智慧、傾聽自己直覺

建議：好好學習、安靜、有些事情留在心裡、坦白

事物或環境：圖書館、學校 、各種書籍資訊或知識型代表

牌意解說

書本給人一種智慧、古老、深層的，很多記載或學習的感覺，同時也象徵著圖書館，能夠查閱或翻閱，當然也可以指阿卡西紀錄、前世記憶。在物理狀態解釋有學習、上課、翻閱資料、查詢以及查資料，這張牌也有記憶深處中被隱藏起來的事物會被翻閱打開出來。在我解牌時常有這些經驗，通常我都會建議對方適合去學習或是查閱書籍找答案。有時候書本牌也會跟念經有關，只要出現書本一定跟思考、學習、尋找智慧有關係，同時也會有需要把自身累積的智慧與資源整理並出書有關。

意識上的解釋有追尋增廣見聞、傾聽自己直覺或是有一個開悟的契機，再來就是靈性的過程中就像前面所說的，前世記憶、阿卡西紀錄，你能不能去尋找到自己內在智慧。你可能會從看過的書籍或學習中得到答案，所以建議會是好好學習，安靜，有些事情留在心裡。有時會出現坦白來面對內心祕密被攤開的暗示。

如果占卜問會發生什麼事件的話，打開的書本會表示內心的想法或秘密會被打開並展現在所有人面前，如果書本是闔起來的話，可能事情還沒有完全的被翻攪開，不會被搬上檯面。

書本牌比較特別的是會有打開與蓋起來的狀態，但是後期的畫家比較多是畫打開的版本，是為了表示這個秘密或智慧是有機會被開啟的，而不是像原本書本牌設定內斂的智慧，這種智慧太難懂了，要跳脫與看透事情真偽是相當困難的，所以只能建議個案需要去學習，而且一定找得到答案。

主題牌意

前世	・史書 ・記憶書 ・生死簿 ・故事書 ・魔法書 ・吠陀經 ・武功秘籍 ・地獄判官 ・各種佛經 ・無字天書 ・歷史文學 ・歷史人物 ・記憶載體 ・各類童話書 ・阿卡西記憶 ・書院、學堂 ・老師、學生 ・塵封的記憶 ・古代的法典 ・西遊記、水滸傳、封神榜

未來	· 查找、收集資料 · 不斷學習、花很多的時間研究 · 不斷的解密、分析 · 手稿、腳本、著作、論文 · 教育、學習、讀書 · 尚未公開的資訊與秘密、隱藏資訊 · 新發現、新研究、新技術，各種的發表 · 諸多的校稿、研究、編輯、檢查、審閱、批閱
工作	· 專業領域、培訓、教學園區、教練培養 · 圖書館、資料搜集所 · 調查、偵探、臥底、間諜、情報 · 從事深層研究或調查領域的工作 · 教師、學者、研究員、教授、研究博士 · 印刷出版產業 ＊工作特質＊ · 見多識廣 · 學歷很高 · 喜歡研究 · 經驗豐富 · 學富五車 · 很會查找資料

感情	· 暗戀者 · 交換日記 · 社群媒體追蹤已久 · 言情小說般的戀情 · 戲劇化或狗血 · 讀書時期認識的 · 一起研究的夥伴 · 深藏在內心的情感 · 偷情、婚外情、出軌 · 地下戀情、秘密情人 · 好感還沒被發現 *對象特質* · 戴眼鏡 · 見多識廣 · 愛看小說 · 隱藏眞實的感受 · 冷靜、害羞、安靜 · 好學、研究員、學術 · 藏有陰謀、秘密的人 · 謹愼、冷靜、神秘 · 封閉自己內心 · 高知識份子

財運	· 正財 · 收入穩定 · 帳目紀錄詳細 · 需要大量研究 · 仔細審視投資 · 需要更深入的了解項目 · 獎學金、研究經費、輔助金 · 注意合約條款、不具名的費用 · 注意檢查帳目找出誤差
健康	· 家族病史 · 健康檢查 · 漢方醫學 · 罕見疾病 · 不常見的 · 需要深入檢查 · 要特別研究調查 · 隱疾、未發現的 · 未知的病因或症狀 · 腦部、記憶力相關的 · 各類的檢查報告、數據

家庭	· 家族的秘密 · 深刻的記憶 · 非常重視教育 · 求學過的記憶 · 父母間的秘密 · 不願面的事情 · 學識很高的家族 · 兒時留下來的陰影 · 遲遲沒有讓別人知道的 ＊家庭課題＊ · 深藏在內心的秘密跟不想記起的回憶，會讓自己假裝已經解決，或者時間久了就好了，但是遲早是會去翻攪出來面對的。
夢想	· 教育家 · 演說家 · 研究博士 · 歷史學家 · 成爲學者 · 建構書庫 · 智囊團、智者

指導靈	· 傾聽內在的直覺 · 展現原本的樣貌 · 接納不同面向的自己 · 認識內在陰影的自我 · 面對隱藏已久的陰暗面 · 進入潛意識、去探索內在深處的一切 · 更多的學習，尋求知識、提昇靈性，拓展覺知 · 傳播內在的智慧，讓更多人可以接受你的愛
時間線性	· 未知的事情跟秘密或者研究閱讀，表示長時間的。 · 當月的二十六日（右邊的牌會顯示月份）

日常活動解析

日常解析到書本牌，我會建議把關鍵字鎖定在「學習」、「秘密」、「參考指南」如果問事占卜抽到了書本牌表示學習、上課，或者翻閱書籍的涵義。如果問到了感情的議題「我接下來的感情會發展順遂嗎？」如果出現了書本牌，就會有，可能彼此還有更多的相處需要互相學習磨合，也有一種兩個人一直隱藏的心事和秘密會揭開或者需要攤在檯面上談論，這些都是書本會帶來的能量。

流年樹解析

在流年樹的解析到書本牌，我會建議一樣把關鍵字鎖定在「秘密」、「學習」、「研究」、「收集資訊」復古雷諾曼牌的傳統牌意有意味揭開秘密、尋找智慧還有正被覆蓋起來或隱藏的資訊。在流年樹的解析中，如果看到書本牌，可以依照周圍的牌面組合，來了解主軸會定義在工作或情感在流年運勢解析這張牌，表示今年一定會有些時節需要去重新整頓自己的節奏，或者要找回自己下一個前進目標的整合。書本牌在此刻就會開啟探索、研究下一個學習的方向的狀態。像是流年樹解析工作來到書本牌，就會有著需要更加進修或者為了爭取某個層級的職位，就會有為此再進修、專研如何踏上更高的職位，而去學習、研究、整理報告、或帶職學習成長的推演。

我與這張牌的故事

書本牌有各式各樣的牌面展現，像是魔法書、巨大的卷軸古書、小書冊、童話書、石碑書，更特別的大家可以注意一下書本牌每個畫風不一樣以外，還會有打開的書本牌還是蓋起來的書本牌。書本牌打開就像秘密已經遠在天邊近在眼前；蓋起來的書本比較強化尚未被發現的秘密。有些牌面是很多書本疊在一起的，表示是有各種的秘密等著我們去挖掘或探索學習。所以書本牌一直讓我覺得很有趣，可以有很多彈性的解讀。

設計前世記憶雷諾曼卡中的書本牌時，我原本想說要做成竹簡，但是整個時代感有點差異，還有擔心會撞到書信牌，所以只好忍痛重新畫成古書的形象來做設計，但是最後還是覺得竹簡很可愛，所以我還是將竹簡設計在牌底給大家聯想使用。

配對組合範例

★配對組合：

- 書本牌＋蛇牌＝會在書信之中找到有人動手腳的痕跡；勒索或恐懼的秘密被攤開。
- 書本牌＋鑰匙＝研究出一個全新的開創計畫；新科技被公開出來。
- 花束＋書本牌＝受邀請去做一個研習跟開展實驗；邀約的企劃、邀請名單。
- 鞭子＋書本牌＝需要鞭策自己不斷的研究跟學習；打掃的流程和工作規範。

信件 Letter

黑桃七

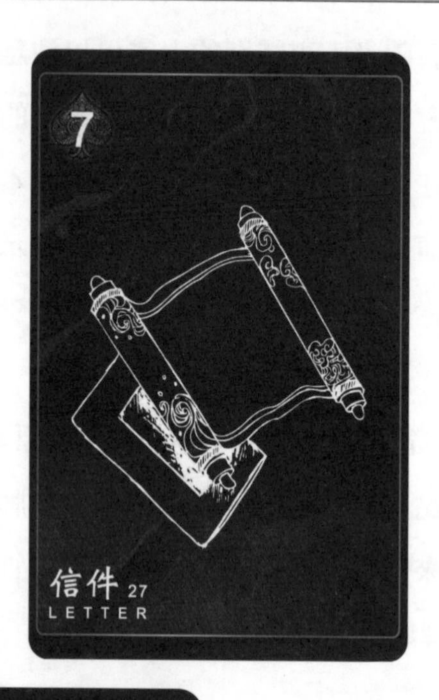

快速掌握關鍵字

牌性：中性牌，會被周圍影響內容含意

意象：消息資訊根據牌面的不同，會有不同的傳遞方式

聯想：書信往來、邀請、評估、結果、評價、正式的文件

意識：內在的訊息、等待已久的期待

建議：寫作、送信、做好準備

事物或環境：報紙、郵局、卡片、支票、資料、照片

牌意解說

現代常見的信件就會是電子信件、簡訊、邀請函、介紹書、通知信、錄取書都會像信件。

象徵所有的消息資訊， 根據牌面的不同也會有不同的傳遞方式，更需要注意的是右邊的牌面，延續下來的相關資訊，解讀此牌時更多是透過後面的牌來解釋這張牌的內容。

我在解讀這張牌的時候常解讀成收到通知、邀請、收到你等很久的結果或是煩惱之事會有結論，也有可能是身邊的人會給你一個答案跟你說怎麼安排。

建議的話是寫作，送信，列出接下來要做的清單或做好準備，可能有你等待很久的訊息被重新傳遞，例如：罰單欠了很久沒繳的再通知、很久沒聯絡的人和你聯絡了、一直沒有空處理的事情處理的契機來了，類似這樣的事件。

牌性是中性牌，會被周圍影響內容含意，內容是好壞可以看信件牌後面的來了解。

主題牌意

前世	· 卷軸 · 號角 · 安排 · 信鴿 · 捷報 · 情報 · 機密信件 · 瓶中信 · 報馬仔 · 電報局 · 諜報局 · 飛鴿傳書 · 天命、指引 · 聖旨、玉旨 · 信使、信差 · 無字天書 · 天意、老天爺的安排

未來	· 消息 · 資訊 · 文件 · 信件 · 電子郵件、電子報 · 錄取通知 · 審核通知 · 文字邀請函 · 下一步方向 · 收發各類訊息 · 回覆訊息、答覆 · 社群媒體 · 語音平台 · 推播廣告、網頁廣告 · 散播、宣傳、廣告、宣傳車 · 各種文憑、證書、證照、許可證 · 備忘錄、備註訊息、便條紙

工作	· 履歷 · 傳遞神訊 · 郵政郵局 · 資訊處理整合 · 各項証件單位 · 報章雜誌產業 · 資訊公開產業 · 提案、合約撰寫 · 社群媒體的產業 · 廣告資訊相關產業 · 仲介、業務、司機 · 會計、帳務整合產業 · 助理、秘書、公關、諮詢師 *工作特質* · 收集資料 · 很多消息 · 收集八卦 · 喜歡採購 · 開團購 · 假傳聖旨 · 總理大臣 · 喜歡交流資訊

感情	· 紅色炸藥 · 眉目傳情 · 公開放閃 · 社群媒體公開放閃 · 聊天聊很久、線上交友認識 · 曖昧的網友、筆友、臉友 · 寫歌、情書給對方 · 文字曖昧訊息 · 浪漫、描述情意的文字 · 節日卡片、賀卡、情人節卡片 · 浪漫的對話、愛人的消息 · 表達情意的標籤、圖示、貼圖 ＊對象特質＊ · 作家 · 網紅 · 文青 · 浪漫情話 · 愛傳訊息 · 很懂得溝通的 · 持有執照、證照、證書、認證

財運	・元宇宙 ・虛擬貨幣、加密貨幣 ・收益報酬 ・財經消息 ・內部情資 ・交易會所 ・銀行對帳單 ・稅務表、資產負債表 ・支票、收據、票據 ・支出帳單、資金流向 ・現金、匯票、債券
健康	・各類醫療單據 ・檢查結果、報告 ・轉診資訊 ・各類保單 ・藥物處方箋 ・手和手指相關 ・藥物資訊清單 ・掃描檢查、X光檢查、核磁共振檢查

家庭	· 祖譜 · 家書 · 戶籍謄本 · 家訓、祖訓 · 家族群組 · 家人名冊 · 廣布親戚周知 · 家人的請求 · 報平安的訊息 · 固定的聯繫 ＊家庭課題＊ · 與家人間不間斷的聯繫與關係、固定聚會，這件事情在華人家庭眼中，是很正常而且必須的，但是也會變成一種甜蜜的負擔感。
夢想	· 所有資訊整合 · 得到訊息的平台 · 走上天命 · 獲得上天的親睞 · 擁有天賦 · 找回自己的靈性道路

指導靈	· 連結的訊息 · 接受直覺的引導 · 相信神訊的安排 · 給自己的肯定句 · 靜心傾聽自己的內心 · 描述釋放和正向肯定的人事物 · 描述自己感受與想法，體悟或心願
時間線性	· 信件通常有著期限內要抵達，所以會有期限或限時 · 當月的二十七日（右邊的牌會顯示月份）

日常活動解析

建議把關鍵字鎖定在「通知」、「信件」、「訊息」如果問事占卜抽到了信件牌，通常都一定會代表有個確認的訊息到來。信件牌的訊息跟騎士和小鳥的訊息不太一樣，騎士是有人送達像是「親簽掛號」小鳥牌像是「口耳相傳的訊息」信件牌則比較像「錄取通知」、「重要公文」、「公開放榜」會像是網站公告訊息、開始售票、電影預告、公開說明，都相當接近信件牌的訊息。所以日常解析到這張牌，像是問「工作接下來有通知嗎？」出現信件牌就肯定會得到一個明確的回覆，可以依照其他牌來窺探通知內容。

流年樹解析

在流年樹的解析到信件牌，我會建議把關鍵字鎖定在「重大公告」、「各類通知」、「公文函」、「官非」，復古雷諾曼牌的傳統牌意有意味著傳遞信件和機密文書；在流年樹的解析中，如果看到信件牌，可能代表某個階段性的訊息到來，或者下一個生命進程節奏的通知或告知，這很可能是一種像直覺般的下一步，該離職、該搬家、該是時候回家；依照不同的牌面組合解析，還可以得到像工作通知、婚禮的通知這類的訊息，也會由信件牌來下預言。如果是工作牌的船加上信件，就會有出差的通知、搬遷的公告、抽籤或放榜的公告，這就是信件會出現的解析。

我與這張牌的故事

穿越古今內外的信件，似乎在各種國家和年代都保留了某一種固定形象的信件，我跟這張牌唯一的故事是曾經有協助一位個案占卜接下來的工作發展會如何，以及可否有新的工作面試通知，解析時我在月尾的時候看到了信件牌，當時我是這樣講的：「感覺中間你只要乖乖投履歷即可，月尾肯定會有工作找上門。」時隔一個月，在倒數三天的時候，個案本來傳來訊息：「老師，好像還沒有面試通知上門，履歷我都有投遞。」我告訴個案，你可以等到月底，我在幫你確認是否有能量阻礙，結果到了 31日當天，個案興高采烈地傳來訊息，早上收到了面試通知，下午就通知錄取，有點驚人。

設計前世記憶雷諾曼卡中的信件牌時，我決定將我最常做的工作「天命迎請儀式」融合進這張卡牌的設計，很多人其實不懂天命是什麼，對於道教也不是這麼熟悉，但是相當神奇的事，每個人藉由觀想過程上去天道領請天命時都會異口同聲的說「我看到了一個捲軸飛下來。」所以我決定將這個卷軸具象化，才有了今天的前世記憶雷諾曼信件牌。

配對組合範例

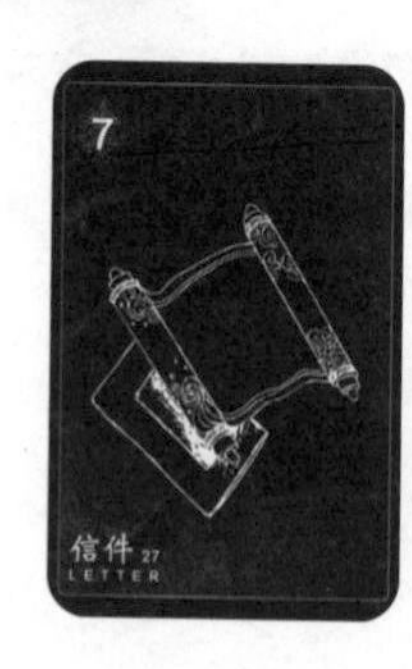

★配對組合：

- 信件牌＋幸運草牌＝獲得好結果的通知；中獎通知。

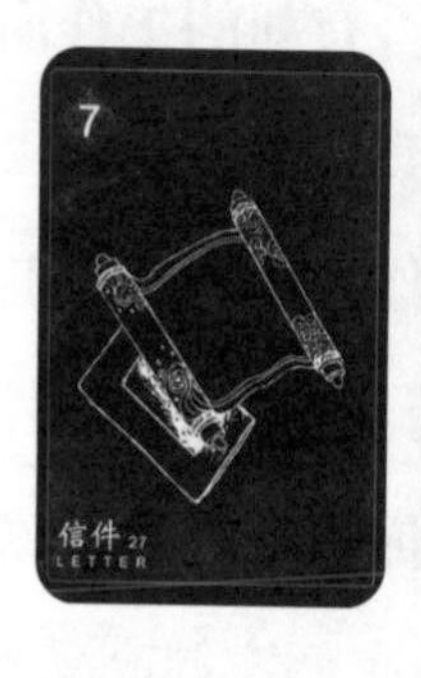

- 信件牌＋雲牌＝暫停或不清楚的報告；通知被耽擱在路上。

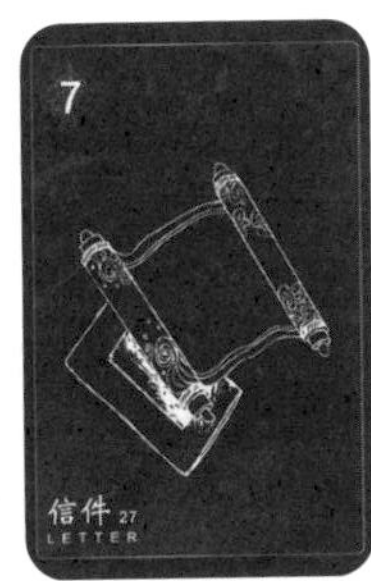

· **船牌＋信件牌＝旅行途中會收到一份通知；海外的證書。**

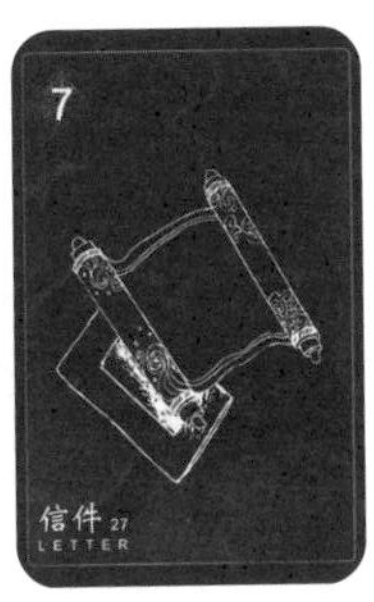

· **花束＋信件牌＝活動的盛大通知信；舞會的邀請函。**

男人 Man

紅心王牌

快速掌握關鍵字

牌性：中性牌，被附近的牌影響

意象：代表個案或解牌者本身，或代表周圍的男性

聯想：兄弟、愛人、所有男性、未婚夫、權力、自我

意識：陽性能量、自我、高傲、沙文主義、過於莽撞衝動

建議：多利用左腦分析、理智思考、沈穩

事物或環境：象徵男性事物，強而有力的物品

牌意解說

通常我們看到男人牌都是比較自信的，當然男人牌可以直接指一位男性或是傳達訊息的男方、男性化的象徵。這張牌也有理性、直腸子、不經大腦、不夠柔軟以及強硬，有時候我們也會認為某部分男性比較也自我主張，也有自以為是的涵義。

男人牌的出現可以直覺解讀成某位男性例如：主管、長輩、另一半。解讀感受層面的話，那就是會感覺這個人自我主張較高且比較莽撞衝動，有大男人主義以及不聽他人意見，認為自己做得正確都是男人牌會出現的象徵。

這張牌物理上真的就是指一位男性，只有占卜問題針對感受、樣貌、個性解讀時指男人牌才會用來推斷性格、做事方式。

牌性是中性牌，被附近的牌影響，這個男人是敵是友，會不會扯你後腿都可以從後面的牌來推斷。

事物或環境象徵男性事物，強而有力的物品，例如：車子、刮鬍刀、皮靴、皮帶、領帶，基本上男人牌的象徵是非常簡潔有力的，沒有太多隱藏意涵在裡面，但是我的經驗中也是有遇到這個人是比較男性化主張的人，原因是個案說主管是女性，要不就是這位主管的上層是男性，不然這個主管會是比較有陽性氣質的女生就用這種方式做推演。

有些男人牌會有兩種男性象徵，有分柔弱與陽剛，如果你的牌組有不同男人出現時，可以用這個男人的姿態來判斷男人的特徵，有些畫面上顯得較柔弱的可能是比較斯文的男性。

主題牌意

前世	· 護衛 · 各種男性 · 父權主義 · 中狀元 · 太子、阿哥 · 帝王、國王 · 父親、兄長、男性長輩
未來	· 個案身邊的男性 · 要更果斷、直接 · 男性帶來的影響 · 生活中出現的男性 · 男性會面、工作交流 · 新男性將進入生活中

工作	· 沙文主義 · 特種部隊 · 飛行員、機師、軍警職業 · 男性類的商品 · 職場中的男性 · 粗工、耗費力氣的工作 ＊工作特質＊ · 固執、居功、愛面子 · 強硬作派 · 話當年、倚老賣老
感情	· 男友、配偶、男性對象 · 生理男 · 個案本身 · 男性化的形象 · 男性約會對象 ＊對象特質＊ · 男性化 · 大男人 · 控制狂 · 喜歡開車

財運	· 直覺花銷 · 衝動消費 · 男性相關財務 · 男性手上獲得錢財
健康	· 左腦 · 心血管 · 禿頭、落髮 · 男性賀爾蒙 · 陽性能量 · 男性泌尿系統
家庭	· 兄弟 · 長孫 · 子承父業、繼承家業 · 父權主義 · 傳宗接代 · 兒子或繼子 · 各種父執輩 · 各種叔執輩 · 寄託在男孩子 · 長孫要拜祖先廳堂

夢想	· 人人稱羨 · 坐擁物質與享樂 · 男人的夢寐以求的人事物 · 擁有自己的事業
指導靈	· 男性神明 · 陽性指導靈 · 你可以照顧更多人或負責任 · 追尋學習的男老師、師傅 · 高靈上師、靈魂導師 · 尋求身邊男性的意見
時間線性	· 當月的二十八日（右邊的牌會顯示月份）

日常活動解析

日常解析到男人牌，我會建議把關鍵字鎖定在「男性」、「個案」、「周圍的其他男性」如果問事占卜抽到男人牌，不要想太多，直接把對象設定在身邊的所有男性，或者比較擁有男性特質的人，工作夥伴、外送員、主管、朋友，就對了，如果問到感情對象出現男人牌就代表「有個男性會出現或介紹」正常向男抽到則可以解釋為朋友的介紹。

流年樹解析

在流年樹的解析到男人牌，我會建議把關鍵字鎖定在「男性」、「個案」、「周圍的其他男性」復古雷諾曼牌的傳統牌意有著占卜者會被占卜者的身邊男性或本身；在流年樹的解析中，如果看到男人牌，如果是個案本身，則解析為個案會遇到什麼事情，否則，則解釋為出現一個男人出現，帶來什麼訊息。如果周圍牌面有蛛絲馬跡，則可以知道這個男性的出處來自哪裡。

我與這張牌的故事

有些時候男人牌的造型，會神似解析時提到的當事人本人，而且這種巧合還會常常發生，用哪一副牌卡則會像那張牌卡的男人，如果有多張男性造型的，可能還可以抽出是哪個類型的男人。

設計前世記憶雷諾曼卡中的男人牌時，我想要讓男人牌比較東方點，所以還是設計了長頭髮和髮冠，感覺長得很像前世的天上仙人形象的感覺，有了這些架構，就設計出了這張男人牌。

配對組合範例

★配對組合：

- 男人牌＋房子牌＝男人來家裡拜訪；建築師或室內設計師。
- 男人牌＋老鼠牌＝帶來改變或損害的男人；稽核官、開罰單的警察。

- 道路牌＋男人牌＝在抉擇時出現的男人；指揮交通的人。
- 太陽牌＋男人牌＝有一位男性的出現解決所有困難；男性神明。

夫人 Woman

黑桃王牌

快速掌握關鍵字

牌性：中性牌，被附近的牌影響

意象：身邊所有的女性或與占卜事件相關的女性象徵

聯想：姐妹、愛人、母親、所有女性、陰性能量、懷孕

意識：感性的、情緒化、比較優柔寡斷

建議： 建議感性、去感受去理解、多用感性與直覺

事物或環境：與女性相關的所有物品及象徵

牌意解說

女人牌相較男人牌的服飾就差很多，男人牌拿著信件、權杖，代表掌握權力與消息，而女人牌拿著花束穿著薄紗，用衣料布料來與男人牌做出明顯的對比。女人牌代表柔軟、感性的、內心豐富的，姿態比較沒這麼高或是屬於柔弱的，這也可以指生命中的女性。

在意識上看到女人牌就是跟男人牌是相反，男人牌比較直接果斷，衝動魯莽；女人牌就會比較情緒化、感性、優柔寡斷的或是思慮周全。針對這張牌給個案建議時可以說去感受、去理解多用感性與直覺；在男人牌的建議比較多是要放下魯莽，要更有理智的思考，多理解與溝通。兩張牌性格的不同。

牌性是中性牌，會被附近的牌影響，這感覺就跟男人牌一樣，這位女性是敵是友、個性如何，可以用後面的牌來做延伸以及推斷。

在我的占卜經驗中，出現女人牌都會是主管、家人長輩或身旁女性，如果在牌組中也是有兩張以上的女人牌的話，也是要依照牌面進行判斷特質，這會從原本牌意中在附加一層的涵義。如果牌卡中的女人看起來相當有自信時，反而要注意一件事，這張牌卡不會因為牌面而失去原本的意思，表示就算遇到看起來比較剛強女性，但她的內心是還是柔弱的，只是外表故作堅強因應生存而調整自己。

*原始雷諾曼稱為「女人」而前世記憶雷諾曼稱為「夫人」，本書內容稱呼這張牌時會交替使用這兩個名稱。

主題牌意

前世	· 祭司 · 女官 · 醫女 · 仙女 · 女神明 · 女隨從 · 各種女性 · 母性社會 · 女性部落 · 公主、女王 · 母親、長姊、女性長輩
未來	· 個案身邊的女性 · 要更柔軟、貼心 · 女性帶來的影響 · 生活中出現的女性 · 女性會面、工作交流 · 新女性將進入生活中

工作	· 注重容貌的 · 護士、護理師 · 女性相關的產業 · 美容、美髮、美體 · 化妝品、保養品產業 · 職場中發揮影響力的女性 ＊工作特質＊ · 虛榮、愛漂亮、喜歡被誇讚 · 處事圓融、細心、貼心 · 情緒化、陰晴不定
感情	· 女友、配偶、女性約會對象 · 生理女、女性化的形象 · 姊妹、女性朋友 · 個案本身 · 女性對象 ＊對象特質＊ · 隱私、注意形象 · 溫柔、有氣質、女性化 · 公主病、鬧脾氣

財運	・感性花銷 ・消費不理性 ・花錢買感受 ・女性相關財務 ・女性手上獲得錢財 ・花銷在容貌、外觀上
健康	・右腦 ・皺紋 ・肺腺 ・婦科 ・月事 ・情緒導致病徵 ・女性賀爾蒙 ・女性能量 ・女性泌尿系統
家庭	・勤儉持家、維持家庭 ・生兒子的壓力 ・姐妹、孫女、女兒或繼女 ・嫁得好人家 ・傳統的女性觀念

夢想	· 幸福快樂 · 青春永駐、凍齡 · 女性平權 · 社會價值的提升 · 擺脫世俗價值觀
指導靈	· 女性神明 · 陰性指導靈 · 相信自己值得被愛 · 允許自己有更多的愛 · 傾聽內在情感的豐沛 · 追尋學習的女老師 · 尋求身邊女性的意見
時間線性	· 女人牌有著纖細的形象，所以會比較優柔寡斷，相對時間長度較長 · 當月的二十九日（右邊的牌會顯示月份）

日常活動解析

日常解析到女人牌，我會建議把關鍵字鎖定在「女性」、「個案」、「其他女性」如果問事占卜抽到女人牌，直接把對象設定在身邊的所有女性，或者比較擁有女性特質的人，工作夥伴、主管、朋友，或者比較陰柔氣質的；如果問到感情對象出現女人牌就代表「有個女性會出現或介紹」也可以解釋為也女性朋友介紹。

流年樹解析

在流年樹的解析到女人牌，我會建議把關鍵字鎖定在「女性」、「個案」、「其他人」復古雷諾曼牌的傳統牌意有著占卜者會被占卜者的身邊女性或本身；在流年樹的解析中，如果看到女人牌，如果是個案本身，則解析為個案會遇到什麼事情，否則則解釋為出現一個女人出現，帶來什麼訊息。如果周圍牌面有蛛絲馬跡，則可以知道這個女性的出處來自哪裡。

我與這張牌的故事

對於女人牌的造型很多牌卡的畫家都會加入自己對女性的印象，像是比較展露各種的女性特質，或者一定會把神情設計的比較富有情感帶有情緒的表情，藉此展現各種溫柔、等待被救贖、諸如此類的，所以女人牌其實在雷諾曼中是一張很適合畫家發揮的牌卡。但是如果像我這種很不擅長畫人臉的話可能就會有點棘手。印象最深刻有一次上雷諾曼實體課程的時候，曾經在一副學生的雷諾曼牌中看到明顯的前世故事，或許從那次開始我才開始想要設計一個專門讀取前世記憶的雷諾曼卡吧。

設計前世記憶雷諾曼卡中的女人牌時，我一樣想讓女人牌符合東方形象，所以設計了比較漢服和不同的髮釵和步搖，一不小心似乎讓女人有了太多的宮廷感，感覺長得很像天上仙女形象的感覺，因此設計出了這張女人牌。這張女人牌其實設定時有三個形象，不知道有沒有機會再做一次擴充牌。

配對組合範例

★配對組合：

- 夫人牌＋蛇牌＝富有心機或城府的女性；出現的女人別有意圖。
- 夫人牌＋太陽牌＝由一位女性帶來全新的局面；女性神明。
- 房子牌＋夫人牌＝家中的女性或者女性長輩；家中的女性。
- 道路牌＋夫人牌＝面對抉擇躊躇的女性；女性帶來道路指引。

花 Lily

黑桃國王

快速掌握關鍵字

牌性：中性牌，獨立出現偏正向

意象：智慧、年長成熟、睿智聰敏、長期培養

聯想：和平、安詳、堅定恆久不變、古典、貞潔

意識：寧靜地思考、學會潔身自愛、合作關係

建議：先思考再執行、尊重、聽取建議、鍛鍊耐心

事物或環境：修養身心的地方、養老院、歷史博物館

牌意解說

供神供佛常用百合花，所以它是純淨、神聖的，不容玷污、高貴感，同時有老成、守舊。有需要花時間培養需要照顧、用心培育。

百合花的主題是「長期培育」或是與年長人的關係與合作，這跟樹牌不太一樣。樹木牌是家族帶來根深蒂固的關係；百合花牌是你需要五年、十年長期合作關係，可能是與年長者培養感情或學會用成熟的方式參與人際交往。這種合作是以大局著想的、深思熟慮的、有前瞻性以及思考全面的階段，所以百合花牌才有培育、長期合作、與年長者合作、花時間呵護關係的涵義。

如果這張牌出現在合作要不要繼續的問題中，我會建議是可以，但我會跟個案說有百合花出現，表示對方在很多道德標準要求或是在成熟的溝通上很有自己的想法與邏輯，可以合作而且可以學到很多，但另方面也代表要花時間學習以及需要用兢兢業業的態度去面對，因為要與長輩學東西他們一定有很多規矩。建議會是等待，先思考再執行、尊重、聽取前人建議、鍛鍊耐心擬訂長期計劃。

意識層面解讀時，需要寧靜地去思考並放下身段，百合花牌你學會了解自身原來的模樣是如此的高貴驕傲、有界限、規則規範。

如果解讀個人的話需要去思考，你有沒有好好呵護自己的感受，要了解怎麼學會潔身自愛。把別人的人生攬在身上的習慣拿掉，學會面對自己以及面對面對合作關係的指引，要先懂自己別人才會懂你。

*原始雷諾曼稱為「百合花」而前世記憶雷諾曼稱為「花」，本書內容稱呼這張牌時會交替使用這兩個名稱。

主題牌意

前世	· 長老 · 曼陀羅 · 印度教 · 佛化、燒香禮佛 · 修身養性、平靜安詳 · 釋迦牟尼佛 · 觀世音菩薩 · 開悟的經典 · 長者的智慧 · 先人祖先們
未來	· 潔身自愛、良好的自律能力 · 出淤泥而不染 · 邁向更純粹的 · 付出會得到成果 · 細緻嬌貴、需要細心呵護 · 年長者或父親形象 · 持續放鬆、心情冷靜 · 需要時間醞釀成果、長期培養 · 自我圓滿、寧靜時光即將到來 · 靜養、休息、修行、平靜的時光

工作	· 墓園維護、生前契約類 · 療養院、養老院 · 歷史廟宇、古蹟景點類 · 文物歷史類 · 多年工作經歷 · 職業軍人、軍公教 · 靈性、靈修、禪修場所 · 可以持續到退休的穩定工作 · 歷史悠久的家族產業、傳產 · 祥和平靜的職場氛圍 · 相當出名的建築相關 ＊工作特質＊ · 固執、堅持己見 · 心平氣和 · 不能打斷節奏 · 像退伍軍人 · 倚老賣老 · 常常提起經歷的事 · 自己有自己的理論

感情	・彼此需要更多磨練與平靜 ・彼此學習的關係 ・很接近家人般的關係 ・花很多時間磨合 ・長久經營的關係、長久戀情 ・成熟又真誠信任的關係 ・等待多年的感情 ・與比自己年長者談戀愛 ＊對象特質＊ ・臉型或個性成熟 ・令人有安全感 ・公平且真誠 ・循規蹈矩、保守、傳統 ・平靜、被動、祥和 ・富有戀愛經驗 ・顯得睿智、年長、資深 ・像是導師、諮商師 ・閱人無數、明眼識人

財運	· 被動收入 · 兒女的供養 · 房產的投資 · 固定資產的收入 · 緩慢成長型基金、投資 · 退休俸、退休金 · 長期持有的股票與股份 · 退休計畫和企業退休福利 · 信託、共同基金、長期投資
健康	· 阿茲海默症 · 衰老的狀況 · 皮膚的老化 · 骨質疏鬆 · 需要長期保養保健 · 視力和聽力的衰退 · 各種老化帶來的疼痛 · 治療期、康復期需要延長

家庭	· 家中老人 · 家庭觀念 · 傳統思想 · 家族傳統 · 傳統禮教 · 不同的成見 · 固執不容違背 · 中心思想的養成 · 整個家族都遵守 ＊家庭課題＊ · 不敢違背家中的條款，變得沒辦法擁有自己的人生。
夢想	· 安養天年 · 兒孫滿堂 · 善有善終 · 了無遺憾 · 平靜且安詳的一生 · 一生都值得了 · 自然而然地離去

指導靈	· 覺知覺察生活的每件事 · 你可以從經文中找到你的智慧 · 聽身邊的成功人士的話 · 傾聽是你重要的一部分 · 相信宇宙與智慧的指引 · 指導靈藉由你身旁的人給予你訊息 · 唯有提升更高的視野，才能看透眼前的困境
時間線性	· 冬天 · 長期的時間 · 當月的三十日（右邊的牌會顯示月份）

日常活動解析

關鍵字鎖定在「長輩」、「培育」、「長期」如果問事占卜抽到了花牌，就像脆弱的花朵，需要被呵護跟照顧並花時間跟耐心去培育。不是需要花時間去完成一件事情，就是由長輩會出現來指導執行，像是問到：「工作要如何可以更順遂？」出現花牌可能就代表很多技能或者是人脈需要花時間和精力去好好去練習以及累積經驗，花牌也代表著主管的可能賞識你與否，這些都是花牌解析會遇到的狀況。

流年樹解析

關鍵字鎖定在「花時間完成」、「長期合作」、「與權威聯名」、「需要有智慧」復古雷諾曼牌的傳統牌意有意味著年長的和需要培養；在流年樹的解析中，如果看到花牌代表有一個長期在執行的企劃，或者花很多時間投資的計畫正在執行中，周圍圍繞的牌就表示會有什麼樣的改變，如果前面是負面牌可能代表會危及到這個成果，如果是正面牌，則有可能是昇華或是更加的強化的指引，所以依照圍繞在花牌附近的牌卡，就可以在流年解析中解析一個長期計畫的狀態。

我與這張牌的故事

曾經有過一次解牌有花牌，我有讀到一個固執的家人在身邊不斷地囉唆，然後講完以後，個案非常驚訝地知道我在形容的是誰，這大概是我覺得解析花牌最神奇的事件了。

設計前世記憶雷諾曼卡中的花牌時，因為我覺得百合實在是太西洋了，但是其實我們在各大廟宇也很常見的到百合，我個人喜歡看得清宮劇也有出現過百合，當時我就帶著個人的執著，決定把 lily牌畫成荷花，清雅脫俗的姿態，也是要細心照料。

配對組合範例

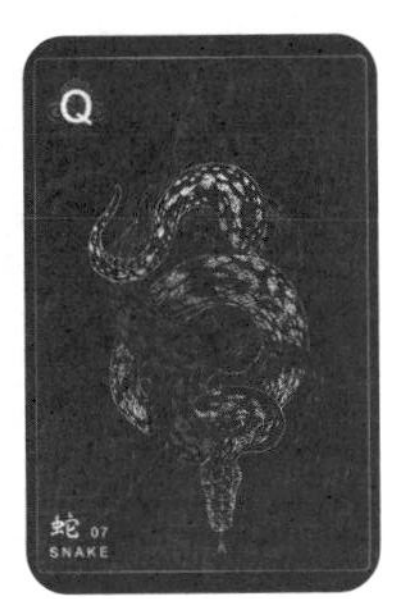

★配對組合：

- 花牌＋蛇牌＝長期合作的對象可能想暗算；健康因為衰退有危險。
- 花牌＋樹牌＝年長的健康狀況；長期培養保養的狀況。
- 道路牌＋花牌＝有其他的方向可以選，跟下一步成長有關；選擇一個穩定的機會。
- 小鳥牌＋花牌＝討論跟年齡有關的事情；跟老人家聊天。

太陽 Sun

方塊王牌

快速掌握關鍵字

牌性：正向牌，會給周圍帶來正面影響

意象：陽光、熱量、朝氣、心胸遼闊、鬥志

聯想：榮耀、光輝、成就、充滿自信、強權、魅力

意識： 認同自己、態度要正面積極、往光明的方向

建議：容光煥發、要有自信、堅強、帶領、一切的光芒

事物或環境：電燈泡、電池、電源、太陽、燈光

牌意解說

太陽有種撥雲見日、照耀一切、陰霾終於散開的涵義，大部分牌組的太陽牌都會有光明的意思，圖示的太陽牌還會有旭日東昇、天空即將被照耀的感覺，像是在很多災難恐怖片的結尾或事情結束的意象都會用天亮、破曉的出現代表事情的好轉來代表明亮、坦承、溫暖的涵義。

太陽牌是雷諾曼牌中最大的王牌，如果牌陣翻開中間是太陽牌，代表這之前出現的所有負面牌都被照亮，在此刻撥雲見日且迎來下一個階段，也可以解釋為迎來更大光明或是陰霾總算要過去了，所以意識層面的解釋才會有認同自己、態度要正面積極、往光明的方向，一切事情都有了方向與前行的動力。

只要太陽牌出現就意味著這件事情告一段落了，不用再擔心了或是新的轉機出現不用再處理了，例：兩人關係的話，我會說感覺真相會被發現，兩人會把話說清楚。如果是工作推演表示可能會出現轉機、新政策、新方向到來不會繼續卡在某個階段。

另外一方面來說太陽牌也會有真相攤開在眼前，例如：隱瞞的事情會攤開，會水落石出或是現出原形、灰飛煙滅，當然事情被攤開多少一定會不舒服，但對個案來說至少死也死明白也看得透徹。

主題牌意

前世	· 神之子 · 太陽神 · 阿波羅 · 光行者 · 一切眞相 · 開朗幸福 · 光芒萬丈 · 明亮的場景 · 天上的孩子 · 看到曙光與希望後離開 · 看到光明的結果 · 光明璀璨的日子

未來	・快樂 ・明朗 ・遼闊 ・肯定 ・成功與勝利 ・達成目標 ・圓滿喜悅的結果 ・光明耀眼的 ・絕對的確定 ・嶄新的一天 ・可以展望的未來 ・非常耀眼的希望 ・抵達更高的巔峰 ・隧道盡頭的光芒 ・去溫暖明亮的地方 ・事情全部被攤開、被揭開 ・擔憂即將被照耀，煙消雲散

工作	· 成功、進展、滿意 · 受到認同的工作 · 令人樂觀 · 神清氣爽的 · 知名企業人 · 上過週刊或報導拜訪 · 人人稱羨的職業或職稱 · 優渥或滿意報酬 · 司儀、主持、發言人 · 受人矚目、聚焦在自己身上 · 各類高階職位 · 積極樂觀的職場中工作 · 能源或電力相關產業 · 太陽能相關產業 ＊工作特質＊ · 核心人物 · 人脈廣大 · 風雲人物 · 領導型人物 · 吸引別人目光 · 充滿個人魅力

感情	· 激情熱戀 · 美好的關係 · 螢幕情侶 · 俊男美女 · 家人支持 · 受人羨慕 · 豔遇的跡象 · 感覺命中注定 · 符合審美價值 · 充滿激情的外遇 · 戀情逐漸升溫 ＊情感對象＊ · 自戀 · 事業成功 · 在意外表 · 很有領導氣質 · 網紅、名人、業界知名 · 知名或很多人認識 · 內在充滿自信和安全感

財運	· 正財旺 · 財務獲利 · 對未來有展望 · 投資收益豐厚 · 投資有正面結果 · 滿意獲利豐厚的協議 · 投資到很有願景方向
健康	· 凸顯的五官 · 被他人側目的 · 顯著的身體部位 · 注意眼睛的健康 · 一有光亮就醒來 · 跟熱還有光線有關 · 青光眼、閃光、近視 · 皮膚癌、曬斑、紅斑
家庭	· 長兄或長孫家 · 最有權勢的主家 · 指標性的家族 · 很多愛、溫暖的家 · 過度照顧、什麼都會被安排

夢想	· 將智慧傳承下去 · 靈性揚升大師 · 成爲指標性人物 · 成爲形象的代表 · 將光芒照耀給所有人 · 讓很多人有智慧或開悟 · 成爲思想家、演說家、作家
指導靈	· 更高的智慧在等你發掘 · 你可以照耀很多人 · 相信自己的存在價値 · 相信自己可以辦到 · 靈性上指引的內在光芒 · 相信在每個地方可以自處 · 自我的價値不需要被定義 · 請相信神的指引與照耀 · 你有更大的使命需要成就 · 拿回自我力量，並全然接受自我
時間線性	· 早晨或白天照耀的瞬間，速度會很快 · 當月的三十一日（右邊的牌會顯示月份） · 夏天

日常活動解析

建議把關鍵字鎖定在「明確」、「確認」、「明亮」如果問事占卜抽到了太陽牌，表示事情正在往好的狀態發展，或者是目前的困境即將突破所有的困難。通常大家都是困頓或疑惑的時候來占卜的，所以看到太陽牌真的可以好好的祝賀個案，告訴他一切會有好轉的跡象；如果問到：「我跟另一半接下來會走到結婚嗎？出現太陽牌就代表可能會跟自己想要的結果對應到，可能不會再繼續困惑了。

流年樹解析

關鍵字鎖定在「明確」、「確認」、「明亮」復古雷諾曼牌的傳統牌意有意味著滿滿的光明好像照耀了所有的黑暗；在流年樹的解析中，如果看到太陽牌，就代表著很多的事情都逐漸明朗了，這就像在每年某些時刻我們總在某些時節有種「總算熬出頭了」、「我居然來走過來了」這種感覺，不全然是一種辛苦，而是那種付出的努力得到代價，或是出運的感覺。太陽牌在流年樹的解析中就有這樣的感覺，季運解析有太陽牌當主軸的話就真的滿滿的好事圍繞的預言，可以依照周圍牌來看看到底是什麼樣的故事線走到陽光明媚，如果陽光後面就接到負面牌，可能會帶著一點不要高興得太早的感覺，此時的太陽牌就是一種要為下個難關儲蓄能量的感覺。

我與這張牌的故事

太陽牌總是給人溫暖的能量，我一直覺得太陽的是一個很強的能量的一張牌跟鑰匙不太一樣，比較全面性的一種正面照耀，很想開悟所有人讓靠近的人都可以去變得更好或者去思考未來。我很希望每次都可以抽到太陽牌，但是我發現一個很特別的規律，棺材跟太陽牌，真的出現的機會很少，大好跟大壞的牌，我發現真的比較難在一般的困惑中出現，除非是年運，或者真的非常重大的事件才會出現。我的第一副雷諾曼卡的太陽牌有一顆大大的蘋果，我的雷諾曼卡沒有寫名稱，以前我都以為這張叫做蘋果牌，好險我沒有用這組寫課綱。

設計前世記憶雷諾曼卡中的太陽牌時，當時的我正在台南生日旅行到各個廟宇拜拜，然後拜訪台南朋友的佛具文物店裡，在店裡面被眾神圍繞的情況下把太陽牌給畫出來了，用一種盤古開天闢地、鸚鵡螺的風格展現我整個太陽要帶給人的無限光芒，或許像我目前走在靈性的道路上一樣，我只想做你的太陽（唱）。

配對組合範例

★配對組合：

- 太陽牌＋小鳥牌＝在陽光底下一起說說笑笑；野餐或出外郊遊。
- 太陽牌＋十字架牌＝在天時地利人和的情況下去面對沈重的議題；天命來了，是時候面對自己的天賦所在探索靈魂。
- 狐狸牌＋太陽＝假裝的小心思被揭開或接受；虛假的面具被揭曉。
- 星星＋太陽＝網站大放異彩或者社團有很多人互動熱鬧。

月亮 Moon

紅心八

快速掌握關鍵字

牌性：正向牌，容易被負面影響

意象：夢境、浪漫感情、有吸引力、女性荷爾蒙

聯想：想像力、靈感 、名望、幻想、直覺、感性、 魔力

意識：運用直覺、聆聽心聲、製造正面吸引力

建議：要有夢、有想像力、聆聽直覺、表現吸引力、等待

事物或環境：月下、枕頭、磁鐵、電影院、夜店、夜市

牌意解說

如果太陽牌是一切光明，月亮牌就是烏雲散去後明月皎潔的掛在天上。出現月亮牌表示明天一定有希望、幸福及成功就在不遠將來，同時也會感覺到內心的翻攪與感受。月亮的月圓月缺也代表著潮汐，所以月亮牌也有內心敏感、思緒、情緒翻攪，回應內心情緒的感覺。

月亮牌出現很多情況下會與直覺、靈性、追求內在指引有關，也有等待與週期性的涵義。通常不用擔心之後會越來越順遂，只是前期需要花一點時間但事情成功指日可待的感覺。

靈性與意識解讀會是內心的聲音在指引你，要記得傾聽這個聲音，所以會跟潛意識、內心直覺、感受有關。

以經驗來說，在解這張牌時比較常看到週期性，例：週期性的內心翻攪、情緒、反應，或是來自集體潛意識與外在世界的輪迴會激起你的感受，像是星盤的月亮也代表個人情感，因為它代表著循環及需要被代謝的能量，如果在推演時可以跟個案說，感覺有事情需要等待或內心有很多直覺知道要怎麼做了而且你也不想重蹈覆徹，那你應該要聽你的直覺，真正感受到的是什麼，是不是該面對了呢？

建議要有夢、有想像力、好好聆聽直覺、相信自己、表現自己增加吸引力以及要花些時間等待光芒到來，我們都知道月亮的光來自於太陽的折射，所以這也代表等待光芒的到來需要花一些時間，但也代表已經擁有太陽的光芒還不是明亮的照耀自己的時候。

主題牌意

前世	· 嫦娥 · 吸引力 · 不斷地等待 · 等待黎明 · 夜晚的相遇 · 海底世界 · 祭祀、祭壇 · 太陰星君 · 阿提米絲 · 竹取公主 · 薩滿儀式 · 潮汐潮退 · 月光下的祭典 · 跟月亮有關的魔法

未來	· 覺得只能先放著 · 無法控制的行爲 · 潛意識的翻攪 · 需要被支持 · 期待著明天的陽光 · 依著他人光輝閃耀 · 需要花時間等待 · 總覺得不太多 · 靈感或直覺 · 內心感受 · 情緒會有所起伏 · 尋求幫忙或協助 · 吸引別人注意的 · 被認可或者讚許的 · 被告白、釋出好意 · 對結果抱持著樂觀 · 事情有正向的發展 · 勾引、說服、情意、誘惑 · 知名、有人氣或名氣的 · 聆聽直覺找出新的靈感 · 很多愛、像母親一樣溫暖 · 榮獲獎項、獲得讚美、大獲好評

工作	· 心靈或文化的工作 · 夢寐以求的理想工作 · 精神科或情緒相關的工作 · 優雅、時尚、流行相關產業 · 靈性老師、靈媒、通靈人、溝通師 · 需要一直做創意發想 · 藝術、設計、廣告產業 · 藝術和發揮靈感創意領域工作 · 面對大衆跟客戶，享有評價的工作 · 行銷、廣告、經紀人相關領域 · 滿足感受或感官刺激的產業 ＊工作特質＊ · 鬼點子 · 有點異想天開 · 靈感或創意很多 · 直覺很強 · 比較情緒化 · 做事憑感覺 · 喜歡美的事物 · 很要求用心

感情	· 湧起的愛意 · 波濤洶湧的內心 · 隔著牆都能感受到彼此 · 值得等待的感覺 · 朦朧美的感覺 · 隔層紗的美 · 言語挑逗、誘惑、魅惑 · 精神出軌 · 夢幻豔遇 · 月光下的幽會 · 兩人心有靈犀 · 彼此心照不宣 ＊對象特質＊ · 溢于言表 · 情感豐沛 · 像藝術家、夢想家 · 很多的新想法 · 很戲劇化 · 喜怒無常 · 誘人、迷惑、有魅力 · 有著共感體質、特殊敏感體質 · 比較有靈性、直覺、神祕、通靈

財運	· 守著慢點出手、觀察一下 · 等待就會有好運 · 容易因爲財運影響心情 · 金融或經濟波動 · 不穩定的投資 · 起伏、潮起潮落財運 · 感覺財運忽高忽低
健康	· 荷爾蒙相關 · 各種跟情緒有關的症狀 · 跟器官積水會有關係 · 這張牌主水跟週期會有關 · 婦科器官、子宮、泌尿系統 · 會因爲節氣有所起伏 · 月經、經痛、經前症候群 · 更年期前期、更年期
家庭	· 家母、媽寶 · 各自有煩惱 · 家計大起大落 · 全家都情緒化 · 女性主管的家庭

夢想	· 魔法師 · 完整靈魂藍圖 · 通靈人、靈媒 · 萬衆矚目或耀眼中離場 · 獲得更多的關注 · 內在的能量的操控 · 學會操縱自己的感受
指導靈	· 仔細地聽取直覺，聆聽内在聲音 · 藉由了解自己改變世界 · 好好享受靜心，享受自然的充沛 · 擁有強大的能力在你的世界不斷顯化 · 你擁有顯化，需要檢查起心動念 · 你需要學會更多的接納自己 · 學會與自己的情緒共處
時間線性	· 夜晚、晚上 · 月亮週期 · 潮汐

日常活動解析

關鍵字鎖定在「等待」、「心情不好」、「鬱悶」如果問事占卜抽到了月亮牌，多數是靈性、情感、感受問題，可以鎖定內心的聲音或者是情緒的翻攪就可以在整個解析中找到問題的癥結點。像是心情不好，被影響、或怎麼做都不對都是月亮牌的能量，這就像是一種我們不舒服的感受，可能跟潮汐一樣，會跟著大環境躁動，很難去描述出來的一種翻攪。如果正面則是只要持續等待就好了，就像情感的翻攪被周遭影響，指日可待的成功，只是在這之前會有點心慌而已。

所以如果解讀：「感情的發展會如何？」月亮牌代表著會有不錯的發展，只是彼此帶著比較多的期待，還有點不敢說出口，或許你可以先試著表達想法喲，一種曖昧但是心有靈犀的感覺。

流年樹解析

議把關鍵字鎖定在「內在」、「直覺」、「靈性」、「期望」復古雷諾曼牌的傳統牌意，高高掛著月亮有意味著心裡的五味雜陳和期待契機的感覺；在流年樹的解析中，如果看到月亮牌，一定是某一個週期回頭來翻攪，像是星座中的木海合相、瑪雅圖騰的紅月，都是一種翻攪內在情緒跟感受的時節，勢必在這個時候過往和所有累積的情緒會全數翻攪出來需要一次清理完成，月亮牌在流年樹就是這樣的一個角色，不一定跟著大環境跟星象才一定會有，這是屬於你自己流年命盤的一種翻攪。

我與這張牌的故事

月亮牌總有一種平靜的感覺，徐徐的微風吹進窗口，皎潔的明月在窗口跟你對望著的感覺，我曾經為自己占卜運勢的時候抽到一次月亮牌，鞭子＋月亮＋送子鳥核心主題就是會有翻攪不高興，但是只要慢慢去面對，持續溝通，這個翻攪雖然會來有點激烈，但是很快就會過去了，重點是保持回應，而當時就吵了架，但是我沒有一氣之下離開，或者有破壞性的語言，我站在原地保持原地，把這件事可以好好的溝通完，最後居然和平落幕了。雷諾曼真是很神奇的卡牌，翻起來基本都一定會對應到。

設計前世記憶雷諾曼卡中的月亮牌時，我一直想呈現一整顆月球，最特別的地方大概是背後雲，有沒有一種雲中月圓的感覺呀？講這個歌名好像透露了年代。

配對組合範例

★配對組合：

- 月亮＋鐮刀＝為了要整個事情順利而有所取捨；整形。
- 月亮＋道路＝心裡其實有答案了，但是抉擇前還是會恐懼；心中的方向。
- 房子＋月亮＝家一直是自己的歸屬，無論何時何地；黑夜中遠遠看到自己的家燈火通明。
- 老鼠＋月亮＝心中的恐懼一直侵襲無法停止；黑夜的派對。

鑰匙 Key

方塊八

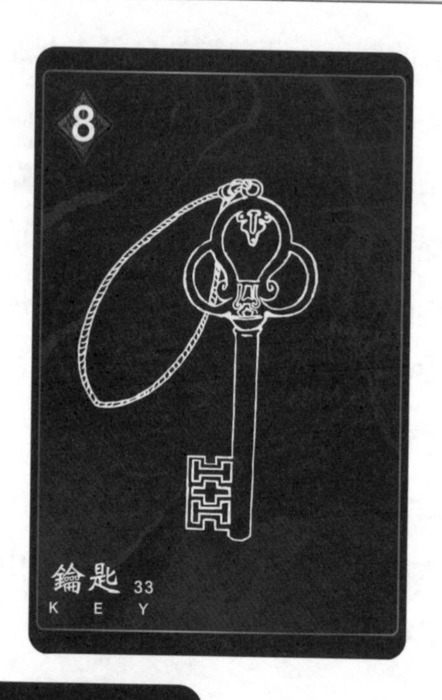

快速掌握關鍵字

牌性：正向牌，帶給周遭許多正向影響

意象：夢想達成、開啟被隱藏的事物、通往成功

聯想：解答、 突破、發覺、密碼、同意、解放與自由

意識：解放自我、相信直覺的引領、解放恐懼與緊張

建議：去行動、擁有能力爭取機會、去開創自己的世界

事物或環境：鑰匙、鑰匙圈、鎖、密碼、銀行、關鍵時刻

牌意解說

鑰匙有打開、關鍵、開啟一個階段、開創的涵義所以這張牌很重要。只要有鑰匙牌的出現，它會幫你開啟下一個階段的到來，是全新的開創。也許對你來說換工作、搬家不一定開心，但是鑰匙牌的出現一定是開創下一個階段，分手、離開、轉換都是一個階段，這個開創一定都對你有正面的意義，不論是感受或環境上的調整，鑰匙牌都是開創更好的局面，是個全面性正面發展的關鍵。

所以意識上解放自我主義去相信直覺的引領，解放恐懼與緊張放下擔憂，不管如何生命都要把你推到下一個階段，不管拒絕與否生命都會持續前進的話，不如就迎向這個進展會帶給你的感受。

建議就是去吧！去開創，你會拿到機會去爭取擁有，不管是不是遇到挫折逼你改變都好，鑰匙牌的出現就是要你去開創下一個階段了，如同上述，是不是靈魂要面臨真正的覺醒，開始去探討靈性對你的意義與重要性，這張牌代表是時候開創自己的世界了！即使你不想，生命中也會帶給你前行的方向與能力。

主題牌意

前世	· 被監禁 · 握有權限 · 解開封印 · 有被救過 · 開拓疆土 · 亞利安人 · 新世代來臨 · 勝利的關鍵 · 打開世界大門 · 潘朵拉的寶盒 · 被封閉的記憶 · 命運的關鍵時刻

未來	· 新的篇章 · 開創新階段 · 重要時候出現 · 一切的關鍵事務 · 靈魂伴侶的連結 · 開啟管道、突破盲點 · 宣告、宣示、布達 · 自己的命運與道路的掌握 · 收到訊號、直覺、徵兆 · 共時性 · 幸運符、護身符、庇佑品 · 感覺很有安全感、很重要的 · 最開始的地方、源頭、起源 · 破解、解答、解密、拆穿、解除 · 相當重要、意義不凡、不可或缺 · 啓示作用、發現、知曉、恍然大悟 · 全然的同意、很好的結果、成功完成

工作	・ 發想或原創 ・ 資訊解密、真相調查 ・ 萬事俱備只欠東風 ・ 鑰匙或鎖頭類的相關製作 ・ 保全系統、擁有機密的人不多 ・ 最新的關鍵資訊、持續的新發現 ・ 主導整個計畫、領域、貿易產業 ・ 對於架構或政策、宗旨有主控權 ・ 有改善或提升現況、提供解決辦法 ・ 具有影響力的產業、龍頭產業、主要代理 ＊工作特質＊ ・ 小天才 ・ 關鍵人物 ・ 真人不露相 ・ 找他準沒錯 ・ 高手在民間 ・ 機智、腦子動很快 ・ 總是有解決的方向 ・ 跳躍式的思考

感情	· 真實的自己 · 解開誤會後 · 業力糾葛與牽引 · 命中註定的感覺 · 真正的敞開心胸 · 心靈深處的連結 · 打開幸福的鑰匙 · 生命中重要的關係 · 了解自己想要的關係 · 真誠炙熱的情感交流 · 關鍵、重要、主要的關係 · 解開緊閉的心、讓彼此了解 ＊對象特質＊ · 有耐心 · 語出驚人 · 認真付出 · 情場高手 · 真誠、真摯 · 機靈、聰明 · 很多好點子 · 巧辯、一針見血 · 不鳴則已，一鳴驚人

財運	・小金庫 ・私房錢 ・沒有被動用到的部分 ・理財的好主意 ・財務狀況救援 ・滿意金錢狀況 ・意料之外的金錢 ・關鍵時刻金援到位
健康	・虛驚一場的 ・敏感、想太多 ・標靶藥物 ・解開病情主因 ・鎖定出狀況的目標 ・健康問題得到正確處理 ・正確對症下藥、關鍵的投藥
家庭	・需要放下心防，開啟彼此對話 ・知道問題的所在 ・家中的核心價值 ・出櫃、展現眞實自我

夢想	· 各類的新革命 · 時代的代名詞 · 新世代的來臨 · 新紀元的政策 · 突破現在的科技 · 研發更好的事物 · 找到下個階段人類目標
指導靈	· 你的存在本身就具有意義，不需要證明價值 · 眞實並且完整的你，值得被愛 · 只要向靈魂詢問，內在會給你指引與方向 · 抛開自我的恐懼，信任上天的指引 · 只要在行動上作出選擇，都是最好的選擇 · 連結內在神性、指導靈、高我、主神，找回靈魂的本來面目
時間線性	· 現在、每個當下的一開啟或創造 · 一即一切，是現在、過去、未來，也同時存在一個時間點裡。鑰匙牌帶來的事即刻的改變。

日常活動解析

關鍵字鎖定在「打開」、「重點」、「好點子」如果問事占卜抽到了鑰匙牌，就像是找到一個天時地利人和的一種平衡，也會有下個階段完整的開啟感，不管在什麼時候抽到鑰匙牌，都是一種新視野的感覺。

所以如果解讀：「感情的發展會如何？」鑰匙牌代表著會有開創的發展，值得期待會有怎麼樣的新火花，但是鑰匙對於感情上面的解析，偶爾就像鑰匙本身出多的創意一樣，會有一些意想不到的驚喜，曾經就有一位個案占卜感情的議題，我覺得這段關係將會擁有一段新的開始，

流年樹解析

關鍵字鎖定在「全新的格局」、「開創」、「關鍵牌」、「敞開內心」復古雷諾曼牌的傳統牌意有意味著關鍵和解開一切的王牌；在流年樹的解析中，如果看到鑰匙牌，全年的運勢將有著新階段的開啟，或是某些事情將有一個新局面，就像這是一張雷諾曼的王牌一樣，在整個階段跟過程都將重新地開展下去，所以這張牌所在的位子跟他解析的關鍵詞一樣，所以周圍的牌將描述出這張牌關鍵之處，鑰匙牌的出現是一個大好機會，把握住這個機會將會開展全然不同的格局，所以看到鑰匙也可以很開心，因為一切的狀況即將翻轉。

我與這張牌的故事

鑰匙牌是我最喜歡在各種解析中抽到的牌，因為我相信無論如何會有改變或轉換。不管變好或變壞，拿掉那些二元對立與價值觀的相對會開啟一扇不滿意的門。無論怎麼選都沒有錯，這就是鑰匙牌帶來的能量，像是一切皆是體驗，每個體驗都值回票價，而我們扮演的好生命的角色，儘管去好好的體驗吧！

設計前世記憶雷諾曼卡中的鑰匙牌時，最開始其實我是畫長命鎖，畫著畫著才想起來這張牌是鑰匙牌！後續才對應心牌來畫出對應的鑰匙。

配對組合範例

★配對組合：

· 鑰匙牌＋道路牌＝開啟下個階段所需要面臨的抉擇；離職後的轉職方向。

· 鑰匙牌＋雲牌＝想要改變卻無從下手；本以為突破但是又進入新盲點。

· 狐狸牌＋鑰匙牌＝聰明地找出一個可以兩全其美的辦法；假裝自己已經走出來。

· 小鳥牌＋鑰匙牌＝不停地討論即將迎來的新氣象；眾所矚目的新科技。

魚 Fish

方塊國王

快速掌握關鍵字

牌性：正向牌，生意類型則是中性

意象：正面轉變、獨立自主、自由自在、感情、紛爭

聯想：貿易、生意活動豐富、財富、深度、繁榮

意識：追隨、共同行動、邁向自在、衝突的可能

建議：學會獨立自主、相信直覺、船到橋頭自然直

事物或環境：各種跟魚、水、財有關係或貿易交易的場合

牌意解說

魚牌有著大海、深景、交流，也有豐收，也會跟金錢有點關係，有些雷諾曼牌組的這張牌會畫的比較特別，可能與爭執或糾結、溝通不良、佔領地盤的感覺，但主要都是交流、金錢與豐盛。

貿易、進出口、生意活動豐富、許多、財富、深度、繁榮、流出、變遷、水性、濕潤、液體、循環、瀏覽，這些都是魚牌的關鍵字。累積財富同時也是追隨自由，在這過程可能有些爭執，例：可能做生意會跟其他攤販交流或競爭，可能要面對大市場的交流與競爭，可能需要家裡人支持你做一個挑戰的狀態，這些都是魚牌在聯想上會出現的狀況。

意識上的解讀是追隨、共同行動、自由的、邁向一個自在的階段，或可能有下一個衝突。魚牌一定是流動與正向的轉變，這是一種邁向自由的涵義，但魚牌的邁向自由是你要學會獨立為自己負責任，當你為自己負責時可以得到更多自由，例：為自己負擔生活費、為家裡經濟負擔。負擔這些責任會有很大壓力，但也代表承擔後可以更支配自己人生。

金錢上的解讀也可以指循環利息、金錢交流、金錢額度投資狀態。意識上解讀，代表你需要一群志同道合的人與你共同前進。
建議的話要學會獨立自主，相信直覺，船到橋頭自然直。牌性是正向牌，生意類型則是中性，這是說無論如何都會邁向正向的流動，除非在生意上，可能會有彼此間互相爭名奪利、利益上有些衝突，才可能是中性牌。在金錢發展、工作安排或是兩人關係的時候都是正向交流邁向下一段階段的開始。

交流層級可能從一群大學同學變成各有家室的人都是下階段的轉換，這個轉換跟送子鳥牌的涵義不一樣，魚牌的是屬於你獨立自主的轉換，而送子鳥牌的轉換是一種全面革新。送子鳥牌屬於思想上的轉換；魚牌的轉換是邁向下一個階段要開拓下一個金源，屬於物質型的轉換。

主題牌意

前世	· 人魚 · 水星 · 河伯 · 陰間世界 · 波賽頓 · 陰陽兩界 · 水底世界 · 漁村人家 · 魚水之歡 · 海邊、河邊的相遇 · 大海的崇拜 · 沿海的文明 · 天地混元初開的時候 · 亞特蘭提斯、沈沒的大陸

未來	· 豐盛 · 充沛 · 活躍進出帳 · 不分國界 · 敞開交流 · 永續經營 · 自然循環的 · 有點爭地盤而爭執 · 不同種族的融合 · 放任自然生長 · 豐沛的 · 源源不絕、生生不息 · 充分的交流 · 彼此和樂的交流 · 跟水有關的場所 · 海鮮餐廳、海洋樂園 · 適應環境、習慣 · 正向的變化或流轉 · 各種購物商城、貿易所 · 數量諸多的某些人事物 · 跟著流轉移動、流程、順應而行

工作	・集結菁英 ・坐擁各界人才的 ・各國交流的產業 ・各種顧問類的工作 ・工作上的行動與流程 ・跟海洋有關的事業 ・富有個人發揮力的工作 ・成功轉型或拓展事業 ・自由業、自雇營業主、接案作業、獨立承包商 ・獲得授權後而自由執行的各項工作 ・逐漸熟悉某個環境、適應新情況 ・內外銷售、進╱出口、國際貿易類 ＊工作特質＊ ・圓滑 ・借力使力 ・適應力強 ・相處融洽 ・八面玲瓏 ・善用資源 ・參與每一場活動 ・人脈資源豐富

感情	· 源源不絕的浪漫與愛 · 小說般的劇情 · 很多情緒、活在自己的世界 · 複雜的關係、開放式的關係 · 交流很順利的關係 · 翻雲覆雨般的關係 · 在複雜的場合認識 · 交織著各種愛恨情愁 · 感情氾濫、情感洶湧 · 情緒比較澎湃的情感 · 自由戀愛的關係，沒有拘束 ＊對象特質＊ · 喜歡奢華 · 花錢如流水 · 三寸不爛之舌 · 很懂得怎麼說服人 · 夢想家、機靈有才智 · 獨立自主、自給自足、事業有成 · 心胸開闊、接納各類想法和可能性

財運	· 老鼠會 · 逐漸好賺的財務 · 不斷的投入 · 大筆收入或金流 · 擁有財富的 · 自由市場的進出 · 大筆金額的流動 · 利滾利的財運 · 資金的投入後的流轉 · 財務的改善、收入提升
健康	· 代謝問題 · 妄想、幻想 · 情緒控管問題 · 血液方面的問題 · 各種積水問題 · 需要補充大量水份 · 宿醉、飲酒過量、酒癮 · 泌尿系統、男性生殖系統 · 搭配鐮刀會有血光 · 暈眩、作嘔、反胃、孕吐、暈船 · 各類水上活動

家庭	· 情緒勒索 · 舒適圈、不想離開家裡 · 幸福的交流、源源不絕的愛 · 害怕跟外人交流 · 不斷傾倒負面情緒 · 家人的愛有點負擔
夢想	· 烏托邦 · 告老還鄉 · 財富自由 · 自由自在的人生 · 回到最初的美好
指導靈	· 找回你的靈魂家族 · 歸屬感是一生的命題 · 你值得擁有更自由的選擇 · 不要困在自己的牢籠 · 覺察情緒的來源 · 你的愛可以給更多人 · 在淋浴的時候進行冥想 · 學會與自己的情感共處

時間線性	· 像是洋流的魚群，捕撈漁獲時的快速跳動，這張牌也會有急促或稍縱即逝的涵義，像是大魚手中溜走。 · 日出、日落、滿月期間，適合捕魚的時間點 · 形容「大量」的時候會出現魚牌

日常活動解析

日常解析到魚牌，我會建議把關鍵字鎖定在「豐沛」、「自由」、「廣闊」如果問事占卜抽到了魚牌，通常代表著各種開心的收穫，不管是人脈還是金錢都會有著不錯的一個狀況，像是如果問到財運的話抽到魚牌，就可以確認肯定會有不錯的狀況，甚至直接覺得個案其實不缺錢，但可能還是有些金錢恐懼，害怕自己有一天會突然無法工作的狀態，水能載舟，亦能覆舟，這就是魚牌的帶點雙面刃的感覺。如果解讀：「感情的發展會如何？」這肯定會是一場不錯的感情，可能帶點翻雲覆雨，還有浪漫跟感情交流，即便是一夜情也會有暈船的狀態。

流年樹解析

關鍵字鎖定在「順風順水」、「各種的豐盛」、「開心交流」、「源源不絕」復古雷諾曼牌的傳統牌意有意味著豐盛和收穫的意涵；

在流年樹的解析中，表示一切都是順利的流轉的，大概是一整年最順遂的時刻了，就像是大牌陣中可能會把大財運的機會鎖定魚牌一樣，魚牌出現的位置也代表最順應的時刻；依照圍繞在魚牌周圍的牌卡，可以明確知道哪邊通順以及是什麼樣的順利，即便是財富也知道會由哪邊進來，是大財還是小財，不過如果整個季運都圍繞在魚牌則可能會有一種繞著錢打轉的感覺，那就顯得有些辛苦了。

我與這張牌的故事

魚牌也是跟狗狗一樣很多魚種不停變化，至少我看過的魚種就有六種，其中有一副魚牌就是兩隻箭旗魚像在水中鬥爭打架，所以該牌我都會用爭吵去設定這張牌的關鍵字。依照牌卡的畫風或設計，來挑選該牌得關鍵字才能更靈活的運用雷諾曼卡。

設計前世記憶雷諾曼卡中的魚牌時，我就想到鯉魚，畫得太柔軟的有點像精靈，太生硬像刺青，所以我將整體做了幾個元素的組合，讓生硬與柔軟可以兼顧在整個牌面上，所以誕生帶點生生不息的陰陽流轉感的魚牌。

配對組合範例

★配對組合：

- 魚牌＋高山＝財運遇到了阻礙或者停止交易，被迫停住；魚貨暫時不能食用。
- 魚牌＋花束＝跟各種政商名流的交流會；拍賣會。

錨 Anchor

黑桃九

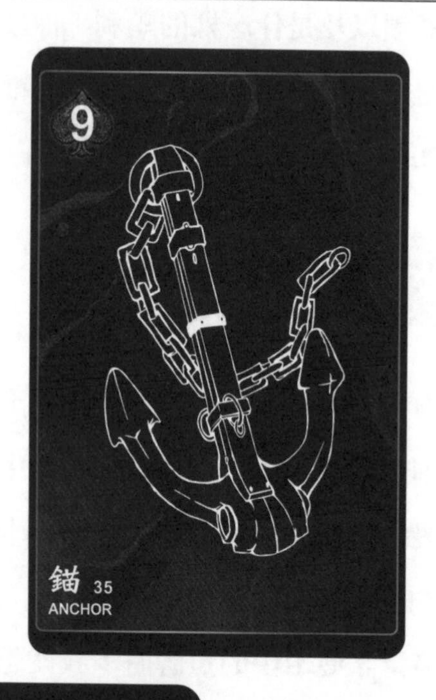

快速掌握關鍵字

牌性：正向牌，但是也有被影響的可能

意象：安全與不動性、信任、堅定信仰、忠誠

聯想：穩定、維持、標準、永久、可靠

意識：訓練自己持之以恆、專注目標

建議：相信堅持就可以突破障礙、不要停止

事物或環境：海港、海邊、鎖鍊、鉤子、很重的物品

牌意解說

船錨牌讓人感到很重，船在把錨放下來時有已經靠岸的涵義，所以下錨也代表做一個決定定下來，錨也很重所以會有沈重的決定、抉擇或是這個決定可能會負擔起整個狀態，扛起整個前行的方向，會有沈重、穩重、累積、做重大決定的感覺。

船錨牌整個牌的核心就是重大決定，這個決定可能關乎家庭、生活、朋友、情人，需要更多的想法與決斷力，所以占卜中抽到船錨牌要跟個案說不能再猶疑不決，船已經靠岸要定錨了。

船錨牌出現在牌陣中的話，個案一定有事情已經下定決心了，已經決定怎麼做或已經做了。這時可以跟個案說，你是不是已經有答案了，只是差臨門一腳想要有人支持你的想法跟你說就這麼做！或知道事情很沈重但不得不做，所以船錨牌是重大決定會覺得壓力大，扛下決定的當下會覺得痛苦，所以建議相信自己絕對可以完成不要停止，相信堅持就可以突破障礙。

正向牌但是也有被影響的可能，也就是說這個重大決定是好是壞，決定後會有壓力期，這就是會被影響的可能性。

有些船錨牌會有鳥，可能這個決定還有些許動搖，有些落在海底，會有已經做下決定的可能性，有些旁邊有魚，還在岸邊的代表著即將放下還沒做好決定，這都是船錨牌帶來的意象。

*原始雷諾曼稱為「船錨」而前世記憶雷諾曼稱為「錨」，本書內容稱呼這張牌時會交替使用這兩個名稱。

主題牌意

前世	· 捕魚 · 方舟 · 新物種 · 宇宙船艦 · 星際搜尋星球 · 印加古城 · 香格里拉 · 淹水獲救 · 投身大海 · 碼頭文化 · 海島文明 · 獨立的海島 · 海戰、海軍 · 不得已的靠岸 · 漂流到孤島 · 船難、海難 · 被丟進大海 · 發現新大陸

未來	· 深度 · 堅持 · 新的領域發展 · 爲抉擇負責任 · 沒有修正機會 · 擇善固執的 · 孤注一擲、背水一戰 · 一戰成名、一次到位 · 精雕細琢的堅持 · 耗時多年的深究 · 將所有責任都扛著 · 決定了就不容修改 · 一言旣出駟馬難追 · 非常倔強或相當頑固的 · 終其一生、連結深厚 · 沈重、壓力、決定 · 穩定、落腳、暫時不再移動 · 即將完成、奉獻自己、持續努力 · 總算抵達目的地、目標達成 · 打下基礎與主軸 · 毅力、不容動搖或被改變 · 專注、全神貫注、精神集中、意志力 · 努力堅持不懈、維持長久狀況、保持在一種情況

工作	· 鐵飯碗、終身職位 · 海軍軍校 · 著名、百年企業 · 建設跟地基相關產業 · 軍事武器、武器 · 海外的交易跟訂單 · 精密不容差錯的工程 · 時間規定嚴謹的產業 · 保險相關業務 · 海上交通工具的產業 · 各種在職業上的成功 · 海灘、海岸、海濱各類海洋娛樂 · 鑽孔、鋼筋、水泥、穩固加固的工作 ＊工作特質＊ · 固執 · 像船長般掌舵、資歷深厚 · 工作狂 · 目標明確 · 有果斷的實力 · 下決定很明確 · 喜歡掌控方向

感情	· 公開穩定 · 對象是當地人 · 非常確定的人 · 相當穩定的戀情 · 切斷所有的備胎 · 一個眼神就能懂彼此 · 已經確認許下承諾、彼此信賴的關係 · 關係中信任、忠誠、相信對方 · 決定穩定下來、長期伴侶關係、同居 · 也有穩定的過程，有綑綁跟不容質疑 ＊對象特質＊ · 固執己見 · 對自己自律、有自信 · 好像不太需要別人 · 獨立完成很多事情 · 可以給予滿滿支持 · 忠心、忠誠、老實 · 可以被信賴的人 · 性格嚴肅、嚴苛、掃興

財運	・固定資產 ・不動產的投資 ・吃不飽餓不死 ・領死薪水、穩定的補助 ・穩定的金融貨幣或投資 ・長時間的投資計劃 ・令人放心的財務狀況 ・相當穩定、正常固定收入
健康	・脊椎骨 ・骨盆腔 ・脊椎側彎 ・骨盆位移 ・骨質疏鬆 ・臀部區域 ・坐姿不良 ・蹲下會困難 ・坐骨神經痛 ・病情狀況穩定

家庭	· 醫生世家 · 公務員世家 · 穩固的家庭 · 有一個祖產 · 區域性的家族 · 家裡會開會議 · 會幫小孩做決定 · 任何決定都要全家同意
夢想	· 穩定發展 · 安家立業 · 家族安穩 · 落地生根 · 一直追求著自我的穩定 · 夢想不大，就是穩定平靜
指導靈	· 你的決定都將完整你的人生 · 不要害怕爲自己做決定 · 只要確定了就去做 · 你的專注與專研將成就你 · 每一件小事做到極致，都是出色的你

時間線性	· 長時間，好幾年（至少也要一年） · 終身

日常活動解析

關鍵字鎖定在「決定」、「確定」、「不再修改」如果占卜抽到了錨牌就表示很多事情須累積後才要去做，日常最適合形容像是功課累積到最後一天才要交出，已經要交稿了才在檢查檔案，隔天要上課了才在做講義，這些情況都會增加做下決定的難度，所以事情本身可能不一定沈重，但是可能會因為經年累月導致事情越來越難完成。就像逃避課題，最後變得很辛苦。如果解讀：「感情的發展會如何？」肯定有一方想要定下來，依照前後的牌還可以知道，是不是已經拖很久了？或者其實一直有一方想要定下來但是受到了阻礙。

流年樹解析

關鍵字鎖定在「做好全面準備」、「沈重的決定」、「下好離手」、「不斷的繼續」復古雷諾曼牌的傳統牌意有意味著決定和肯定的答案；在流年樹的解析中，如看到錨牌要做沈重的決定的時刻到了，像是確定要結婚了、確定要開公司、要轉型等等；錨牌帶來的能量；周圍的牌可能知道是什麼方向的事情需要做下重大決策，所以這張其實是一張沈重感比較重的牌，解析時如果不要離主題太近是比較好一點的，但這是一個遲早要處理的事情，所以只能說在流年裡面勢必要為下一步做一些準備的。

我與這張牌的故事

喜歡收藏雷諾曼的玩家可以注意一件事，有些錨牌是已經在海底的，代表一切都已經確認完成，那如果還在岸上或者在海面上的則代表可能還在猶豫要不要做這個決定；還有第二個特別的地方，有海鷗的錨牌，似乎也是代表著地方的生氣，就像海岸有沒有生機一樣，如果停到鳥不生蛋的海岸，是不是也代表資源匱乏？依照牌面的設計和畫面不同，其實有很多不同的解析，也是另類的各自表述。不過這些都是作者想傳達自己的理念或者跟每張牌的獨特情感。

設計前世記憶雷諾曼卡中的錨牌時，使用東方的古代戰船中的錨來做繪製。

配對組合範例

★配對組合：

· 錨牌＋騎士牌＝確定新方向後開始探勘和拓展；確定方向後衝刺。

· 錨牌＋鐮刀＝重大決定做得非常的快速；確定交往後沒多就分手。

· 花牌＋錨牌＝花了很多時間的佈局才做下的決定；長輩的安排。

· 鞭子牌＋錨牌＝不斷訓練和規劃才讓這個根基打穩；仔細檢查計劃的細節。

十字架 Cross

梅花六

快速掌握關鍵字

牌性：負面牌

意象：非常沉重、艱苦、考驗、阻礙、信仰

聯想：審判、試驗、課題、懊悔、自責、醒悟

意識：面臨意志力上的挑戰、無法負荷、沈重的希望

建議：面對、謹慎、學會尋求幫助、難關都是幻象

事物或環境：所有與信仰有關的物品或器具，例：神佛像、道具、廟宇、法器之類的宗教物品或信仰地方

牌意解說

十字架有信仰、曙光、救贖，也因為跟耶穌有點關係所以會有背負、贖罪，為這個世界承擔起曙光的感覺，通常十字架牌一定跟信念有關。

解讀十字架牌就要知道這張牌就是根本的信念的挑戰，在人生當中一定有過某些時刻，我們堅持要做某件事但全部人都反對，這時候到底要繼續做，還是聽從多數人的意見呢？堅持要做會很艱辛，試問真的要還要依照自己的想法去做嗎？

在我的占卜經驗中，個案問目前這個對象是姐妹們都說條件很好的，那自己跟他交往適合嗎？抽到十字架牌我會回答，可能你們信仰不同或各自價值觀根深蒂固無法為對方妥協，交往的話會讓你感到沈重大於快樂。出現十字架牌通常表示會出現沈重的事情。

十字架牌帶來的沈重叫「課題」表示重複發生的事件，例如：剛開始容易和別人成為朋友，但很快就會因為某些事情翻臉，這個現象在三個月內重複發生，或是從小到大都會發生類似的事件。當抽牌抽到十字架牌時就是生命要你做出抉擇，是要依照本性做出一樣選擇，還是要嘗試不同的處理方式。

依照上方範例事件，發生這樣的事情第一步會認為都是對方的錯，但如果這件事重複發生在自己身上時，就應該意識到也許問題出在自己身上，唯有調整自己的行為才有機會解決重複發生的事件，不然一直背負負面的人際關係時是很沈重的。

當然有低谷就有高峰，唯有蹲低才能跳得高，十字架牌帶來的雖然很沈重，感受上非常不舒服，但這是命運給我們蛻變的機會以及試煉。淬鍊過的生命才有機會發光，過程會懊惱、失落、悲傷，但人們何嘗不是從黑暗中才會重新看見光明。就像是當自己一無所有時，才會感謝默默守在自己身邊的人，才有機會知道什麼是真心。

建議上是要耐心並學會尋求幫助，其實一切的難關都只是幻象，重點是勇敢面對改變，如果抽到這張牌時建議換個思考方式，課題沒有你想得這麼難，試著挑戰，危機即是轉機。

主題牌意

前世	· 修女 · 修道院 · 梵蒂岡 · 聖戰 · 神像 · 信仰有關的 · 神的國度 · 各種宗教 · 宗教戰爭 · 神明的顯化 · 很多神明的年代

未來	· 悲傷、哀悼、傷痛 · 失落、沮喪、懊悔 · 感受到恐懼、害怕、壓力 · 犧牲、奉獻、交付一切 · 不顧一切 · 沈重的議題 · 通俗稱的考驗 · 課題中得到領悟 · 需要謹慎地做出決斷 · 生命中的難關與課題 · 信念、信仰、堅定、救贖 · 天使與惡魔的拉扯、拉鋸戰 · 所有關注力都放在這件事上 · 經歷龐大沈重折磨、試煉、考驗 · 遇到難關障礙 · 不順遂的事情 · 感到人生不幸 · 正面有慈善、宗教救援、捐贈捐獻

工作	・ 充滿壓力的環境 ・ 有奉獻精神 ・ 面對難以接受的事實 ・ 不得已承攬所有重擔 ・ 遇到卡關，不幸的挫敗感 ・ 狀態不佳或糟糕的職場環境 ・ 諸多阻礙、障礙和難關的打擊 ・ 義工、十字相關的醫療團隊 ・ 單純的信念，讓自己撐下去 ・ 爲信念而抗爭 ・ 救援團隊、援助組織 ・ 各種宗教組織工作 ＊工作特質＊ ・ 比較迷信 ・ 勇於挑戰難題 ・ 有過慘痛的經驗 ・ 辦公桌很多道具 ・ 會去拜拜求業績 ・ 有信仰的同事 ・ 歷經滄桑的模樣 ・ 不信邪

感情	· 孽緣 · 禁忌的戀情 · 業力伴侶、命中注定的相遇 · 苦命鴛鴦、一直被命運拆散 · 感到痛苦 · 即將分手 · 彼此誓約、發毒誓 · 感情會激起很多課題 · 在宗教組織中認識 · 有相同的信仰 · 跟蹤狂、暗戀、偷偷關注 · 令人感到失望的感情、糟糕的約會 · 感情上的試煉或挑戰 ＊感情對象＊ · 靈性高 · 肩負重任 · 有負債在身上 · 喜歡宗教跟哲學 · 喜歡抱怨、唉聲嘆氣 · 整天疲憊、倦怠、提不起勁 · 比較貧窮、困苦、生活辛苦 · 憂鬱、悲觀、沮喪

財運	・雞蛋放同個籃子 ・因爲套牢而負荷 ・投入太多而有壓力 ・理財投資有很多負擔 ・延遲的帳目跟款項 ・財務遭遇難關、遇到問題 ・財物被凍結、封閉、不能使用
健康	・過度負擔 ・心病導致 ・勞心勞神 ・過勞產生疲憊 ・心理負擔太重 ・很難治療的疾病 ・下半身的病苦 ・非科學的療法 ・傳統醫療、民俗療法
家庭	・令人感覺沈重 ・有信仰的家庭 ・家庭是個難關 ・家家有本難念的經

夢想	· 靈性揚升 · 超越在個人命格之上、獲得全然的自由 · 從苦難中解脫、人類提升心性的解脫 · 信仰中心組織 · 各類靈性的技能整合 · 人生體驗的超脫、藉由領悟超脫人生
指導靈	· 是時候迎接靈魂覺醒的道路 · 懇求蒼天的協助、向宇宙發出訂單 · 你要相信宇宙的愛 · 擁有信念的你更加自由 · 再三審視自己的決定 · 藉由不斷考驗，是爲了提升你 · 故天將降大任於斯人也，必先苦其心志，勞其筋骨，餓其體膚，空乏其身，行拂亂其所爲，所以動心忍性，曾益其所不能
時間線性	· 臣服並面對，是長痛不如短痛，則代表快速的。 · 痛苦並逃避，需要充耳不聞的，則代表需要花費時間精力與等待，時間會偏慢。

日常活動解析

關鍵字鎖定在「壓力」、「沈重」、「信仰」如果問事占卜抽到了十字架牌，通常都代表著一些挑戰跟負擔的，即便是比較簡單的問題也會有些阻礙的狀態；這張牌有些特殊性，因為無論如何都會帶來些壓力，這就很像神明建議是分手，雖然覺得很糾結才來問神，但是得到答案後卻還是決定相當困難。如果在解讀：「感情的發展會如何？」代表目前彼此關係帶著一些沉重的負荷，像是父母不同意或是經濟不允許，相較嚴重的問題就可能是婚前有孕，現在可能尚未擁有能力去負擔。

流年樹解析

關鍵字鎖定在「沈重的課題」、「壓力與挑戰」、「信念信仰」、「信念的考驗」復古雷諾曼牌的傳統牌意有意味著考驗和沈重的牌面；在流年樹的解析中，如果看到十字架牌就像每年會有一段時間，會感覺到終其一生不斷去挑戰跟面對的事情，會感受到沈重、總覺得無能為力的情況。這張牌就是要去好好的面對自己的內在，這也代表你每年都沒有好好的面對自己的感受，持續的怨天尤人跟沮喪。所以十字架的位置，看到周圍的牌可以知道是什麼樣的事情再度翻攪，是重複發生還是新課題，可以從流年樹看出來。

我與這張牌的故事

十字架牌帶著警示與提醒的，可能沈重度比棺材還要高非常多，曾經有學員在課堂上面問說「可以全職的走上靈性工作的服務者嗎？」出現了一個十字架，我的解釋是生活的課題還有一直逃避的家庭關係，靈性的道路是要讓你把這些問題給釐清跟進一步的用更好的方式去面對。但是學員目前反過來將靈性全部變成主軸的方式去生活，顯得有點靈性逃避的狀況，聽完以後學員含淚的不發一語，這些話也許聽來刺耳，但不論何時聽到，都是最好的時候。

設計前世記憶雷諾曼卡中的十字架牌時後，本來想著用不同宗教的符號學來做組合，但是問了一下我們家的主神女媧娘娘，娘娘覺得依照十字架去結合東方的窗花花紋即可。

配對組合範例

★配對組合：

- 十字架牌＋送子鳥牌＝已經不得不面對的覺面，必然的調整或改變；年久失修要重蓋。
- 十字架牌＋蛇牌＝總算是需要面對某個女性持續帶來的恐懼跟勒索；內心的恐懼。
- 魚牌＋十字架牌＝財運跟財務狀況遇到一個週轉的危機；關於金錢的考驗。
- 愛心＋十字架牌＝面對不敢表達愛的那一面；愛上不該愛的人。

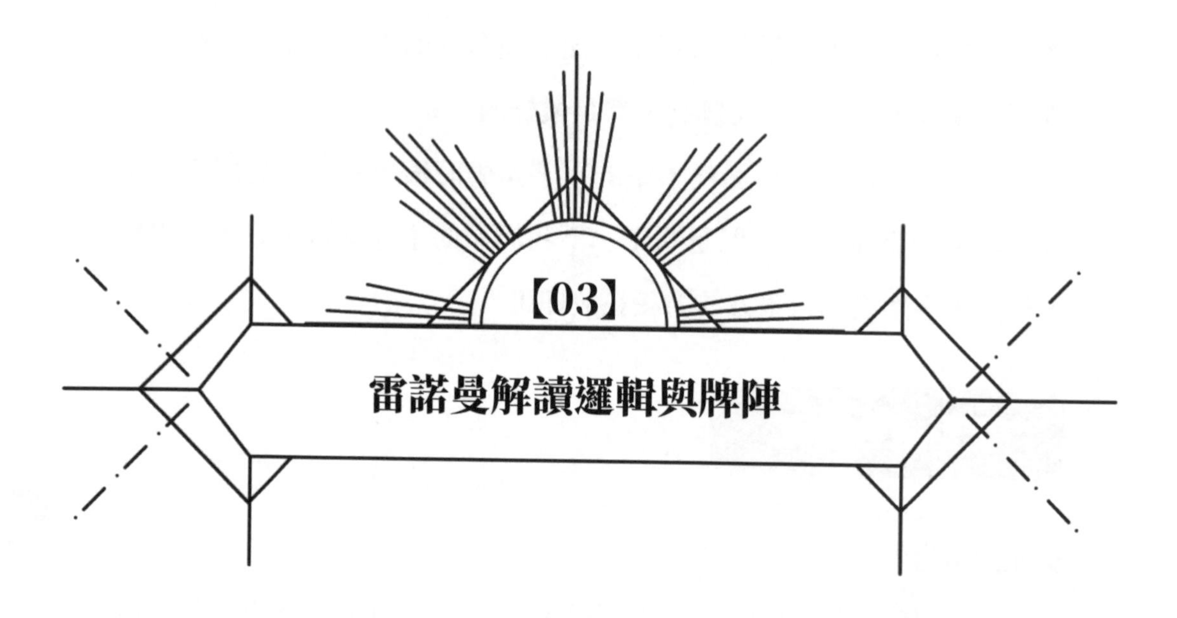

【03】雷諾曼解讀邏輯與牌陣

這一章主要會說明解牌順序與邏輯，在學習任何東西時只要去了解知識建構的邏輯，就是掌握知識成功的第一步。在學習雷諾曼時也不例外，雷諾曼雖然是透過畫面聯想，像是看圖說故事般的做占卜推演，但其實雷諾曼占卜是有一套邏輯的。

以下就會說明第一步看到一張牌時應該先看哪裡，如何用畫面做聯想，接著後續會說明在什麼情況底下可以使用什麼牌陣來解惑，最後會詳細地說明牌陣如何使用及精彩的實際演練案例。

牌意解構

解讀雷諾曼牌的順序會是：圖案 >文字 >花色

善用圖像直覺解讀的方法

1. **將詢問事件與圖像的聯想做結合：**以右邊的騎士牌作為範例，如果問工作那畫面上的騎士可以指長官、同事帶來的訊息；問感情可以指喜歡的人、另一半傳來了訊息。

2. **善用卡牌內的附加圖像，解讀細節及描述場景畫面狀態：**騎士牌內的人帶著弓箭且是很從容的神情，可以解讀街道的訊息是從容不迫的，但如果你的雷諾曼牌畫面上騎士是匆忙的、看起來是正在行動的，那就可以解讀為有重要的訊息正在快速傳遞或收到很緊急的通知。另外以騎士牌為例可以看牌面判斷人物是在室內或者室外，可以判斷此消息的傳遞是從外部傳來的，又或者是內部傳來的。

3. **不強迫死記硬背卡片含義，而是根據直覺感受來連結：**讓自己跟牌面做一個連結，並可以透過關鍵字聯想，千萬不要硬背牌意，這會侷限了自己做劇情推演的想像空間。

4. **保持每張卡牌解讀的開放性與靈活性：**每張牌會有正面、負面、中性的分類，但在占卜過程中牌會根據前後排有屬性上的變化，不一定就是正面或負面，因此我們要保持每張牌解讀的開放性跟靈活性，只要去記幾個關鍵詞，不管是解讀感情、工作、家庭等等一定不會偏離關鍵字太遠。

5. **每張卡牌，屬性會依照解讀的問題前後產生轉換：**牌卡在左或在右意思會有不同，解讀順序也會影響解牌時屬性轉換。

6. **不同的牌組圖樣，也會有不同的解讀內容：**在每一副雷諾曼牌裡面，畫家或出版商在設計的過程中會圍繞一個主題，像是跟星象有關、巴洛克洛可可風格、慕夏風格，在繪畫時會有不同的詮釋方式甚至有些會有額外的補充牌卡。但牌卡主要涵義都不會脫離原本的牌意，只是說解牌時可以針對該副雷諾曼牌卡的畫面做其他延伸，例如前面所說的，騎士牌有從容的也有看起來行動快速的，但都是傳遞訊息的涵義。

如何選擇牌陣

開始占卜推演之前要先決定要使用哪一種牌陣來做占卜，每個牌陣會帶來的訊息不同，所以要透過問題去整理出想知道什麼答案來選擇。以下會有牌陣使用說明，快速占卜判斷、指定時間、未來推演、夢境解讀、流年紀事等等，讀者可以依照問題分類來挑選。

- **過去現在未來牌陣**

  適合在快速判斷現狀時使用，是最簡易的時間線推演牌陣。

· 十字牌陣

①十字羅盤

適合每日占卜，快速了解整天的劇情進展，用來快速了解環境、狀況的劇情推演。題目可以是針對「一個感覺」、「一個事件」、「一天發展」。

②十字鎖鏈

適合針對某一個「現象」、「事件」做推演，通常會用在解九宮格牌陣時，最後為整個占卜作補充說明。

· 九宮格牌陣

①時間軸推演

當占卜時想知道某件事在一段時間內的發展時，可自由設定時間區間日、週、月，把時間切成三等份來解讀劇情。

②身心靈推演

可以用來看人與生命事件的命題，或者是單向當想知道某人的想法及看法時非常適合使用使用此牌陣來做推演。

③事件劇情推演

不鎖定時間，讀取指定事件的從頭到尾的劇情。直接設定為讀取到結果。然而事件的發生雖然不設定時間，但多數會在三個月左右發生。

· **前因後果因果牌陣**

詢問想要做某件事情時，使用此牌陣可以得知事件發展結果以外，還可以知道目前進展到哪個部分，可以做什麼調整才有機會繼續往下走。

因：最一開始的初衷所開始的行動

果：造成的結果反思回到最初目的，同時也可以解讀出透過這件事情發展宇宙想要表達的智慧。

· **前世今生記憶讀取牌陣**

透過這個牌陣可以讀取指定前世的劇情發展，並在這個占卜中獲得靈魂成長的領悟。解牌內容透過「前世留下的念」、「成長過程」到「對今生的影響」來解在今生中遇到的謎，但這個牌陣只能讀取前世記憶劇情無法提供對今生影響的解法。解法可以透過其他牌陣來推導行動建議。

· **流年樹牌陣**

使用雷諾曼牌 36張全部展開，透過每一季度九張牌的方式來推演季或年的整體運勢，使用此牌陣可以精準推演每一季會遭遇的事件劇情演變。

活用聯想自然記憶牌義

在每一張卡牌之中我們都有介紹了很多卡牌的關鍵字，而在生活中要運用雷諾曼卡牌進行預言的時候，要先在腦中進行關鍵字的羅列，不熟悉的話也可以查詢本書中的牌意關鍵字，先將關鍵字汲取出來。

第一步：用單張牌做關鍵字解讀練習。

例如：抽單張牌來解讀感情問題出現「小鳥牌」時，表示你們的感情有人當八卦在聊、「高山牌」可能有障礙；「蛇牌」這段感情中可能有綑綁、勒索；「道路牌」有抉擇或想分開的感覺。

第二步：再逐漸追加到更多張牌，例如有兩張牌來解釋感情問題。

★聯想練習：抽牌有「高山牌」、「道路牌」

- **高山牌聯想：不動、不做改變、挑戰**
- **道路牌聯想：選擇、線索、交叉路口**
- **兩張牌綜合推演：障礙導致分離**

★聯想練習：抽牌有「船牌」、「棺材牌」

- **船牌聯想：距離、國際距離、自由**
- **棺材牌聯想：結束、拒絕、遺忘**
- **兩張牌綜合推演：因為異地而別離或中斷**

這就是由單張牌到多張牌的關鍵字抓取練習，熟悉以上練習後就可以結合牌陣進行整段的推演。

第三步：透過以上練習，就可以使用雷諾曼基礎三張牌來做單項事件，不指定時間的感情問題初步劇情推演。

★聯想練習：抽牌有「女人牌」、「小鳥」、「高山」

- 女人牌聯想：女性、生活中的女生、喜歡的對象，或對象的媽媽
- 小鳥牌聯想：溝通、交流、小道消息
- 高山牌聯想：障礙、阻礙、難關
- 三張牌綜合推演：可以解讀為個案喜歡的對象與母親或其他女性有交流，而交流的答案中可能感受到彼此有些觀念及個性不合的感覺，彼此有些難關需要跨越。像這樣我們就可以藉由幾個關鍵詞跟問題去做聯想。

先將關鍵字連結起來，用意象的方式與牌面做連結，套用後完成一段描述或預言。不需要將所有的關鍵字都套用上去，只需運用有感覺的其中一兩個關鍵字。

第四步：開始使用有時間線性的「過去現在未來」牌陣練習情感問題。

問題：我跟目前的約會對象有機會進展同居嗎？

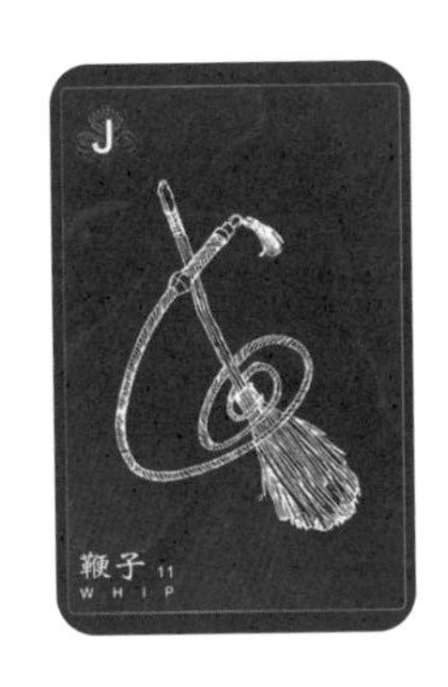

★聯想練習：抽牌有「熊牌」、「房子牌」、「鞭子牌」

- 熊牌聯想：表示一種走不出來的狀態
- 房子牌聯想：可以推測可能還住在家中，較為戀家
- 鞭子牌聯想：需要重複做的事情或一直幫忙家裡
- 三張牌綜合推演：對方因為走不出舒適圈覺得環境很舒適而且不想改變，可能遇到一點困難才會想離開，造就戀家的狀態可能覺得經濟或是整個生活不用特別去改變，喜歡原本的架構或被保護，導致要遵守家中的規範和要求，也有思想被控制或者家人管很嚴的媽寶狀態。經過這樣的預言推演可知，對方可能無法進入獨立的情感同居生活。

這就是訓練活用聯想記憶牌陣的方法。

初階　過去現在未來發展牌陣

牌陣說明：

適合在快速判斷現狀時使用。

問句範例：因為______（過去）造就______（現在）導致____（未來）

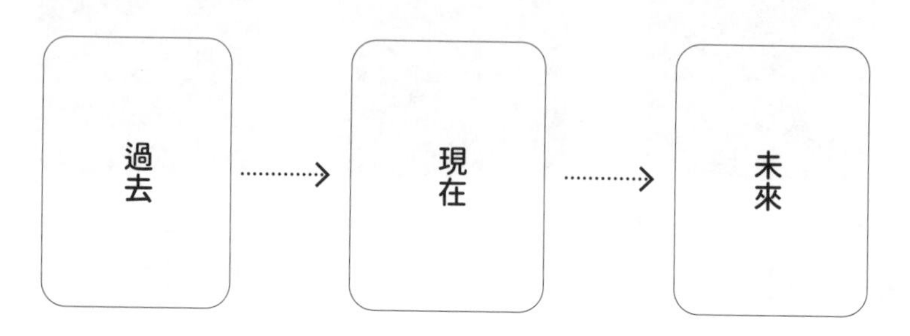

牌陣解讀說明：

使用雷諾曼卡抽出過去、現在、未來的三張牌，可以鎖定事件發展的時間軸，或預言判定。例如兩人關係，兩人在來往過後會造成的關係判定、他們會發生的現況及未來預言。使用上適合：尋找東西、兩人關係、工作關係、即將發生的事情等。

牌陣解讀說明：

解牌過程中要讓所有解牌內容緊扣個案提問，這才能真正給予問題解答。個案提問時不見得很瞭解自己問題重點是什麼，所以占卜以前可以透過以下做法來「鎖定問題核心」。

個案在提問中的分類可能就會有著：前世今生、未來預言、工作、感情、財運、健康、夢想、家庭、指導靈 ......等。要將這些訊息的關鍵詞彙抓取出來，才能讓解牌鎖定主題去進行推演。

例如：個案問題為「我的母親希望我換工作，目前這個工作我覺得沒有前景但環境還算喜歡，而我母親要我去做的工作我沒有興趣，這怎麼辦？」問題中就出現了「母親」與「工作」兩個關鍵詞，這時可以詢問個案想了解「母親對工作的想法？」還是「換工作的方向推演」，確定好個案的問題核心再為個案解惑以及預言推演。

關鍵字句解析：

解牌順序：過去 >現在 >未來，每次從左至右

先找出每一張牌面的重點詞彙以及關鍵詞。關鍵詞要由左至右，過去連結現在，會有怎樣的發展狀態，將兩個關鍵詞去做聯想，再將現在與未來進行牌面的重點摘要及聯想串連，才能將整個問題以及解牌過程完整化。

花色能量解析：

看整體的運勢走向以及預言解讀，而花色將代表著關鍵的能量走勢。紅（R）花色「紅心」、「方塊」相對黑（B）花色「梅花」、「黑桃」來得順遂是更加正向的能量。

搭配組合列表			
R+R+R=	狀態非常好	B+B+B=	情況不樂觀
R+R+B=	守好現狀，不要擴大	B+B+R=	先暫停，事情會好轉
R+B+B=	前面有甜頭，但後續不理想	B+R+R=	苦盡甘來
R+B+R=	挫折不用處理，會好轉	B+R+B=	迴光返照，不要高興太早

問題 1：M小姐詢問與感情對象的關係

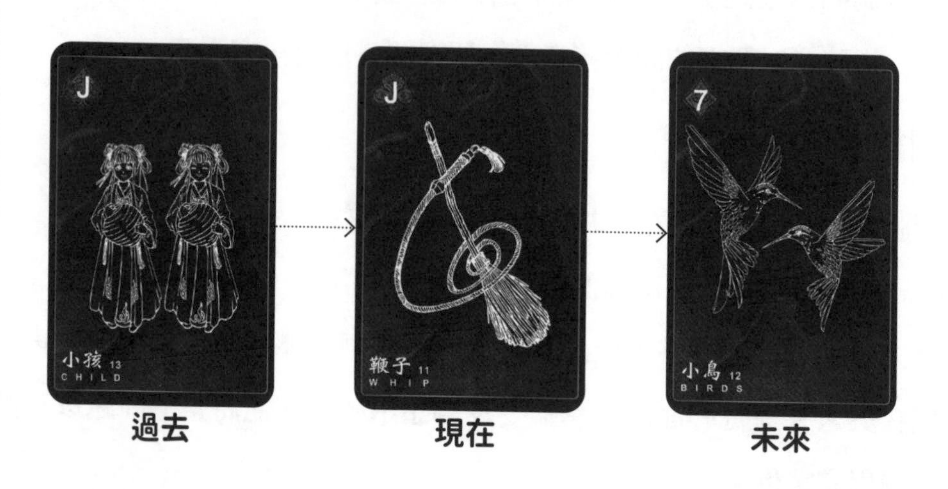

重點關鍵字整理：	
小孩牌	熱戀時期、初戀、無所畏懼、不負責任、不成熟、不懂表達、隨性不羈的關係
鞭子牌	壓力與緊張並存、隨性不羈的關係、侵略性、充滿火花激情的關係
小鳥牌	需要溝通、交流、接收到期待的電話或訊息、親密的對話

關鍵字句解析：

· 小孩＋鞭子：無所畏懼地去鞭策彼此。
· 鞭子＋小鳥：表示在鞭策後的溝通交流，還有會因為彼此共同的工作，還有共同的努力方向進而有更多的交流溝通的機會。

小孩牌在過去有著不知道該如何相處，以及不知道該彼此互動，後面接鞭子牌表示小孩要長大了，感情剛開始的磨練現在面臨比較多的彼此的束縛、要求、重複鍛鍊，有希望可以變得更好或希望可以共同前行的一個涵義。

花色能量解析：

B+B+R＝先暫停，事情會好轉

過去和現在的關係是比較低潮的。過去可能還在認識中，現在在關係中開始有鞭策性的交流要求，但彼此會覺得有壓力。在未來會有機會開啟更多溝通機會。

占卜實戰案例

問題 2：S先生敍述喜歡的對象即將調到他所在的部門，想趁機與這位對象多交流，但因爲注意力分散導致 S先生的工作表現變得差強人意。

在這個問題中我們就看到了兩個問題：
感情：「與喜歡的人關係發展？」
工作：「工作的表現要如何穩定？」

S先生選擇詢問「工作的表現要如何穩定？」我們抽出三張牌。

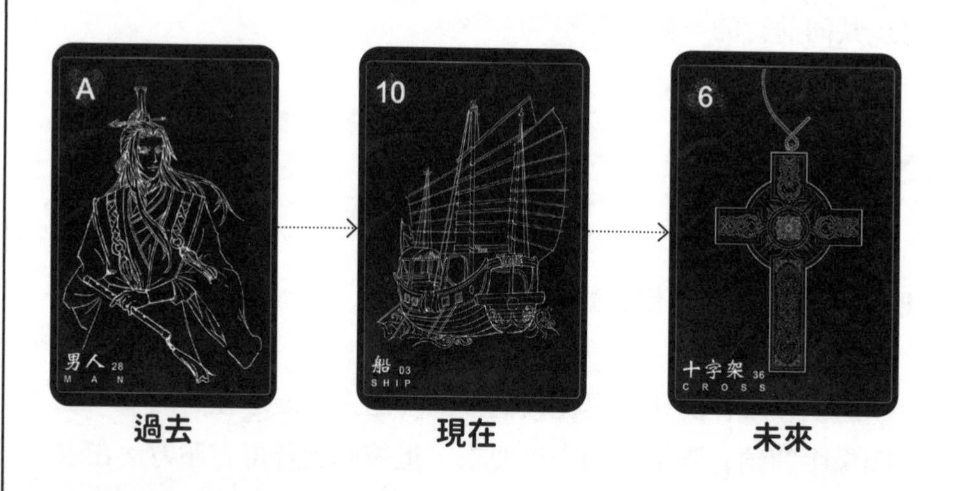

重點關鍵字整理：	
男人牌	男性、問卜者本身
船牌	遠行、出行、兩人的方向是否一致、利益權衡
十字架牌	沈重及內心的課題

關鍵字句解析：

· 男人＋船：男人的離開
· 船＋十字架：前往沈重和出發後的壓力，還有前往的方向有著考驗的意思。

男人要穩定自己的工作表現，可能得調離自己的工作崗位，或先跟對象在工作時間中保持距離，調整的目標不可能是改變他人不要讓我變得工作不專業，而是要知道自己如果在工作上面談感情就會表現不專業，自己就要對這個心態負責而有所取捨。

如果不能改變自己的心態，那為了讓自己的工作不被影響，只好保持距離或轉調部門。

花色能量解析：

R+B+B＝前期有點甜頭，後續不樂觀

前面紅心表示可以用在旁邊欣賞或默默喜歡的狀態上班就好，不然工作合作上可能會遇到一些摩擦，也會考慮是否要離職或有一方是否要離開職位。

問題 3：R小姐詢問去國外工作是否會順利或如她預期？

在這個問題中我們就看到了兩個問題：
工作：「工作進展如何？」
事件發展：「適合去國外工作嗎？會有好的發展嗎？」

R小姐選擇詢問「適合去國外工作嗎？會有好的發展嗎？」

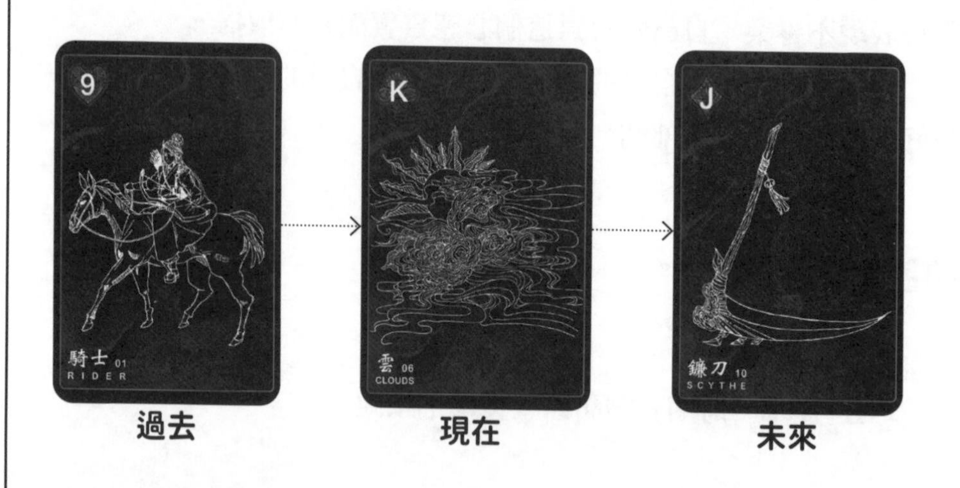

重點關鍵字整理：	
騎士牌	前行、前往、消息、出發
雲牌	阻礙、迷茫、不明朗的答案
鐮刀牌	切割、轉換、注意危險及受到傷害、收穫

關鍵字句解析：

· 騎士＋雲：表示對前行感到迷惘、有些不懂的、不是很明確的，不知道該往哪邊前行。
· 雲＋鐮刀：原本困惑的狀態會轉向明朗，困惑會被切割及後續會有收穫的狀態。

過去想出國去工作試試看，同時也有一個好機會去挑戰。挑戰過程中會感到迷茫疑惑和不知道如何使力，最後會覺得停滯太久會想快刀斬亂麻盡快切割、收穫，做了這個決定之後是會有收穫的。

花色能量解析：

R+B+R＝挫折不用處理，會好轉

整體來說去國外工作是適合的，只是現在覺得對前行迷茫也不知道為了什麼而做，但去做吧！未來會有收穫且會知道下一步方向。

占卜實戰案例

問題 3：J先生的朋友推薦他投資，J先生詢問，這個投資邀約他不好意思拒絕，想知道未來發展。

在這個問題中我們就看到了兩個問題：
關係：「與朋友關係是否因為投資而有變化？」
財運：「J先生參與這個投資會獲利嗎？」

J先生選擇詢問「J先生參與這個投資會獲利嗎？」

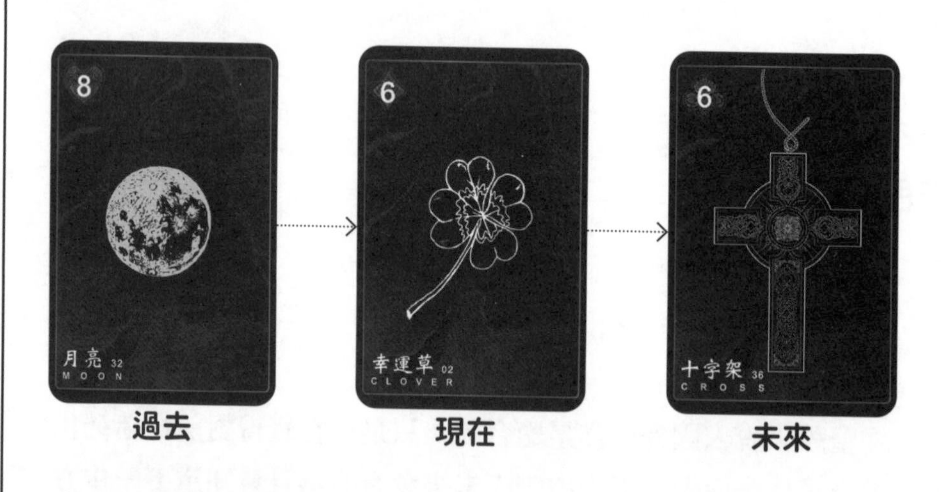

重點關鍵字整理：	
月亮牌	內心、情感、指引、提醒
幸運草牌	偏財運、小幸運、確幸、萌芽、甜頭
十字架牌	沈重、壓力、課題、難以克服

關鍵字句解析：

- 月亮＋幸運草：內心的想法得以萌芽，且是有偏財運的。
- 幸運草＋十字架：這個萌芽可能稍微燃起後便殞滅，投資初期會有小確幸、小甜頭，但很快的可能就將投資認賠出去，或血本無歸的狀態。

過去有考慮過投資但不知從何下手，現在覺得這個投資邀請是個提點或機會所以想抓著它。十字架重複的考驗跟沈重的答案，可能要探索起心動念。如果參加這個投資的話前面會先嚐到一點甜頭，但最後結果可能會認賠，投資的金錢裡面可能有跟親友或銀行借貸，所以認賠後會有非常沈重的壓力。

花色能量解析：

R+R+B＝守好現狀，不要擴大

內心是想參加投資的，這個想法萌芽可能會燃起後便殞滅，投資初期會有小確幸、小甜頭，但很快的可能就將投資認賠出去，或血本無歸的狀態。

初階　十字牌陣

【十字羅盤牌陣】解說：

適合每日占卜，快速了解整天的劇情進展，用來快速了解環境、狀況的劇情推演。題目可以是針對「一個感覺」、「一個事件」、「一天發展」。

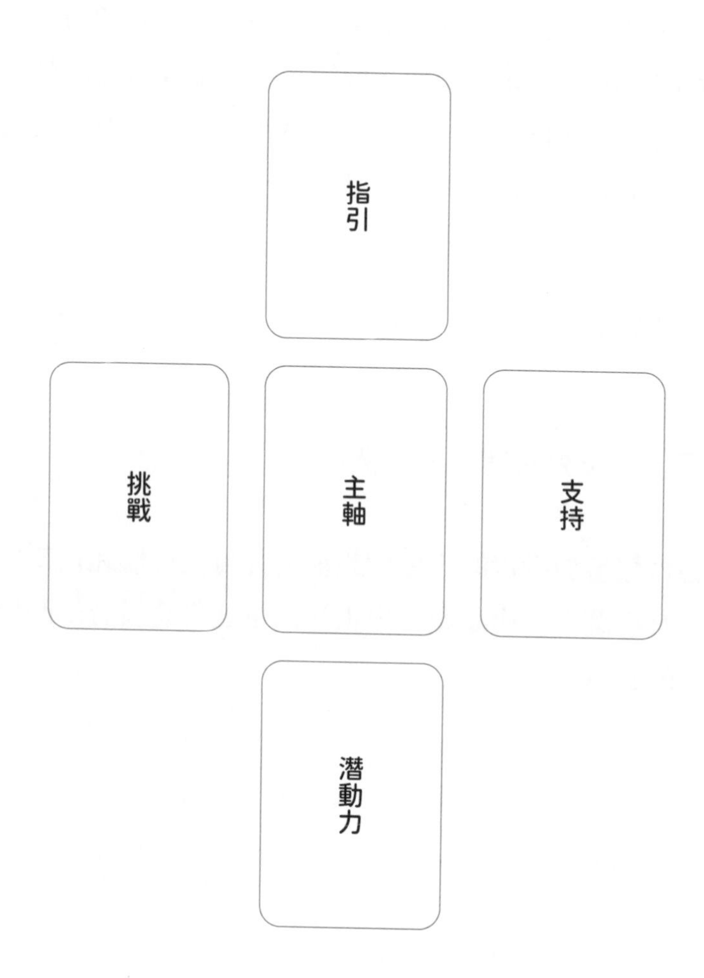

牌陣解讀說明：

透過抽牌時針對每張牌下的主題意念主軸、指引、支持、潛動力、挑戰，搭配牌卡關鍵字做聯想，當然也可以針對主題做抽卡做更多層次的解讀。例如今天一天的約會狀況如何，解牌時就可以每張牌的主調以及每張牌針對感情的解釋與聯想來推演劇情。

主題說明：

針對每張牌的主調方向搭配牌卡關鍵字做聯想推演

- **主軸：**用來解釋題目的主要因素，例如出現這個「感受」的主要原因、一整天劇情的「故事核心」。
- **指引：**思考的方向。
- **支持：**與生俱來的習慣或是平常習慣的做法。
- **潛動力：**造成「主軸」的原因，無意識的推動。
- **挑戰：**不願面對的狀態，像是在使用非慣用手時，雖然還是可以使用但非常不習慣。

Tips：使用任何牌陣占卜之前，都需要將問題釐清並鎖定問題核心，可再回到「過去現在未來牌陣」解說中參考「解牌技巧」。

占卜實戰案例

問題 1：C小姐詢問即將要回國了，需要做一些安排，過程中提到、母親、政府、處理事件的狀態。釐清問題核心爲「是否需要等待政府政策發布再回國？」

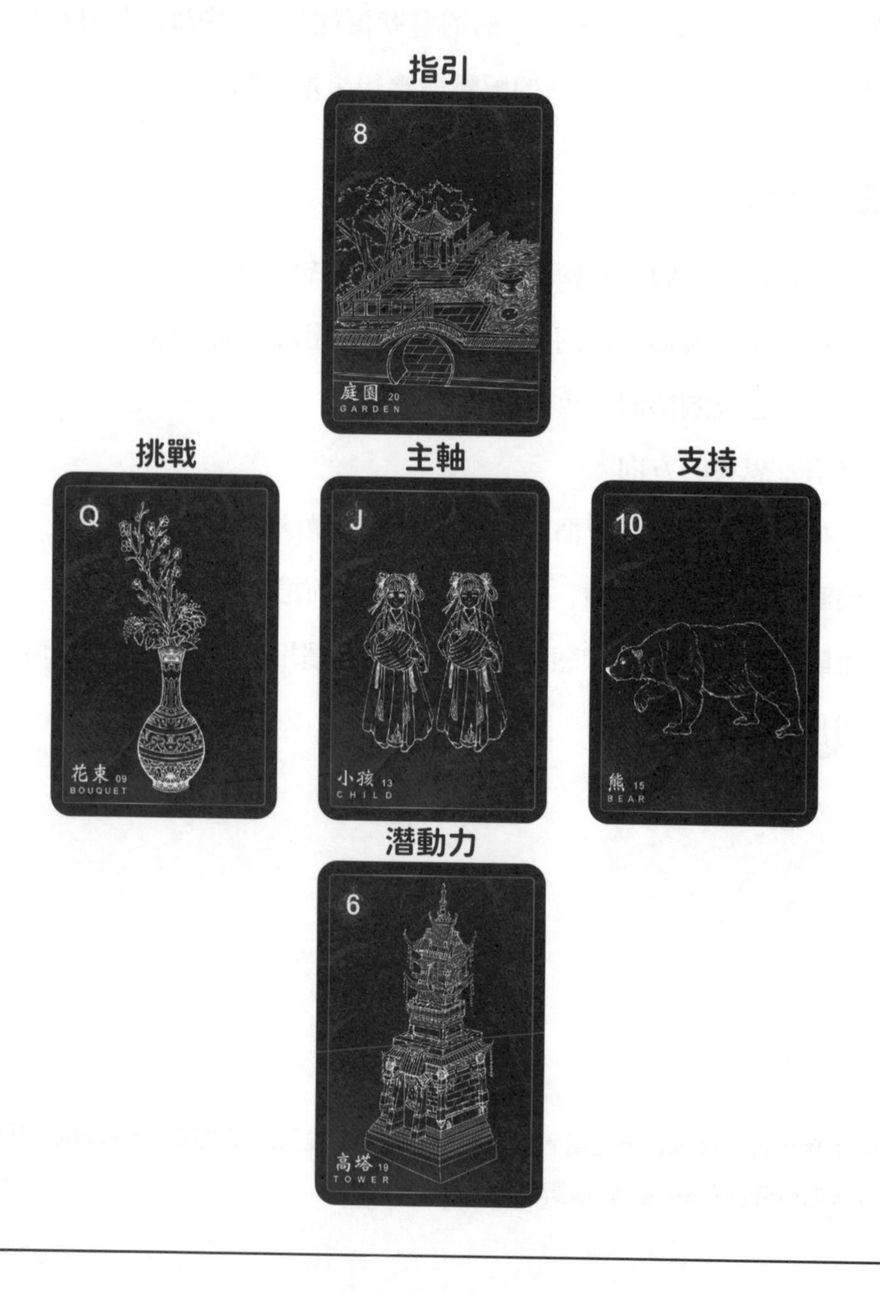

重點關鍵字整理：

主軸	小孩牌	計畫的雛形、被動、樂觀
指引	庭園牌	人群、公眾場合、內心孤獨
支持	熊牌	保護領土、平衡物質與內心世界
潛動力	高塔牌	政府、法庭、執政者、法律
挑戰	花束牌	內在滿足、感謝、信任別人可以做好

- **主軸：**看這個事件跟感受的主要原因，小孩牌表示在整個事件下採被動姿態。建議可以等待政府政策的，因為從小孩牌可以知道這不是你現在可以去掌控的。

- **指引：**建議你思考的方向是庭園，所以把自己事情做好外，可以常關注新聞與消息，等待新消息的來到。

- **支持：**也就是你思考的方向，熊牌表示有能力且金錢支出沒有太多問題，這也是先守候在原地靜候佳音的訊息。

- **潛動力：**無意識潛動力推動你，讓你覺得要看得更遠先做準備，所以會覺得這事情必須趕快決定怎麼做。

- **挑戰：**表示不願面對的狀態，在這邊是花束牌代表了你在面對事件時，是希望自己可以一手包辦的，希望不要假借他人之手。但有些事情還是需要他人協助。你是有一些主控權不在自己身上的狀態，要相信政府可以做好、相信跑流程的人能問清楚承辦手續對你是有挑戰的。

占卜實戰案例

問題 2：M小姐形容她在夢境中遇到很多人也搜集很多材料，並且會得到消息要送到某個地方。

所以鎖定問題核心個案想了解「夢境要傳遞的訊息是什麼呢？」這是比較高階的解牌，因爲都是比較意識形態的，所以可以參考每張牌的「指導靈」的項目。

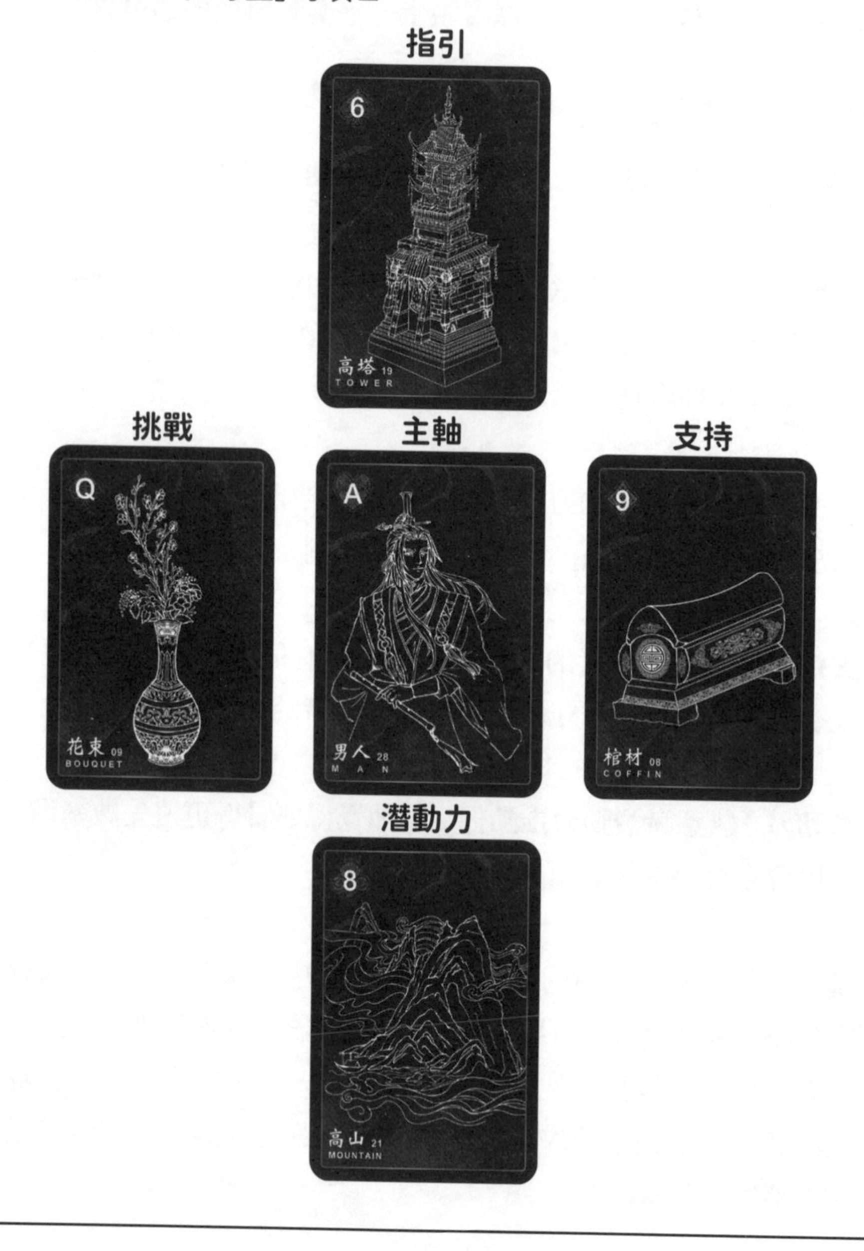

重點關鍵字整理：

主軸	男人牌	代表個案、解牌者，或周圍的男性
指引	高塔牌	你該用更高的視野去看到世界
支持	棺材牌	重生前必經過苦難
潛動力	高山牌	不糾結、解放所有阻礙與障礙
挑戰	花束牌	內在滿足、感謝、相信宇宙的愛

- **主軸：**男人牌表示可能跟生命中男性有關或生命中來到有一個重要的人，這邊就詢問了個案，她生命中是否有一個很在意的男性或夥伴，讓她比較在意或擔心。個案回應有工作夥伴讓她對他的工作狀態有一些擔憂跟疑慮。

- **指引：**表示這些目標都是為了下一步要往更高或是更大的方向。

- **支持：**會覺得這個男性的工作應該要砍掉重練，所以這個夢中也有一種想要幫他重新找回定位。會想幫他做一個斷除、斷捨離的動作，潛意識很想幫他重新調整方針。

- **潛動力：**潛意識在告訴個案她感覺到這個男性的工作需要到下一個階段了，但會覺得這個男性無法跨過這個階段。但這是對方的挑戰，建議不要過多糾結。

- **挑戰：**花束牌表示潛意識中的挑戰就是信任，個案其實對於能不能相信這一位男性可以改變、調整或是進入下一步有非常多的懷疑。

初階　十字牌陣

【十字鎖鏈牌陣】解說：

適合針對某一個「現象」、「事件」做推演，通常會用在解九宮格牌陣時，最後為整個占卜作補充說明。

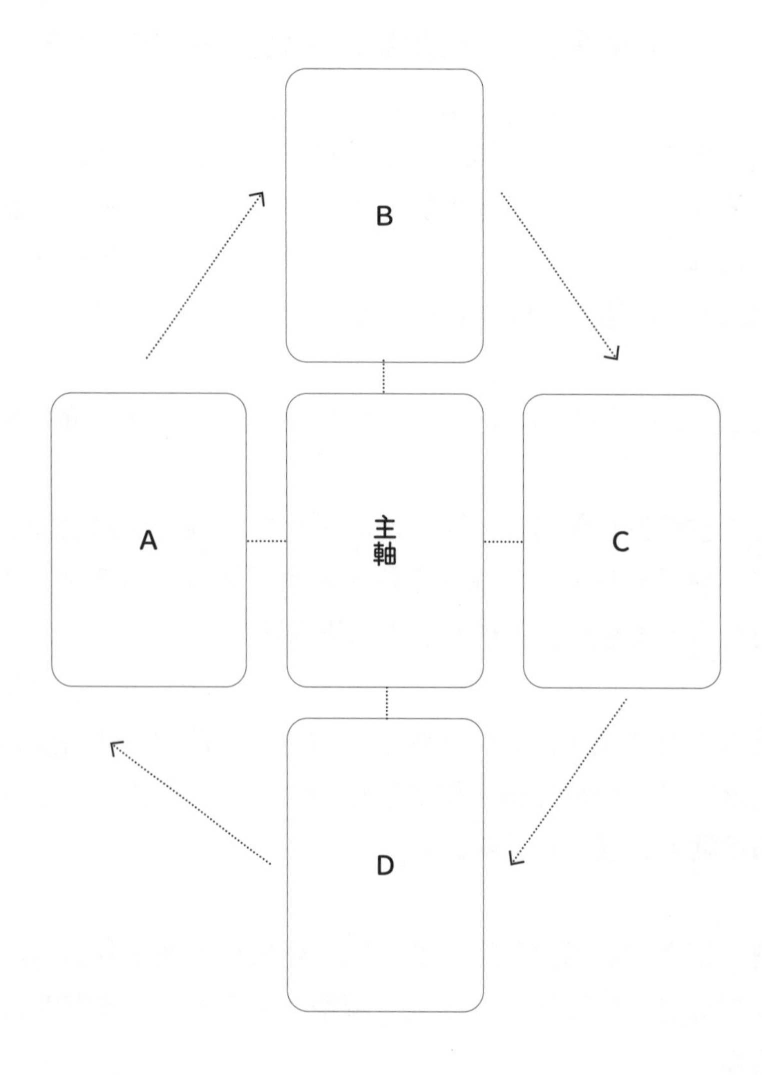

牌陣解讀說明：

主要使用在現象或是預測事件推演上，可以從主軸牌知道問題關鍵核心，再與A、B、C、D牌做連動解讀。

這個牌陣多數用在九宮格牌陣解讀劇情後再做補充說明使用，不過若要單獨解夢境、現象、感覺以及大方向且問題無法很具體描述時可以使用。

解牌技巧：

在技巧上可以想像先使用前面教學兩張牌的聯想，再將四句話做串連推演，就可以快速掌握這個牌陣運用。

關鍵字句解析：

- 主軸＋A =第一句
- 主軸＋B =第二句
- 主軸＋C =第三句
- 主軸＋D =第四句
- 總結：將第一句＋第二句＋第三句＋第四句組成一句話

Tips：使用任何牌陣占卜之前，都需要將問題釐清並鎖定問題核心，可再回到「過去現在未來牌陣」解說中參考「解牌技巧」。

占卜實戰案例

問題 1：M小姐問感情的主能量和未來發展方向？

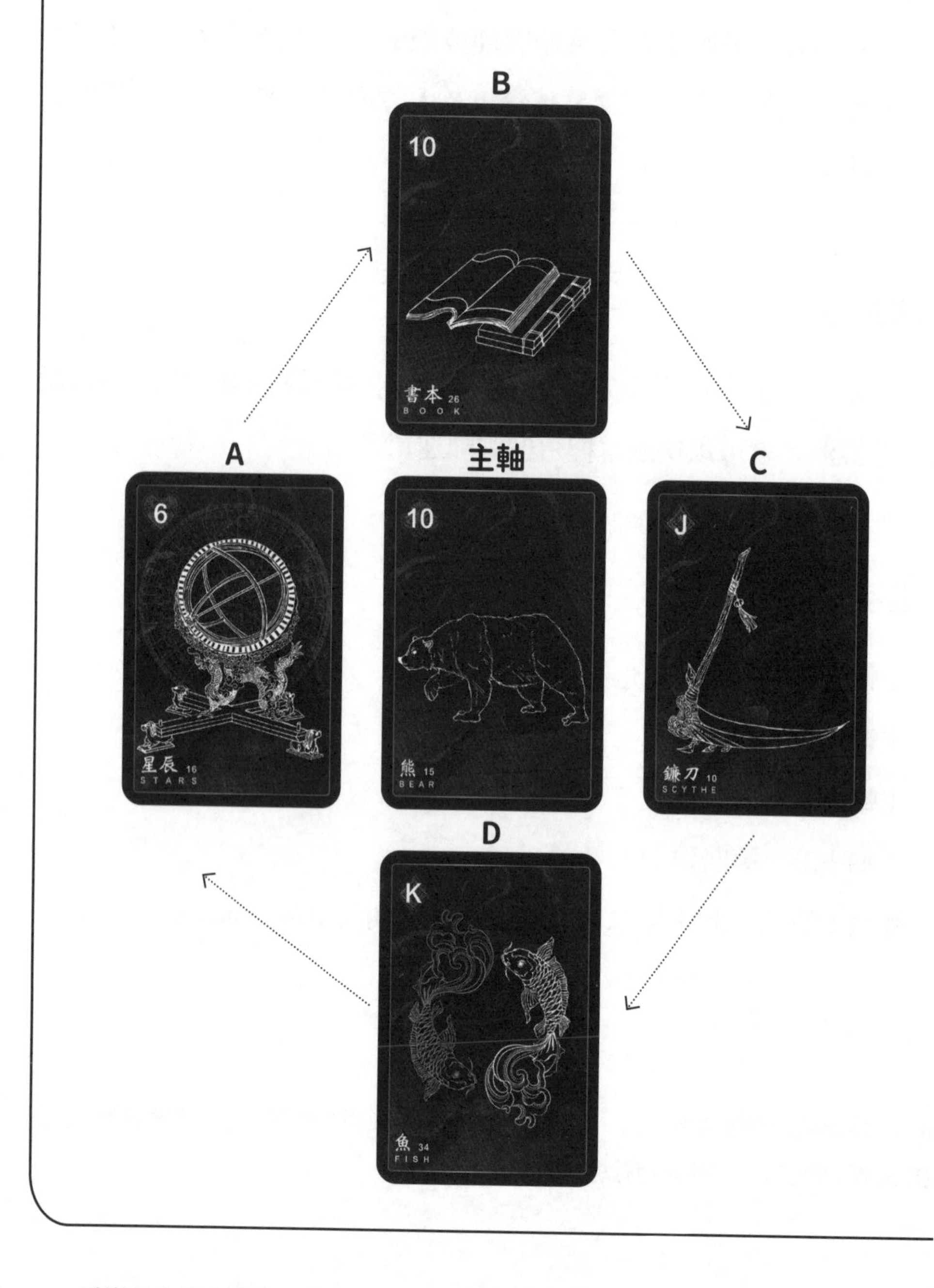

重點關鍵字整理：

主軸	熊牌	照顧、體諒、呵護、守護與防衛
A	星辰牌	沈浸式的戀情、活在自己幻想中
B	書本牌	與記憶相連、契約、傾聽自己直覺
C	鐮刀牌	分手、拒絕、絕情、強烈情緒起伏
D	魚牌	共同行動、邁向自在、衝突的可能

- **第一句「熊＋星星」：**感情的下一步就是要走出去，要有一個更好的方向或是思考接下來關係往下一步發展是什麼？例如可以考慮住一起。
- **第二句「熊＋書本」：**表示兩個人要書面契約或共同回憶。例如：合照、相冊、一起打卡、一起做蛋糕之類的。
- **第三句「熊＋鐮刀」：**走出舒適圈會有收穫，他已經有一些調整或改變的地方，你要覺得這是收穫及去發現對方已經有慢慢為你調整狀態。
- **第四句「熊＋魚」：**兩個人做什麼事情會比較有共同感受？如果你對他的世界沒興趣，他也很難對你的世界有興趣。你也要嘗試接納他有他感興趣的事情，和跟他做他有興趣的事情。
- **組合這四句話解釋：**不要把自己定義在某一個情緒或只能等待角色的裡面，要去計劃接下來有沒有什麼是可以創造共同回憶的。踏出第一步會有新的收穫，才會有更多的情感交流。你可能現在忙著工作，但其實可以去找哪些事是對方能陪自己做的？甚至可以把工作當成完成共同成品的方式，這可以去收穫情感交流。

占卜實戰案例

問題 2：F小姐開了一間公司，目前雖然運作順暢但自己在公司內的下一步該怎麼走，或是該轉換擔任怎樣的角色始終沒有方向，覺得有點煩心。

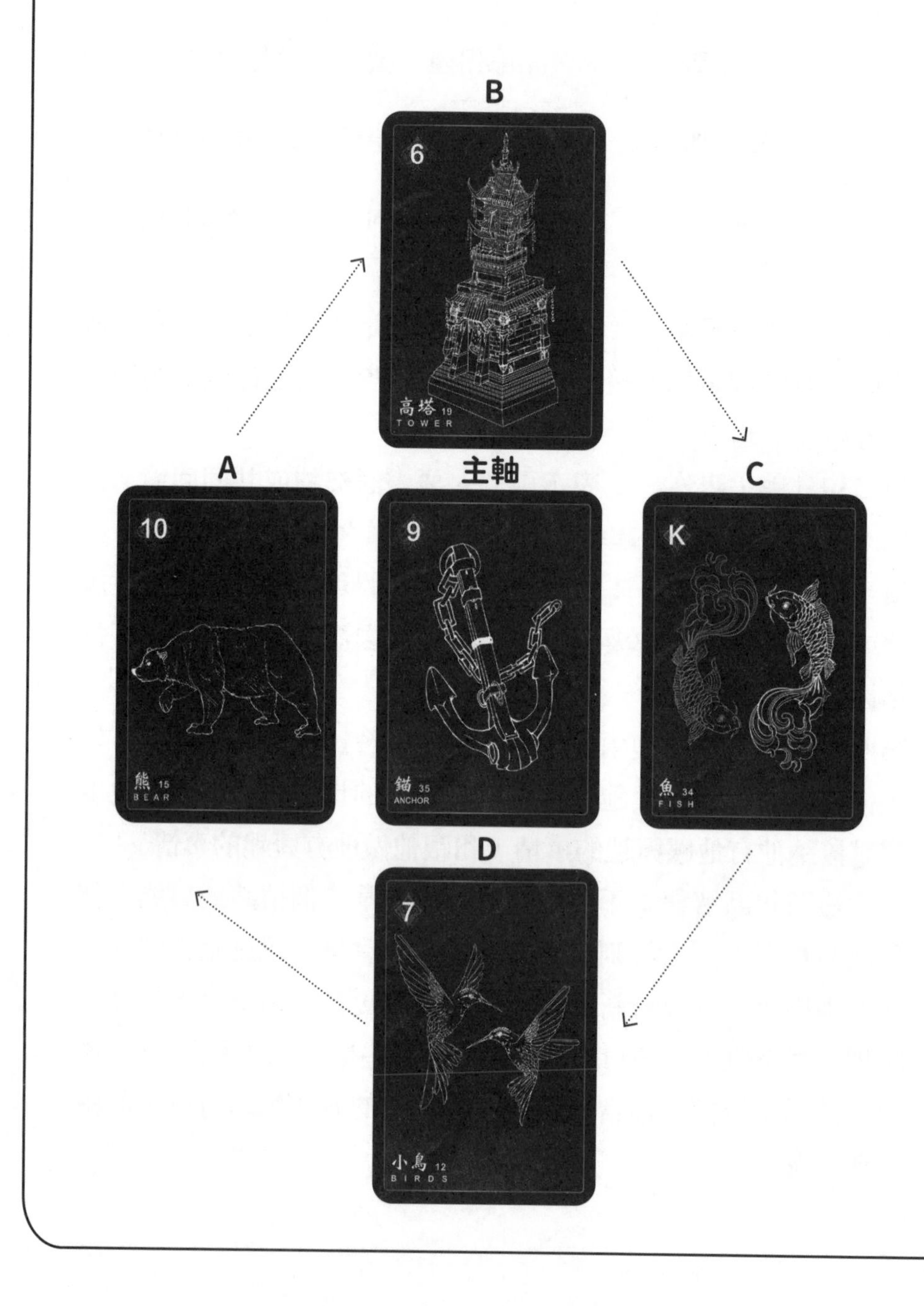

重點關鍵字整理：

主軸	錨牌	會有重大決定、靠岸
A	熊牌	領地擴張、領地資源、雄厚資金
B	高塔牌	朝向國際、政府機關合作
C	魚牌	交流、遼闊、資金、貿易
D	小鳥牌	實際溝通、拓展專業人脈交流

- **第一句「錨＋熊」：**你已經擁有的能力是什麼，要先去找這個定位；或是將你在公司已擁有的技能、專長去統整。
- **第二句「錨＋高塔」：**你希望的架構是什麼呢？你的房子要怎麼搭？你想建構什麼藍圖？這要去定義出來。
- **第三句「錨＋魚」：**是市場定位；你會有新的方向要去定位你要撈的魚是誰？針對的客戶群是誰？在你規範出前面的定位跟藍圖後，就會知道我要去找怎樣的人。
- **第四句「錨＋小鳥」：**定義出你需要合作的夥伴是哪一些單位？哪一些機構？哪一些資源？
- **組合這四句話解釋：**要先定義出你現在擁有的資源跟能力，找出藍圖跟架構以後再定義出新的客群是誰以及如何交流跟誰合作。所以下一步工作會是內部整合，形象的整合、商品整合或是統整，以及商品核心理念。例如：公司開展其他業務，像是電台、政府單位、財團法人？或是一個所有靈性機構都可以來靠航的單位。所以工作下一步方向是要你整合能力、藍圖、資源、人。先將此定義完，才能知道下一個方向在哪邊。把這些規格開好就會知道下一步了。

問題 3：F小姐接著詢問公司下一步發展方向？

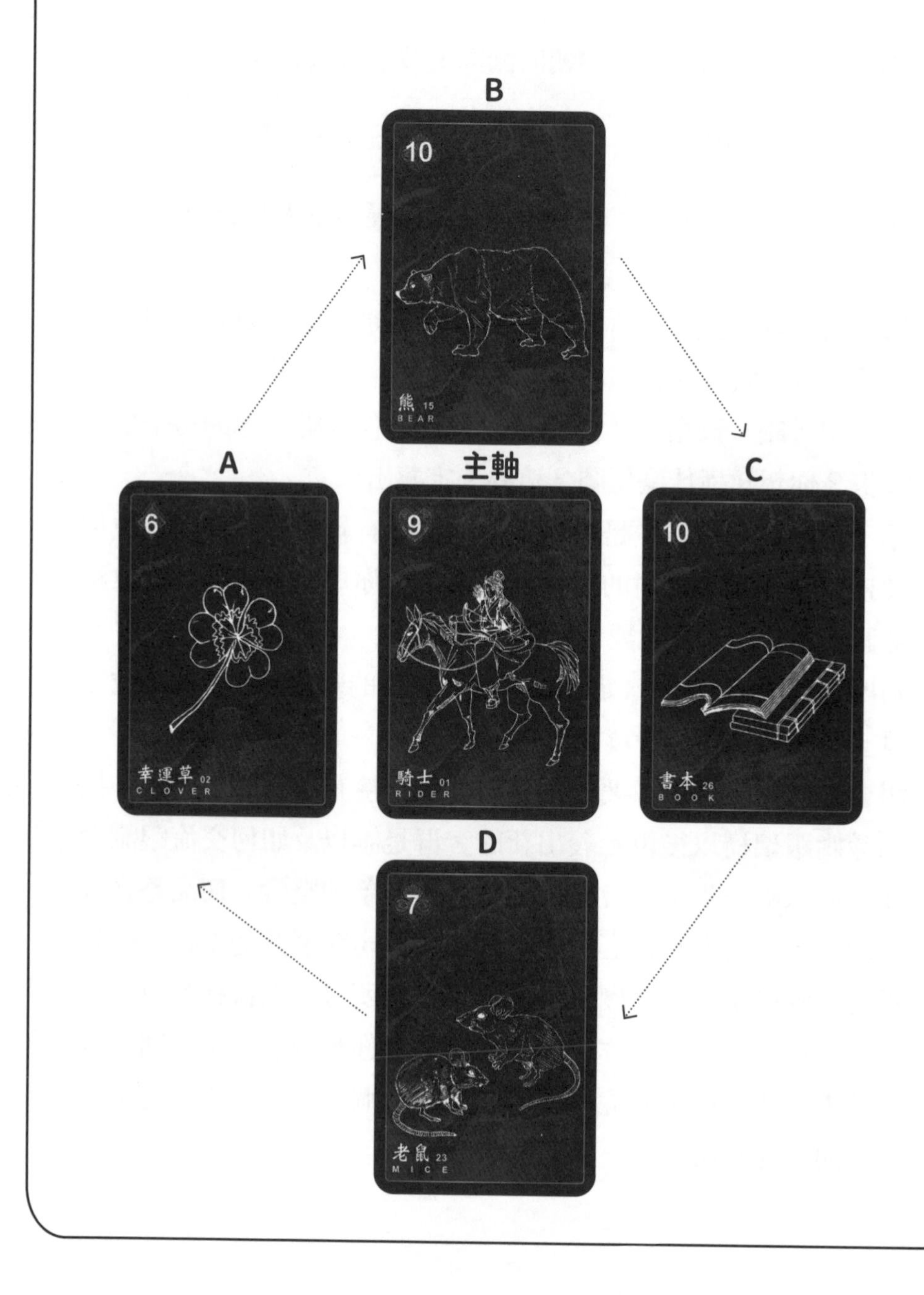

重點關鍵字整理：

主軸	騎士牌	發展、拓源、拓展業務
A	幸運草牌	合作、收穫、抓到獲利的方式
B	熊牌	朝向國際、政府機關合作
C	書本牌	文件、增廣見聞、散播自己的智慧
D	老鼠牌	無法休息、勞累心悸、侵蝕

- **第一句「騎士＋幸運草」：**騎士表示向外發展經營，連結幸運草可以解釋為這些拓展有一些小收穫了。
- **第二句「騎士＋熊」：**代表公司開始在市場上佔有自己的一席之地，成為某地方的權威。
- **第三句「騎士＋書本」：**發展可能到了出版業、印刷業或是會出現被訪問及討論的可能性，像是被邀請訪談後，內容被刊登在雜誌上。
- **第四句「騎士＋老鼠」：**目前還有一些規章、規則、邏輯或合作內容的詳細度還有不足的地方，或注意合作的人可能只是想來佔便宜。
- **組合這四句話解釋：**你們現在拓展的項目上開始有了一點苗頭萌芽，目前的經營開始有了有自己的領地，並且開始有很多計畫、企劃、合作、專案或是發行或採訪的可能性，最後會有一些挑戰像是踢館、分食或是以談合作的表象來查你的漏洞的涵義。

中階 九宮格牌陣

【時間軸推演九宮格牌陣】解說：

當占卜時想知道某件事在一段時間內的發展時，可自由設定時間區間日、週、月，把時間切成三等份來解讀劇情。日切為上、中、下午劇情發展；週切為起始兩天、中三天、尾兩天來解讀劇情發展；而月份的話則直接指定某個月份，分別為月初、月中、月尾。

牌陣解讀說明：

牌陣解讀會分為兩階段，第一個階段從左至右三張牌解讀劇情；第二階段是用交叉解讀的方式來給整個占卜做總結與建議。

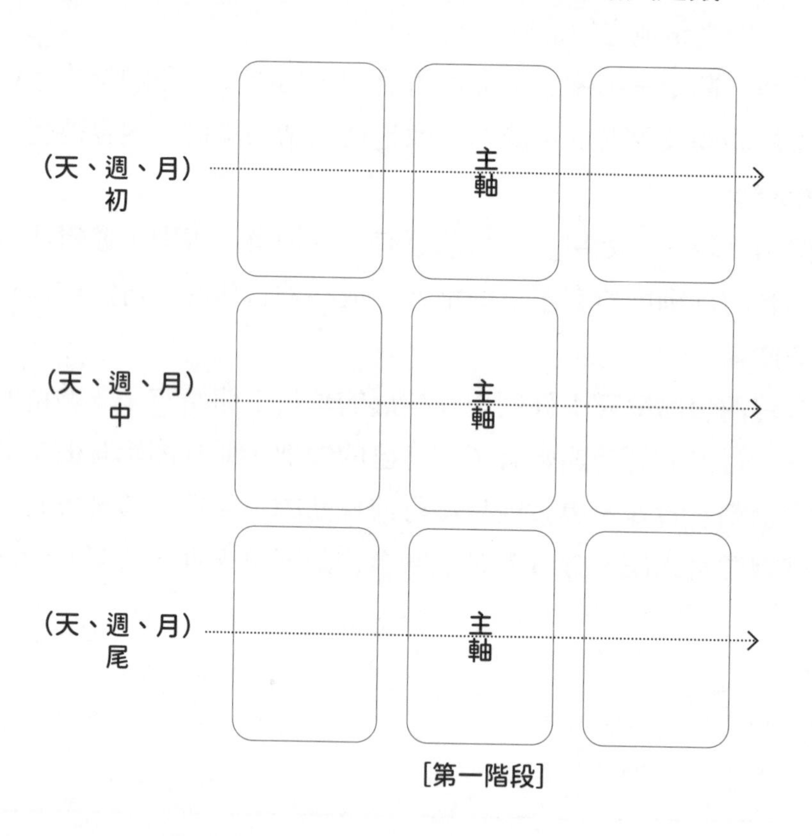

[第一階段]

解牌技巧：

在前幾次的牌陣中我們已經練習過「兩張牌關鍵字聯想後組成句子」，以及「三張牌劇情推演串連」，使用九宮格牌陣是將以上這兩個技巧加以應用，加入時間線的推演，以及可以推演更完整的劇情。

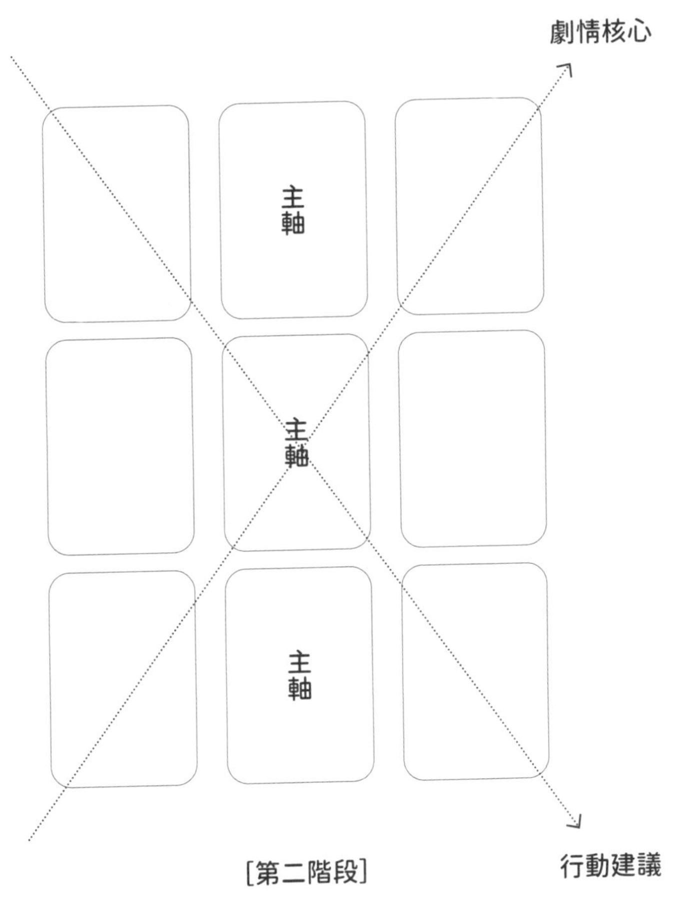

Tips：

1. 使用任何牌陣占卜之前，都需要將問題釐清並鎖定問題核心，可再回到「過去現在未來牌陣」解說中參考「解牌技巧」。
2. 花色能量解析也可以在此牌陣上使用，協助判斷情勢喔！

占卜實戰案例

問題 1：L 小姐問她與情人之間的關係，接下來三個月內的劇情發展推演。

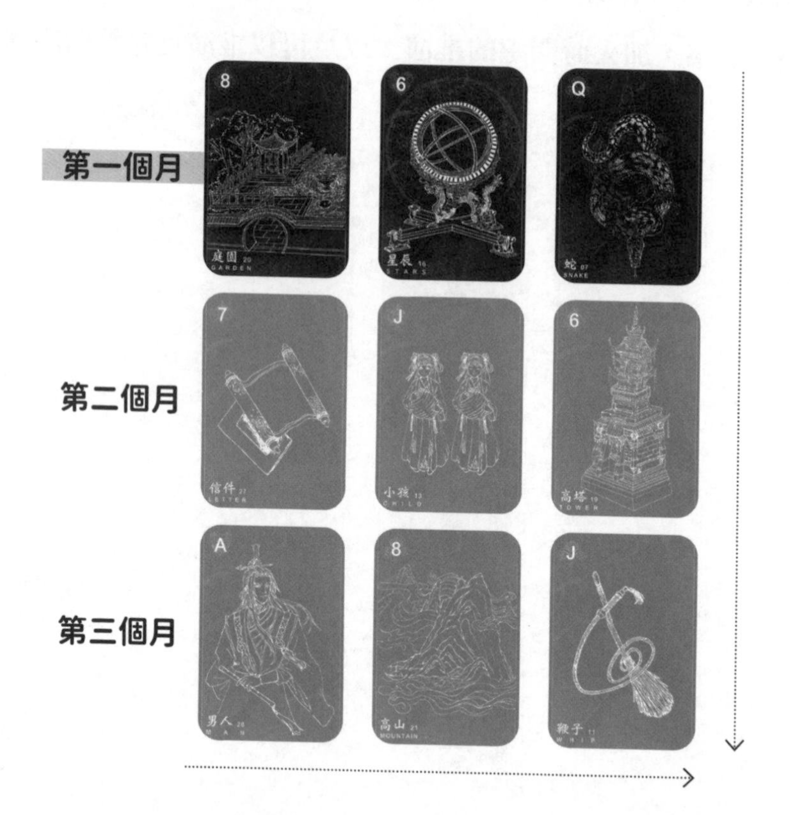

重點關鍵字整理：	
庭園牌	兩人的社群、尚未準備穩定的關係、不受拘束
星辰牌	關係下一步、沈浸式的戀情、活在自己幻想中
蛇牌	情感上的綑綁跟勒索、充滿謊言、誘惑

關鍵字句解析：

- 庭園＋星星：會有很多社群的活動、安排、策劃上的想法。
- 星星＋蛇：交流比較像是說你們都是用這樣的方式去綑綁彼此的生活，比如說要一起工作、一起社交。

第一個月：兩個人生活中會有舉辦、安排或企劃社群活動上的想法，讓彼此有很多事情可以忙，執行過程中持續的一起溝通或安排事情。第一個月的交流比較像是你們都是用這樣的方式去綑綁彼此的生活，例如：一起工作、一起社交，很多事情是緊密相連的。

花色能量解析：

B+R+B＝迴光返照，不要高興太早

有一種無可奈何一定得交流的狀態，是不是這樣的交流真的可以讓彼此關係更密切？這個過程中的生活會比較綑綁、勒索的感覺。如果要讓紅心六的能量走更高一點的話，可能需要不斷地只有兩個人的活動，一起去做雙方或對方感興趣的活動，或者找出兩個人的共同目標即要完成什麼藍圖。

占卜實戰案例

問題 1：L 小姐問她與情人之間的關係，接下來三個月內的劇情發展推演。

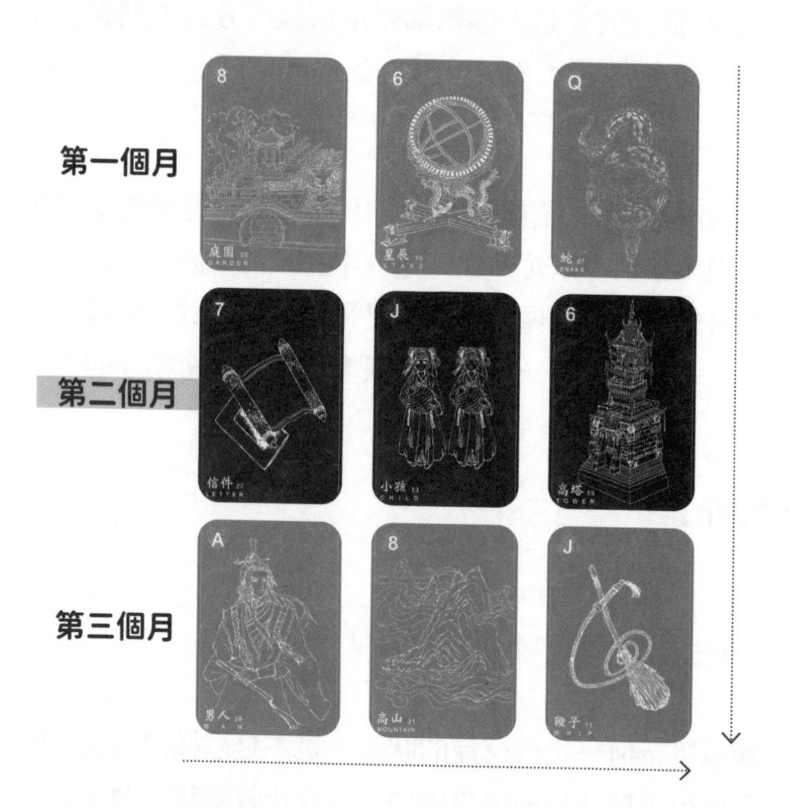

重點關鍵字整理：	
信件牌	邀請、評估狀態、結果、等待已久的期待
小孩牌	不懂表達、比較任性、純潔、不成熟
高塔牌	內心對彼此有更高標準、其中一人覺得不自由

關鍵字句解析：

- 信件＋小孩：另一半會收到一些邀請，會像是小孩來跟你詢問，我可以跟朋友去哪裡嗎？
- 小孩＋高塔：你覺得這不符合標準跟規範，這不在兩個人活動安排裡面，因為下個月可能很多計劃，所以會告訴他不能去。

第二個月：另一半會收到一些邀請，會像是小孩詢問，我可以跟朋友去哪裡嗎？諸如此類的事情，但覺得這不符合標準跟規範，你會覺得現在不是玩樂的時候，需要將時間留下來去規劃更長遠的計劃與安排。

簡單來講，會有一些想玩樂的事，但這不在兩人的活動安排裡面，因為下個月可能很多計劃要做所以不能去。你會想要兩人一起提升變得更好，但對方會覺得被限制自由。

花色能量解析：

B+B+B＝情況不樂觀

兩人比較悶一點，是一個你一直說你想做些什麼，但沒有要管對方想不想做。可能對方會為別人策劃活動，但不會想為你們之間規劃約會，或對方還假日還安排給其他朋友。

占卜實戰案例

問題 1：L 小姐問她與情人之間的關係，接下來三個月內的劇情發展推演。

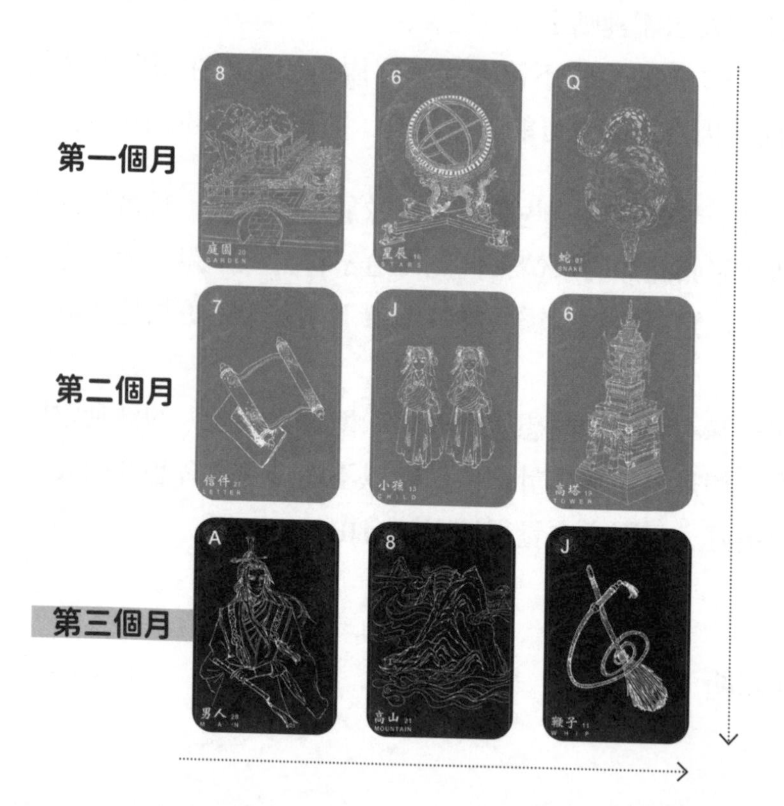

重點關鍵字整理：	
男人牌	代表個案、解牌者，或周圍的男性
高山牌	經歷阻礙、障礙、需要面對的事
鞭子牌	控制、侵略性強、辯論、清理

關鍵字句解析：

- 男人＋高山：另一半會很多事情事情沒完成，交代的事情沒做好，或是安排不好時間。
- 高山＋鞭子：兩人關係是一邊鞭策一邊溝通，這時候你會要求他應該怎麼做。

第三個月：另一半會很多事情事情沒完成，交代的事情沒做好，或是安排不好時間，這一類的事情會變成他的阻礙。兩人溝通上的協調度、交流度、完成度要跨過比較困難。

可能會進入一種鞭策往上爬，兩人關係是一邊鞭策一邊溝通，這時候你會要求他應該怎麼做。兩人關係會有一個由他產生的很大的障礙。

花色能量解析：

R+B+B＝前期有點甜頭，後續不理想

對方可能會覺得自我感覺良好，但你的提醒或要求他持續提升這件事情會讓彼此都覺得勞累及壓力。這邊也可以推演出，感情上的培養可能走到無法再用你拉對方的方式去前行了。

占卜實戰案例

問題 1：L小姐問她與情人之間的關係，接下來三個月內的劇情發展推演。

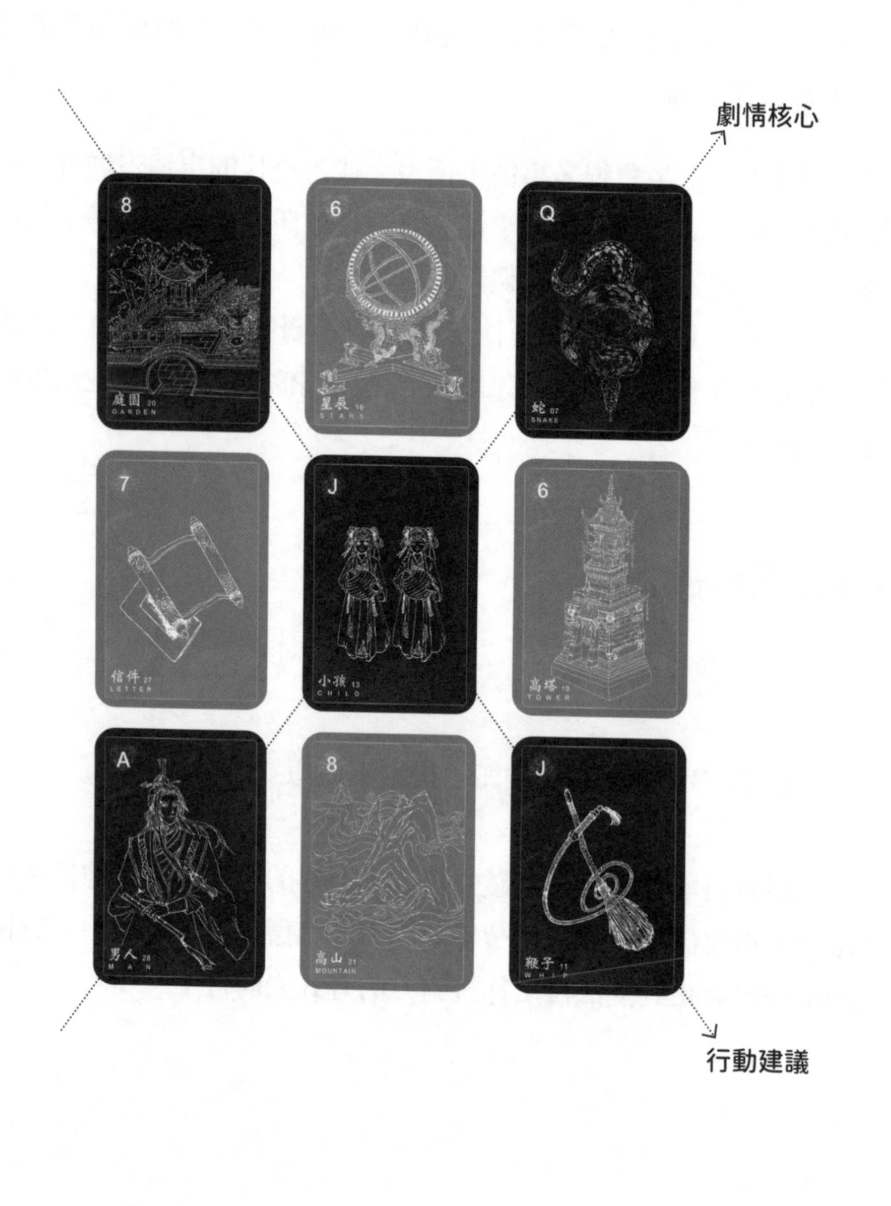

重點關鍵字整理：	
男人牌	代表個案、解牌者，或周圍的男性
小孩牌	不懂表達、比較任性、純潔、不成熟
蛇牌	情感上的綑綁跟勒索、充滿謊言、誘惑
庭園牌	兩人的社群、尚未準備穩定的關係、不受拘束
鞭子牌	控制、侵略性強、辯論、清理

關鍵字句解析：

- **核心劇情：**男人＋小孩＋蛇，兩人關係中另一半很像小孩子，或覺得自己什麼都不會，然而蛇也有欺騙的涵義，也就是他可能沒有自己想的那麼的無知，這個狀況很類似我們平常在說媽寶，不懂得負擔責任和承認自己需要面對。

- **行動建議：**庭園＋小孩＋鞭子，表示跟所有人交流，也有著要將事件上升到公開層級，所以說可能要讓大家知道你們在交往中，或是讓彼此家人知道，像是臉書或 IG公開兩人關係。如果想要提升以及面對感情的定義，循序漸進進行公開或者更多對方的圈子交流，有助於讓對方明白自己對這段關係需要更多承擔與負責。

問題 2：接下來一個月的運勢會如何？

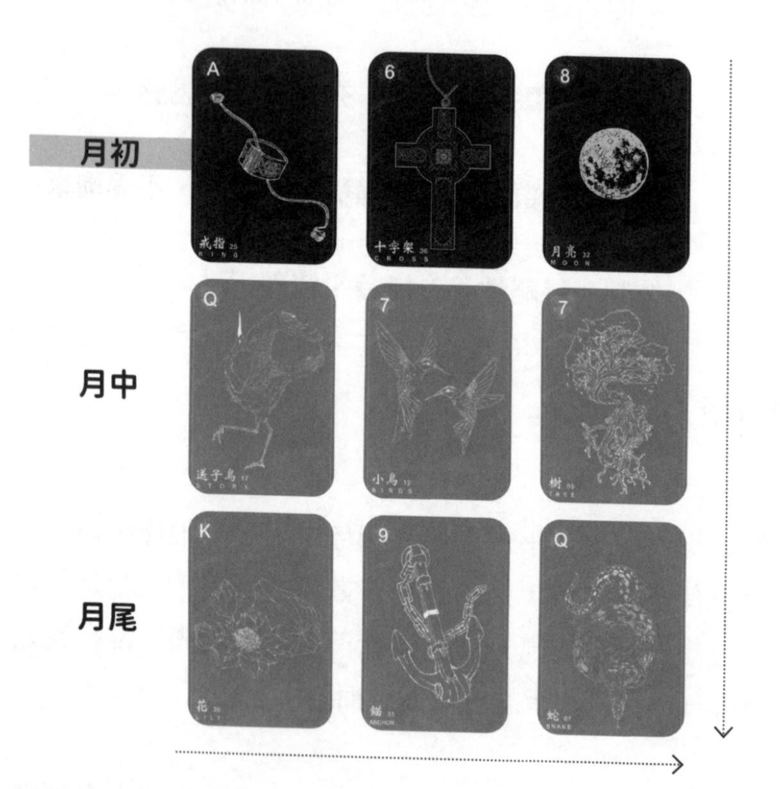

重點關鍵字整理：	
戒指牌	愛自己、鍛鍊無私之心、有契約
十字架牌	沈重的，可能運勢上有些阻礙
月亮牌	運用直覺、聆聽心聲、有事情需要等待

關鍵字句解析：

- 戒指＋十字架：有一些訂下的契約需要開始償還了。
- 十字架＋月亮：這個沈重感讓你內心有一些不平穩，情緒起伏較大，但沈重後是回歸到平靜的。

上旬：運勢上可能用靈性解讀，有一些之前訂下的契約需要開始償還了，會覺得壓力會比較大。這個沈重感讓你內心有一些不平穩，情緒起伏較大，很像潮起潮落的感覺。不過沈重後就會回歸平靜，過完上旬後就會有總算平定下來的感覺。

花色能量解析：

B+B+R＝先暫停，事情會好轉

跟信仰有關的事情會比較沈重壓力，不過只要傾聽內心的聲音，等待事件過去，該幹什麼就幹什麼不要對抗，越是傾聽內心，月初會走得越順遂。

問題 2：接下來一個月的運勢會如何？

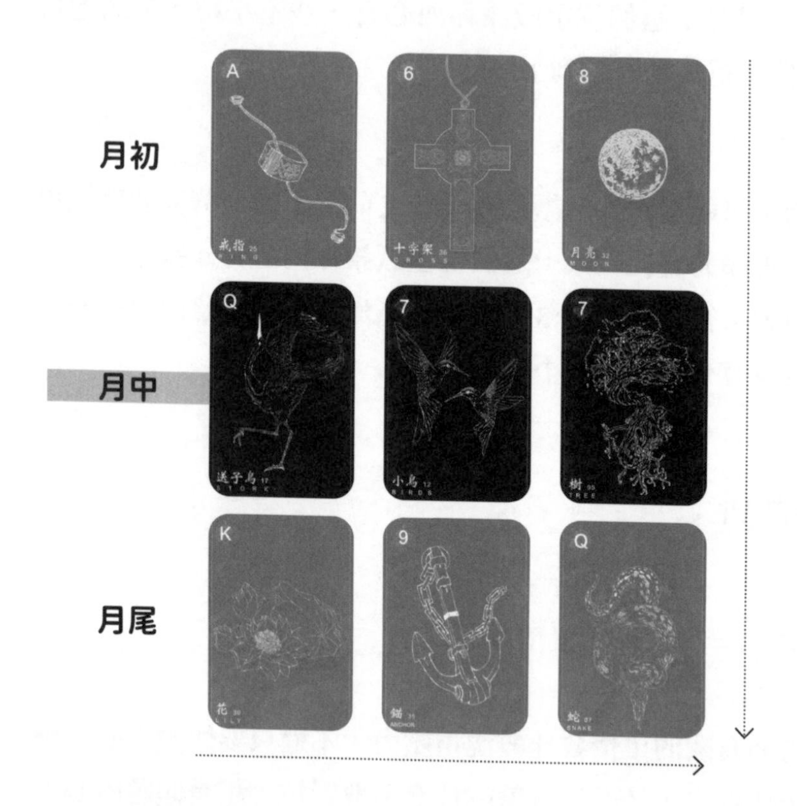

重點關鍵字整理：	
送子鳥牌	新的開始、由壞轉好、你讓生活變美好了
小鳥牌	歡樂、溝通、交流、喜出望外
樹牌	事情會扎根、有智慧、健康、身心靈合一

關鍵字句解析：

- 送子鳥＋小鳥：開始會有很多事情好轉，或獲得好消息。
- 小鳥＋樹：會得到不錯的消息、投資項目、或有人跟你合作升級空間。

中旬：開始會有很多事情好轉，或獲得好消息。例如工作上有新的進展、接到了新的專案或是有新的方向可以討論，這也代表能量開始轉換了像是知名度開始提高。月中會有還不錯的方向或投資標的，或有人出現跟你合作升級你的空間。

花色能量解析：

R+R+R＝狀態非常好

比起上旬來得更順遂，要很肯定交流的方向是什麼，中旬的交流跟接到的新專案或新方向一定可以讓你前行的，這都會讓你感到非常的安心。

占卜實戰案例

問題 2：接下來一個月的運勢會如何？

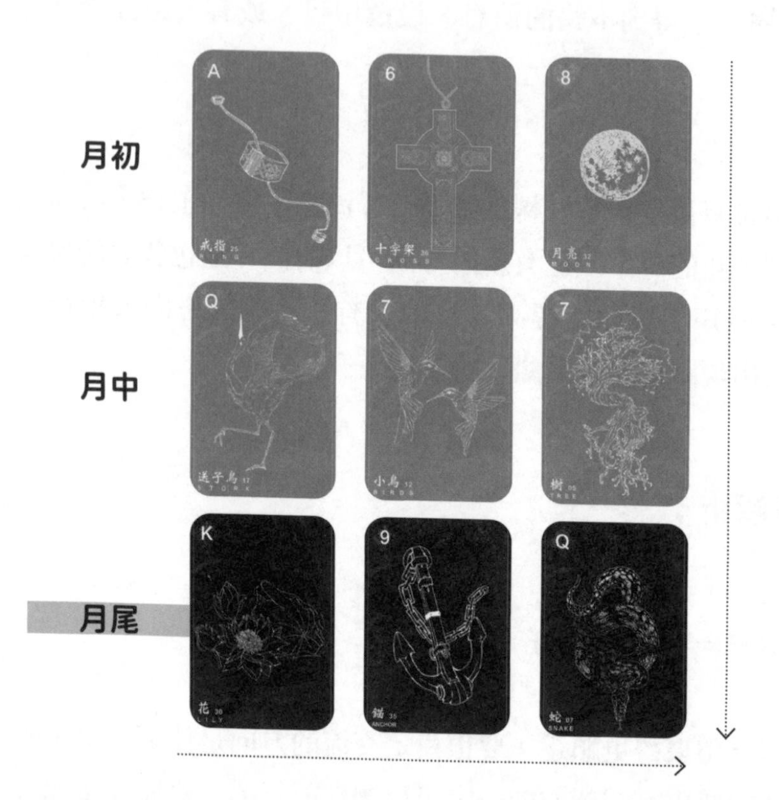

重點關鍵字整理：

花牌	長期培養、長期呵護、老人家
錨牌	重大決定、需要靠岸或有抉擇
蛇牌	綑綁、勒索、善用智慧去勇闖

關鍵字句解析：

· 花＋錨：會有長期合作的決定，在月底會有簽約。
· 錨＋蛇：會有人來談合作，會覺得自己被綑綁或牽制。

下句：會有長期合作的決定，在月底會有簽約。但是有人來投資或長期合作，答應了會有一種得對別人負責，或者是這合作還是需要跟這些人培養一些關係，你會覺得在有些事上被牽制住了，也因為牽制的人多了，會有一種越是插翅難逃的感覺。

所以月底會有一些合作或是長期來往的人需要去安排。而且花代表老人家，蛇代表女性，也有可能是家中的媽媽，與她有關的一個重大決定。會有一種我得負擔起她全部的的事情會感到恐懼。

花色能量解析：

B+B+B＝情況不樂觀

會比較辛苦一點，會做很多決定。可能是家中女性有一些固執的想法，或是到了某地方後會改變她原本答應好的事情，這會讓你有點苦惱。因為長期合作的對象可能是家人，錨有確定或靠岸的涵義代表在某某事情上就是這麼定了！但這個決定會讓家中女性有點不放心，表象上她還是都會聽的，只是內心會有衝突感。

占卜實戰案例

問題 2：接下來一個月的運勢會如何？

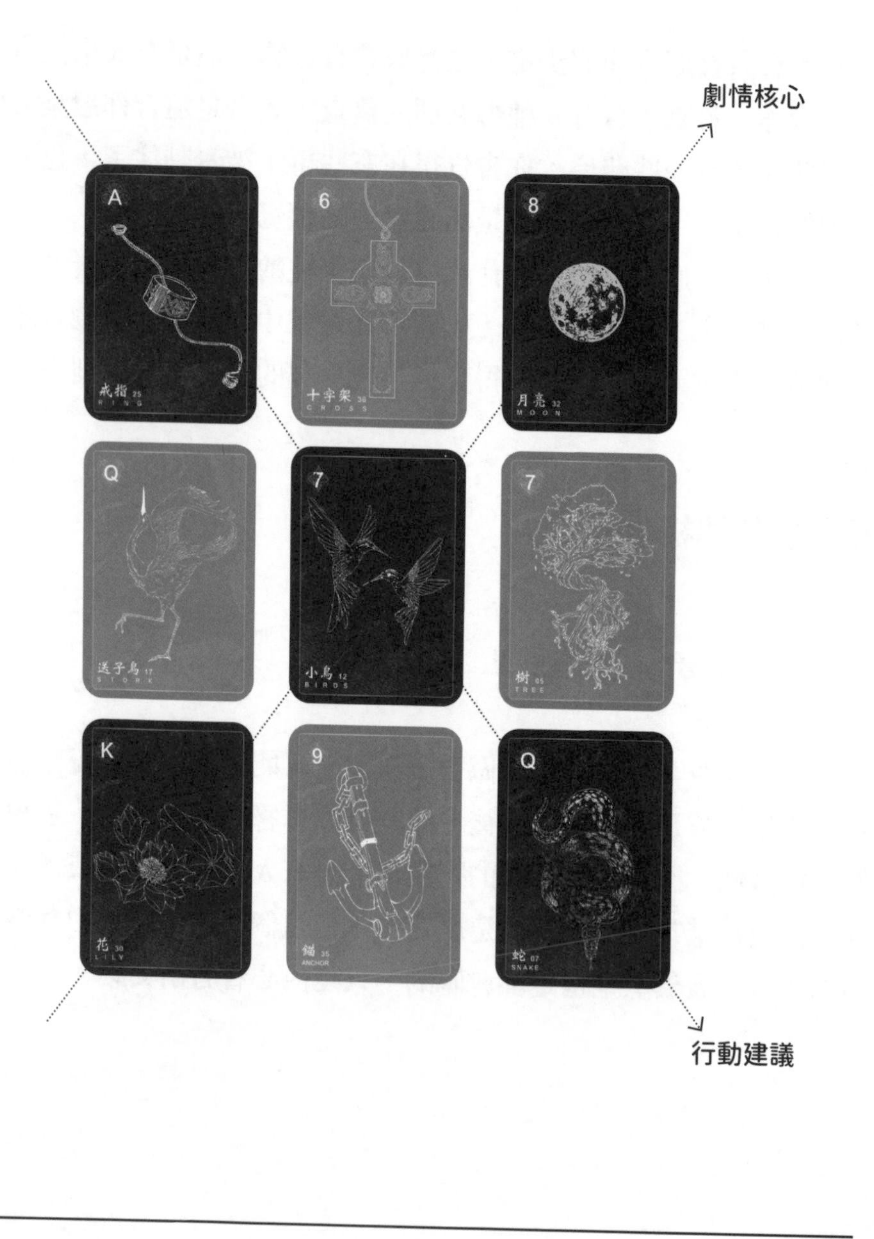

重點關鍵字整理：	
花牌	長期培養、長期呵護、老人家
小鳥牌	歡樂、溝通、交流、喜出望外
月亮牌	運用直覺、聆聽心聲、有事情需要等待
戒指牌	愛自己、鍛鍊無私之心、有契約
蛇牌	綑綁、勒索、善用智慧去勇闖

關鍵字句解析：

- **核心劇情：**花＋小鳥＋月亮，這個月的課題可能跟家裡老人家的溝通上有些雙方比較不貼心，你講你的、他講他的，有比較糾結的想法，可能他表面說是，但做的時候還是不一樣。跟身邊長期合作的人有想法不同或意見出入，而且這邊看出來是年長的，所以可能會有跟長輩衝突的狀況。

- **行動建議：**戒指＋小鳥＋蛇，解決這個困擾就是承諾、交流，承諾對方會持續溝通、保持回應，如果有想法就持續討論。你只要主動面對、主動溝通事情進展就會比較順利。或告知對方，反正我在這你有話想講就講，不要逃避溝通就沒問題。

中階　九宮格牌陣

【身心靈推演九宮格牌陣】解說：

可以用來看人與生命事件的命題，或者是單向當想知道某人的想法及看法時非常適合使用此牌陣來做推演。例如「對方是否喜歡我？他對我的看法？」透過物理上他對你的外表、行為舉止整體想法、與你相處接觸的感覺如何，到潛意識是怎麼驅動他讓劇情進行的都可以在這個牌陣中演算出來。

牌陣解讀說明：

牌陣解讀會分為兩階段，第一個階段從左至右三張牌解讀身、心、靈狀態；第二階段是用交叉解讀的方式來給看牌卡給個案建議如何面對，以及跟這個人之間的生命議題是什麼。

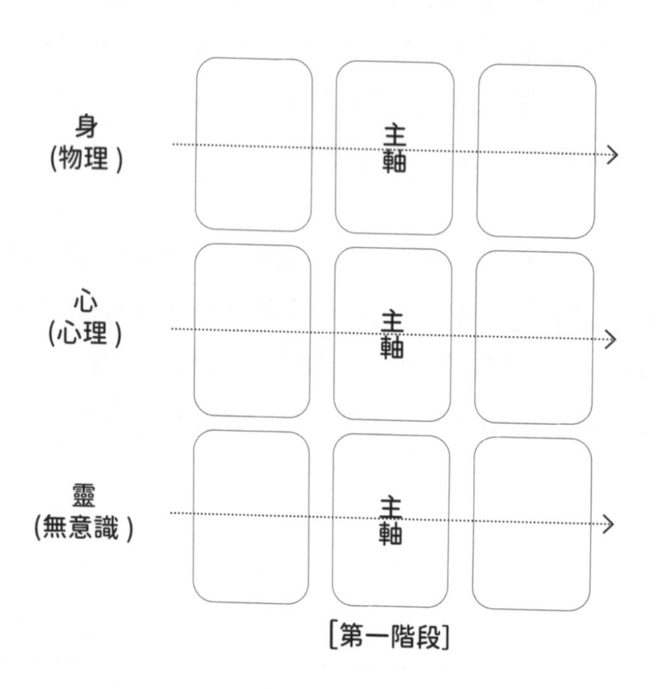

[第一階段]

解牌技巧：

在前幾次的牌陣中我們已經練習過「兩張牌關鍵字聯想後組成句子」，以及「三張牌劇情推演串連」，使用九宮格牌陣是將以上這兩個技巧加以應用，可以根據問題主題參考每張牌卡的主題關鍵字，例如問感情對象可以參考「對象特質」及其他形容人物的關鍵字。

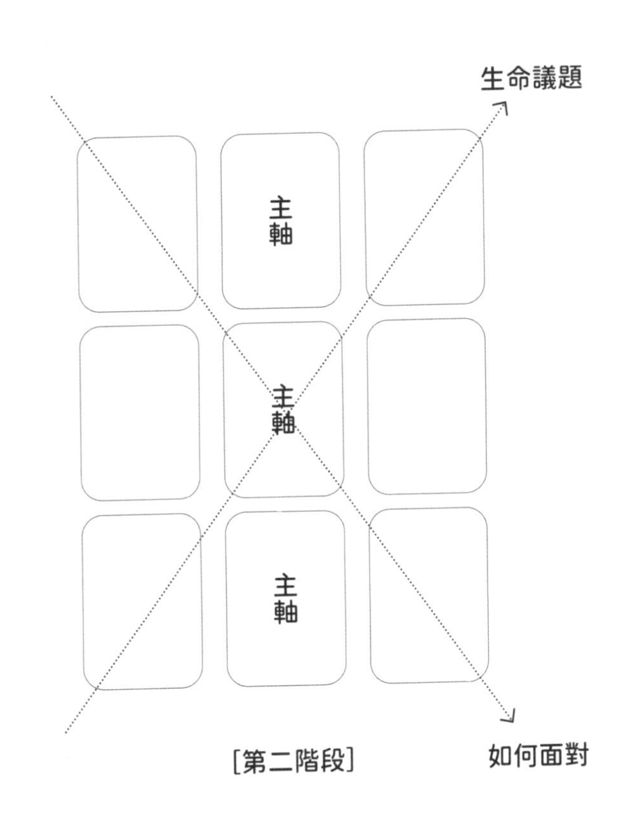

Tips：

1. 使用任何牌陣占卜之前，都需要將問題釐清並鎖定問題核心，可再回到「過去現在未來牌陣」解說中參考「解牌技巧」。
2. 花色能量解析也可以在此牌陣上使用，協助判斷情勢喔！

占卜實戰案例

問題 1：對方是否喜歡我？他對我的看法？

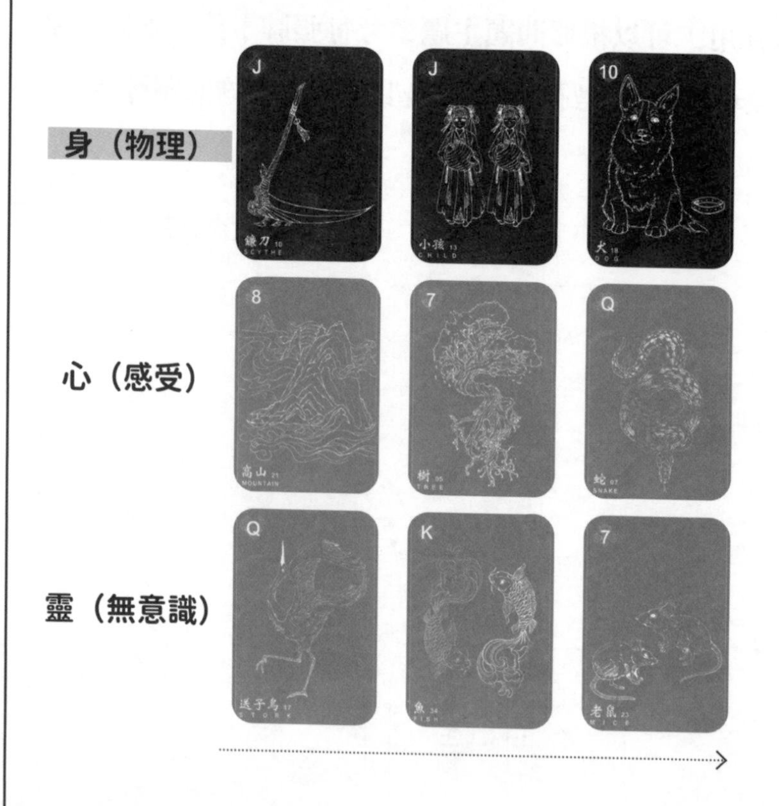

重點關鍵字整理：	
鐮刀牌	切割、強烈情緒起伏、切除惡性
小孩牌	熱戀時期、真誠、不成熟、任性
犬牌	靈魂伴侶、擁有信賴、價值觀相同

關鍵字句解析：

- 鐮刀＋小孩 =男生會覺得你的想法要成熟、不要任性。
- 小孩＋犬牌：雖然有時候要安撫你會有點累，但願意守護你的這份天真。

身（物理）：男生會覺得你的任性也很可愛，是自己會喜歡的類型會想要守護，但反過來看會知道對方是把你當小孩照顧，同時也會希望你可以成熟一點。所以整體而言對你的想法是覺得妳有時太過任性，但同時也喜歡你天真可愛的那一面，對男生來說你是他的靈魂伴侶。

花色能量解析：

R+B+R=挫折不用處理，會好轉

占卜實戰案例

問題 1：對方是否喜歡我？他對我的看法？

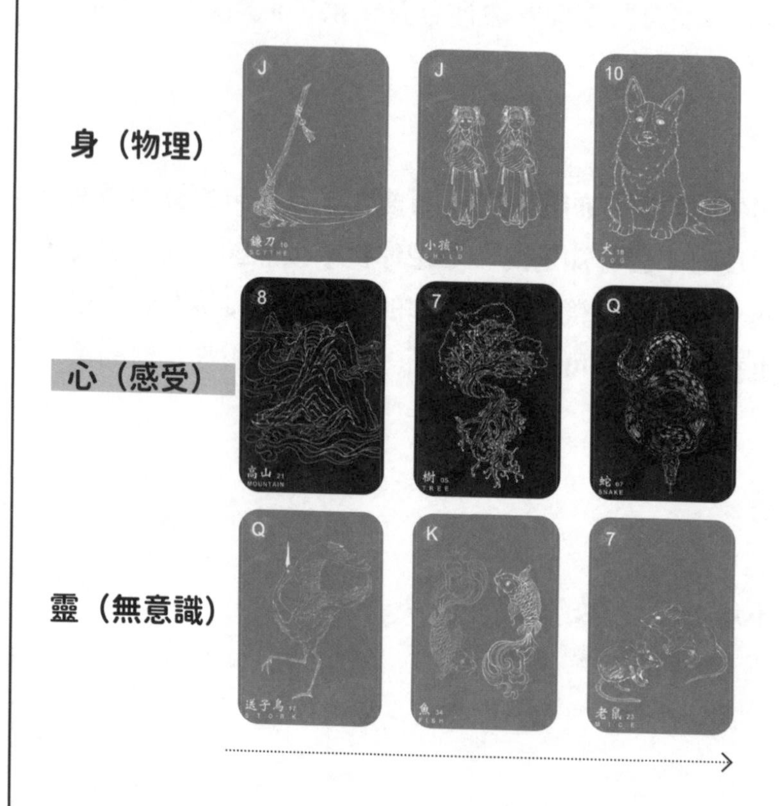

重點關鍵字整理：	
高山牌	外界阻止，無法開展、遠距離
樹牌	靈魂伴侶、前世業力連結、循序漸進的發展
蛇牌	善妒、綑綁、情緒勒索

關鍵字句解析：

· 高山＋樹＝跨過了障礙要逐漸扎根及建構穩健關係。
· 樹＋蛇＝持續穩健的關係中女生會開始情緒勒索。

心（感受）：男方覺得在這段關係內跨過了重重障礙，終於可以讓關係開始變得穩固，但關係越穩固就會覺得被更多的限制，你會對男生越來越得寸進尺跟情緒勒索。感情關係中存在這種勒索的話很可能你們之間有過前世的緣分。

花色能量解析：

B+R+B=迴光返照，不要高興太早

問題 1：對方是否喜歡我？他對我的看法？

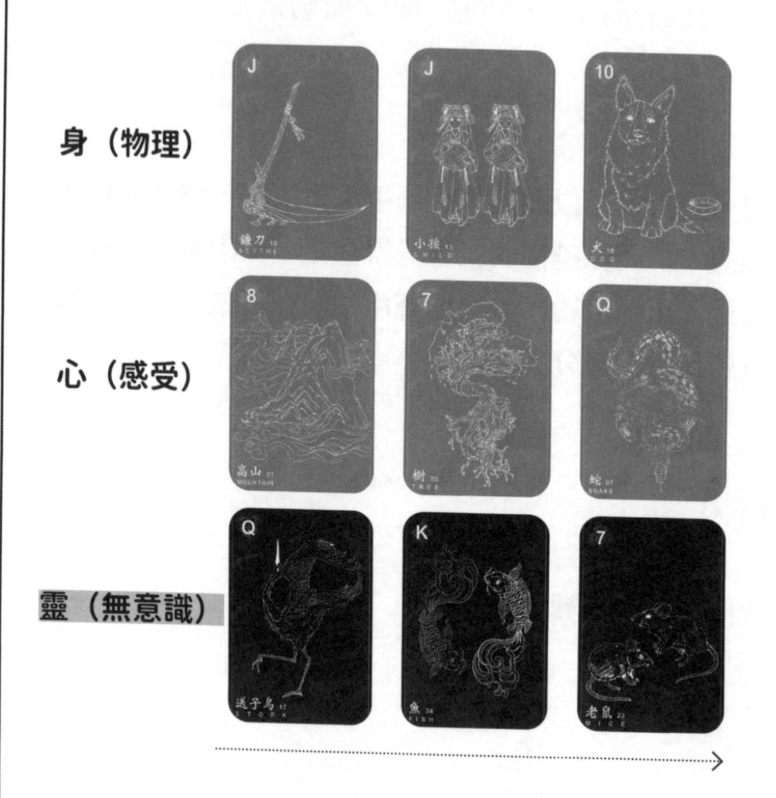

重點關鍵字整理：	
送子鳥牌	同居、下一步、成家、一切都好轉了
魚牌	關係進行得很順利、繁榮、財富
老鼠牌	很令人煩躁的戀情、陋習、不安、焦慮

關鍵字句解析：

- 送子鳥＋魚＝獲得各方面的提升跟顯化財富。
- 魚＋老鼠＝如果想要物質豐盛，但要調整個性的陋習。

靈（無意識）：男生潛意識對你的看法是跟你往來可以有意識、財富、技能各方面的提升，同時也透過這樣的相處方式調整自己的陋習變成更好的人，所以他會選擇追隨你的腳步向前。

花色能量解析：

R+R+B=守好現狀，不要擴大

占卜實戰案例

問題 1：對方是否喜歡我？他對我的看法？

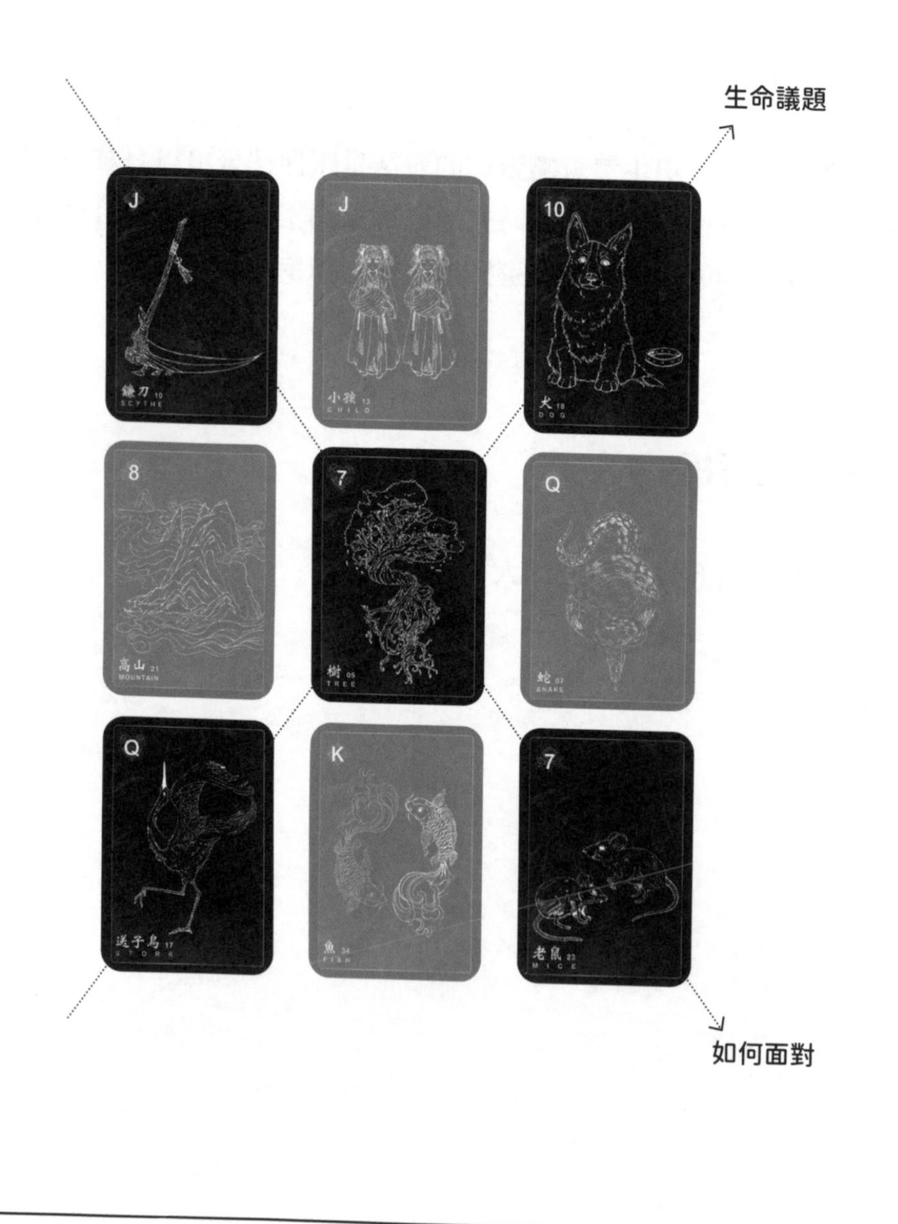

重點關鍵字整理：	
送子鳥牌	同居、下一步、成家、一切都好轉了
樹牌	靈魂伴侶、前世業力連結、循序漸進的發展
犬牌	靈魂伴侶、擁有信賴、價值觀相同
鐮刀牌	切割、強烈情緒起伏、切除惡性
老鼠牌	很令人煩躁的戀情、陋習、不安、焦慮

關鍵字句解析：

- **生命議題：**送子鳥＋樹＋犬，要相信這些轉換是在加深彼此情感更深的交集，跟要持續守護這段關係並繼續扎根，議題是不能輕言放棄或斬斷，畢竟在犬牌跟樹牌對於感情的解讀都有靈魂伴侶的訊息，表示兩人是很有緣份的，當然也表示一定要帶有人生功課要來互相學習。

- **如何面對：**鐮刀＋樹＋老鼠，要去把樹木雜枝修剪掉，表示兩個人在相處過程中需要把感情應該要怎麼談、對方一定要怎麼做才是愛的這些既定想法做討論。還有兩人之間處理情感的壞習慣也需要花一點時間去彼此表達跟調整。

問題 2：我的媽媽對我選擇當占卜師的看法？

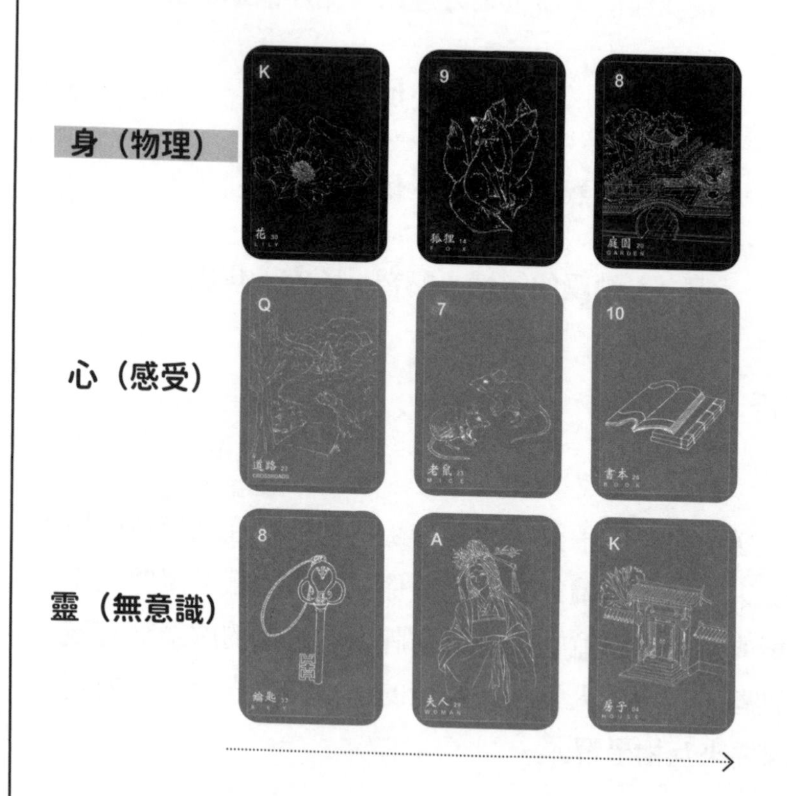

重點關鍵字整理：

牌	關鍵字
花牌	長期培養、長期工作、資歷
狐狸牌	戒慎小心、不為人知、為了生活不得已
庭園牌	人脈、社交組織、宗教或信仰團體

關鍵字句解析：

- 百合＋狐狸＝長期戴著假面具，媽媽覺得這個其實不適合做長期的工作，表面上支持但內心有隱憂。
- 狐狸＋庭園＝擔心跟大家講自己的女兒是占卜師大家能接受嗎，親戚能接受嗎？

身（物理）：媽媽覺得這個其實不適合做長期的工作，表面上支持但內心有隱憂。要怎麼跟鄰居還有親戚朋友講女兒是做這個工作，覺得這個工作不適合長期的發展，收入也不穩定。媽媽也會覺得女兒做這個工作讓她稍微沒有面子，不能搬上檯面跟大家講。

花色能量解析：

B+B+B=情況不樂觀

問題 2：我的媽媽對我選擇當占卜師的看法？

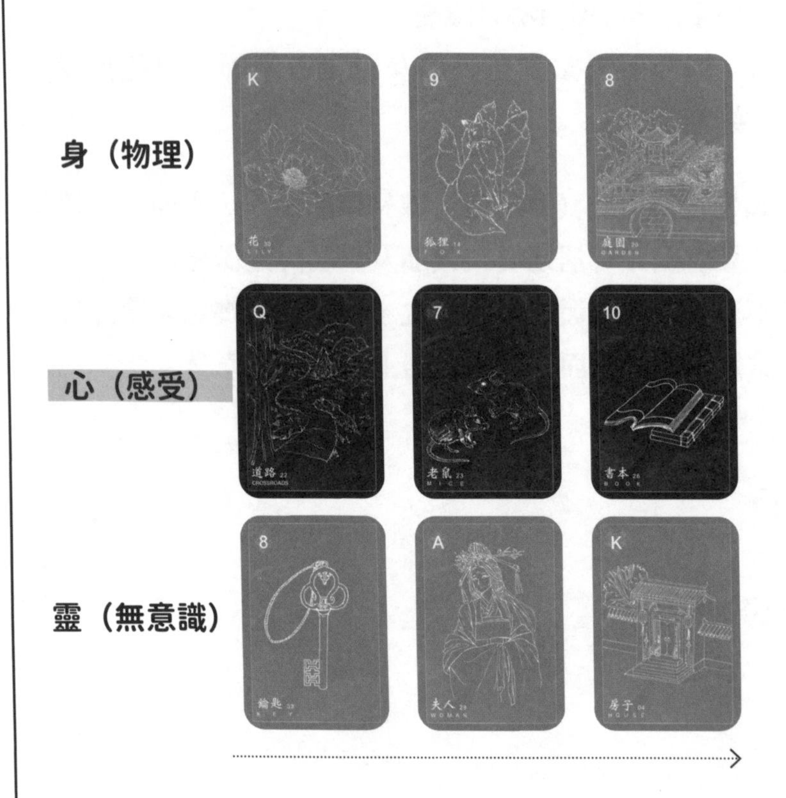

重點關鍵字整理：	
道路牌	分岔路口、意見相左、無法兩全其美
老鼠牌	坐立難安、恐慌、心神不寧、魂不守舍
書本牌	隱藏的秘密、未知數

關鍵字句解析：

- 道路＋老鼠＝媽媽內心的想法跟女兒有出入，女兒選這個跟別人不一樣的路讓她感到擔憂、侵襲她的內心。
- 老鼠＋書本＝恐懼會被好好整理，並透過學習去消除，媽媽願意去了解占卜師這個工作。

心（感受）：媽媽內心的想法跟女兒有出入，女兒選這個跟別人不一樣的路讓她感到擔憂、侵襲她的內心。恐懼會被好好整理並透過學習去消除，媽媽願意去了解占卜師這個工作，她可能會來問你像是占卜原理、占卜師如何工作，透過更了解你要做的是什麼來讓自己先安心，不然她會擔心自己有沒有辦法一直支持你。

花色能量解析：

R+B+R=挫折不用處理，會好轉

占卜實戰案例

問題 2：我的媽媽對我選擇當占卜師的看法？

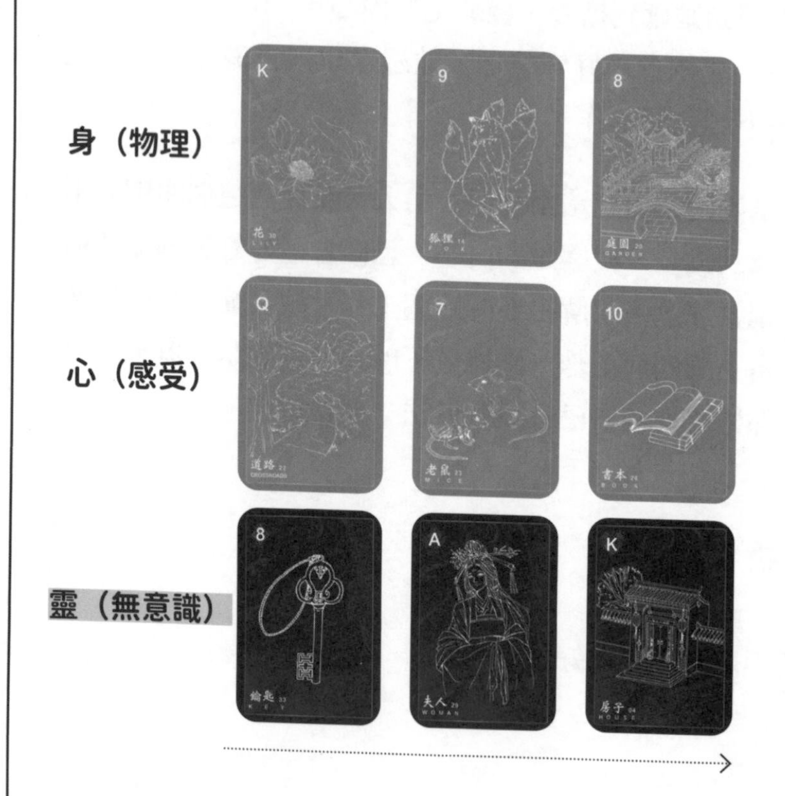

重點關鍵字整理：	
鑰匙牌	開創、夢想達成、通往成功
夫人牌	身邊所有的女性、占卜事件相關的女性
房子牌	組織、穩定、架構、制度完整

關鍵字句解析：

· 鑰匙＋女人＝媽媽的潛意識對於這件事覺得是一件好事，或是應該要支持女兒去開創自己想做的方向。
· 女人＋房子＝潛意識不只支持女兒，而且很相信女兒可以把這個事業越做越大。

靈（無意識）：媽媽的潛意識對於這件事覺得是一件好事，或是應該要支持女兒去開創自己想做的方向，這是她走上靈魂道路的方式。不只支持女兒，而且很相信女兒可以在這個領域建構一個帝國、體系、系統，媽媽相信你可以把這件事情越做越好。

花色能量解析：

R+B+R=挫折不用處理，會好轉

問題 2：我的媽媽對我選擇當占卜師的看法？

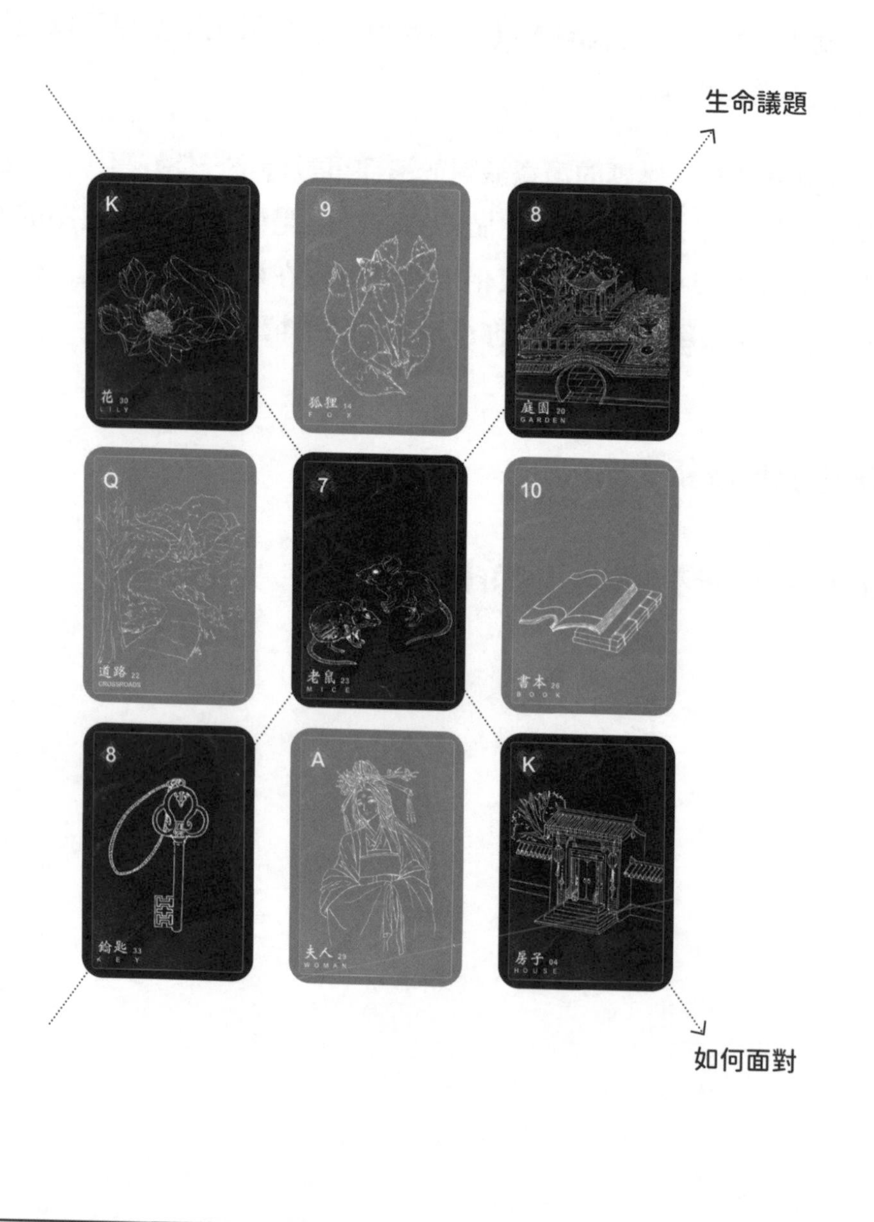

重點關鍵字整理：	
鑰匙牌	開創、夢想達成、通往成功
老鼠牌	坐立難安、恐慌、心神不寧、魂不守舍
庭園牌	人脈、社交組織、宗教或信仰團體
花牌	長期培養、長期工作、資歷
房子牌	組織、穩定、架構、制度完整

關鍵字句解析：

- **生命議題：**鑰匙＋老鼠＋庭園，內心覺得恐懼怕媽媽無法理解，或者抗拒去瞭解更多，同時也在意外在交友跟生活圈人們的看法，擔心跟家人解釋起來很麻煩。你為了避免難以跟大家解釋，所以有點逃避不想去跟家人說明。

- **如何面對：**花＋老鼠＋房子，需要花時間去面對跟處理這個跟家人溝通的問題，家族的大家對於這個職業不了解時，更會無法認同或是更擔心、更會想勸退。你要花時間慢慢的、或者循序漸進，的跟母親溝通跟陪伴探索，讓彼此都慢慢地接納這個工作。

中階 九宮格牌陣

【事件發展推演九宮格牌陣】解說：

不鎖定時間，讀取指定事件的從頭到尾的劇情。直接設定為讀取到結果。然而事件的發生雖然不設定時間，但多數會在三個月左右發生。適合用於茶餘飯後輕鬆話題。

解牌技巧：

在前幾次的牌陣中我們已經練習過「兩張牌關鍵字聯想後組成句子」，以及「三張牌劇情推演串連」，使用九宮格牌陣是將以上這兩個技巧加以應用，可以根據問題主題參考每張牌卡的主題關鍵字。

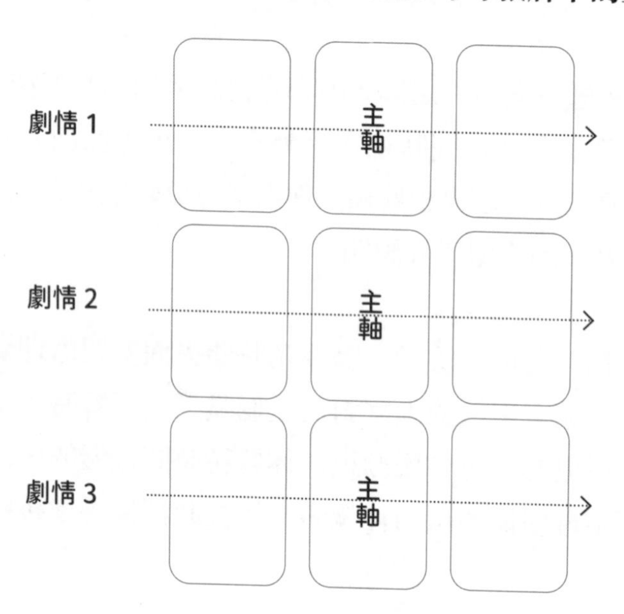

Tips：

1. 使用任何牌陣占卜之前，都需要將問題釐清並鎖定問題核心，可再回到「過去現在未來牌陣」解說中參考「解牌技巧」。
2. 花色能量解析也可以在此牌陣上使用，協助判斷情勢喔！

問題 1：跟前任接下來的發展？

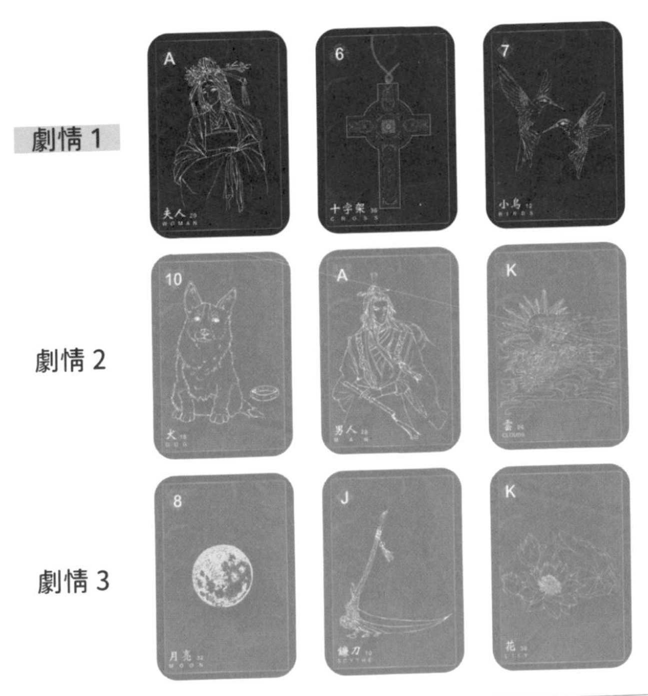

重點關鍵字整理：	
女人牌	代表個案或周圍女性，這裡指個案
十字架牌	關係背負著重擔、一段注定不幸的孽緣
小鳥牌	接收到期待的電話或訊息、曖昧言語

劇情一：你多數時間是在唱獨角戲，一直在腦海中整理跟他的關係且會有很多自己跟自己的糾結，處於檢討模式一直翻攪與他的回憶還有過往發生過的事情。你比較多主動去跟他交流或探討，你會有很多疑問想問他，或者你有一些生活上的困擾，還是覺得只能找他講，或很想跟他講述你的生活。你們之間可能還有一個女性是你們的共通話題，這會讓你有機會持續跟他交流。

占卜實戰案例

問題 1：跟前任接下來的發展

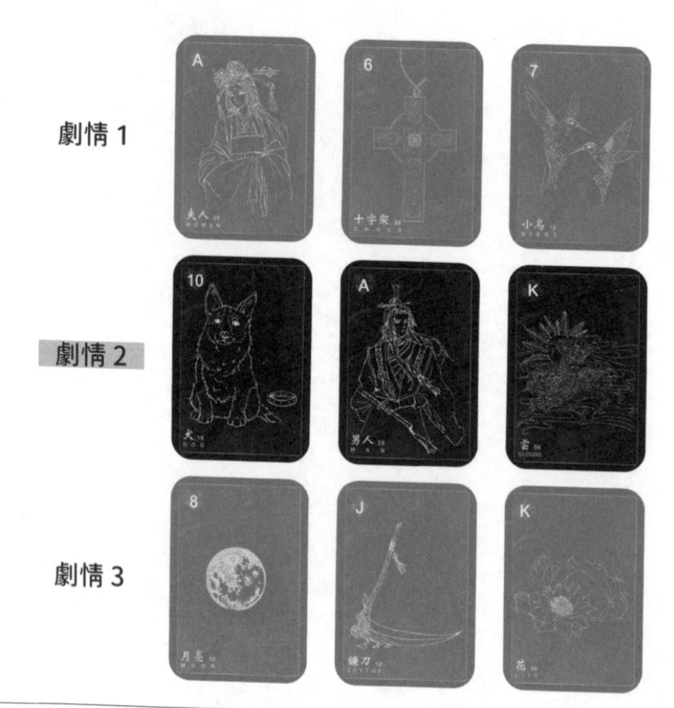

重點關鍵字整理：	
犬牌	擁有信賴、價值觀相同、交付自己給對方
男人牌	代表個案或周圍男性，這裡指男朋友
雲牌	有所隱瞞、摸不清底細、曖昧不明

劇情二：兩人關係會進入一種認為可以彼此守護但不像情人，比較像是家人是一種習慣性的存在。你們會轉換成好友或家人，但很明顯出現男生態度不明確，會想再做一些曖昧的事情但是沒有情感成分的。不一定是床第關係，而是他會想要在你心裡又翻起漣漪，他的想法是雖然分手了但你還是要喜歡我，會再來講曖昧的訊息。

問題 1：跟前任接下來的發展

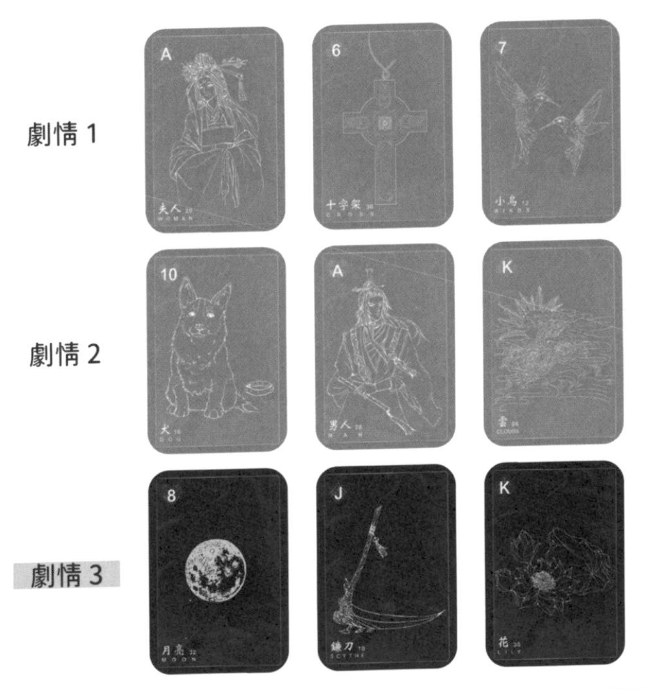

重點關鍵字整理：	
月亮牌	如詩如夢、浪漫情感、吸引力
鐮刀牌	分手、拒絕、絕情、危險戀情
花牌	堅定恆久不變、長期培養

劇情三：雙方有一方會因為模糊地等待跟不知道怎麼面對覺得很糾結，就會覺得受夠了所以想切割乾淨。內心需要先切割這段關係才有機會繼續當朋友，劇情到最後你會覺得糾纏不清但也不切割也不繼續來往，還是會把對方留在通訊錄只是不聊天。

問題 2：跳槽到新公司的發展？

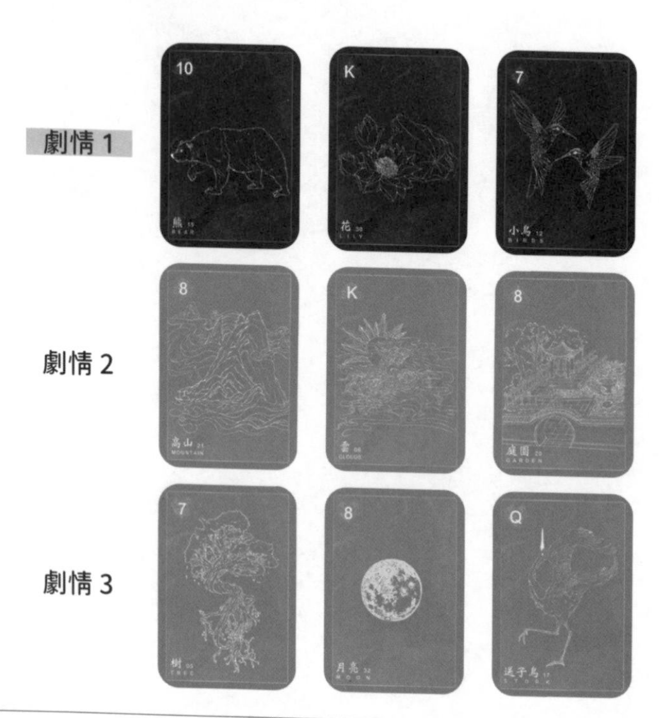

重點關鍵字整理：	
熊牌	待遇豐厚的公司、注重規則、固執傳統
花牌	資深、經營很長時間、老字號
小鳥牌	拓展專業人脈交流、談判、聚會、面試

劇情一：你有深思熟慮過這個新公司可以給你的發展性，公司條件跟優渥的條件都是符合你預期的。這些條件的審核有一位女性在管控，她們屬於比較保守型的路線，所以剛開始去的階段都很好，且會給你歸屬感。但如果你想要在這位置上發展更大是會被限制的，不過以現階段來說這個工作有一塊地給你開墾，在這個範圍內你要怎麼做都可以。

問題 2：跳槽到新公司的發展？

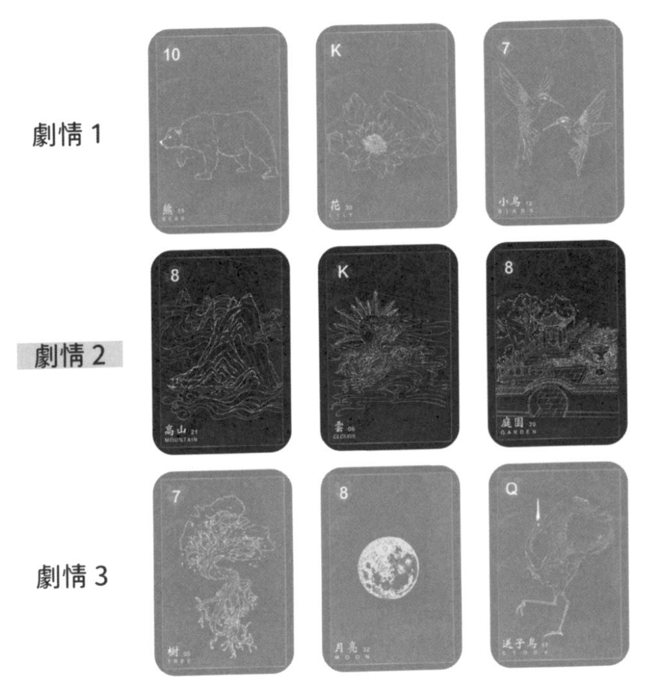

重點關鍵字整理：	
高山牌	各種問題障礙、暫停營業
雲牌	瞎忙、不明確、無法掌控的疏失
庭園牌	人脈、社交組織、廣告、行銷產業

劇情二：前面開展拓展建構完成後，會遇到一個較大的障礙，屬於人事、市場方面、大環境的困難，這不是你可以主動去做變更或調整的，所以你可能需要在前段時間做好佈局，像是資金部署、人員發派等等。第一個障礙是人事開銷，第二個障礙是客戶、市場會因為大環境影響，中間這段勢必是你必須經歷，因為是這個產業鍊都會受影響，熬過去事情就會好轉。

占卜實戰案例

問題 2：跳槽到新公司的發展？

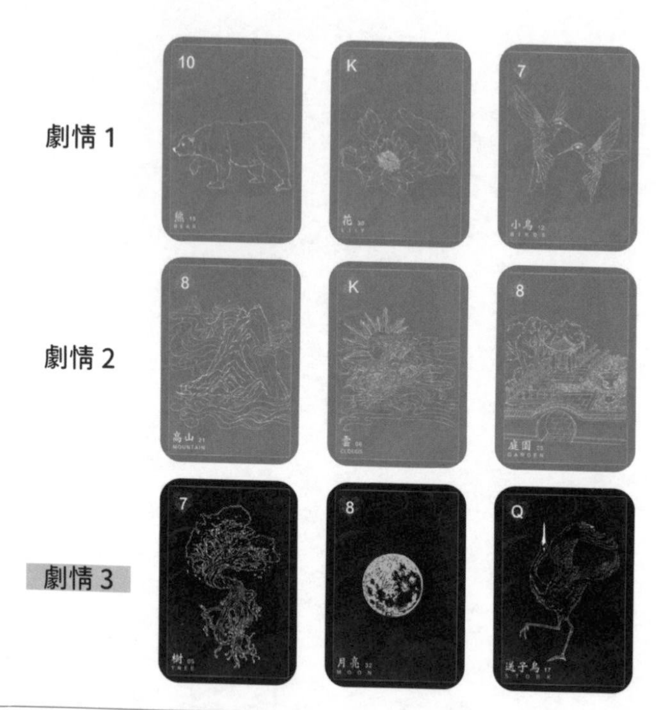

重點關鍵字整理：	
樹牌	打穩根基、理想主張、上下同心
月亮牌	功成名就、業界好評
送子鳥牌	全面性的改變、轉型

劇情三：因為熬過去的關係，會有一些流程、人事調配或開支上的精簡，這個期間你可能會篩選出兩個人當你的左右手，以三個人為核心來做接下來的開拓。當你找到另外兩個人時就會開始等開花結果，前期準備的都會步上軌道。像是營業額提高、知名度提高，送子鳥有轉化的涵義後期會非常順利。

問題 3：我即將離職去做占卜師兼自由工作者，築夢的過程中會順利嗎？

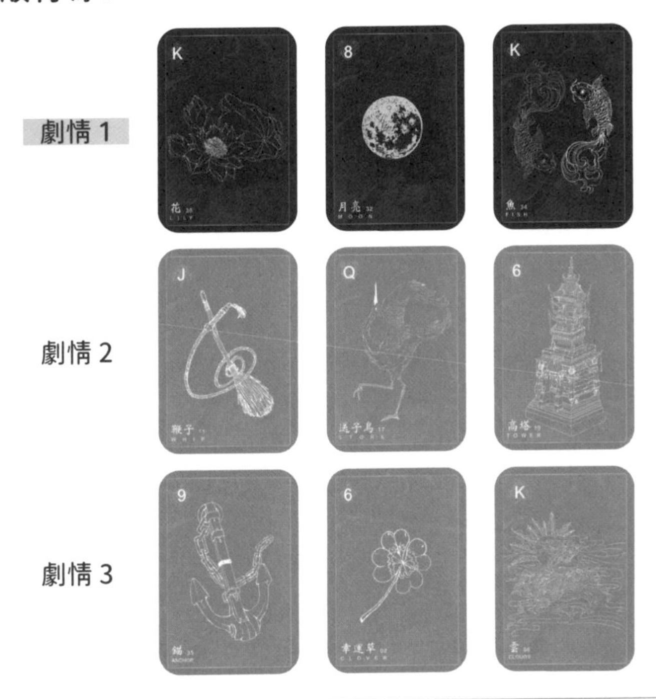

重點關鍵字整理：	
花牌	資深、經營很長時間、老字號
月亮牌	運用直覺、聆聽心聲、占卜師、靈性工作者
幸運草牌	有不錯收穫、好轉的跡象

劇情一：你已經找到很有經驗的地方去學習，在那邊會被嚴格要求，經過這些磨練你會在這個領域脫穎而出。在這個過程中你可能會需要居於人下去跟別人學習。失敗與挫折是你要面對的過程，在當自由工作者的過程業績、文件、勞健保是需要自己負責的，所以你偶爾會想起回到穩定的工作是不是比較好，內心會有糾結。

占卜實戰案例

問題 3：我即將離職去做占卜師兼自由工作者，築夢的過程中會順利嗎？

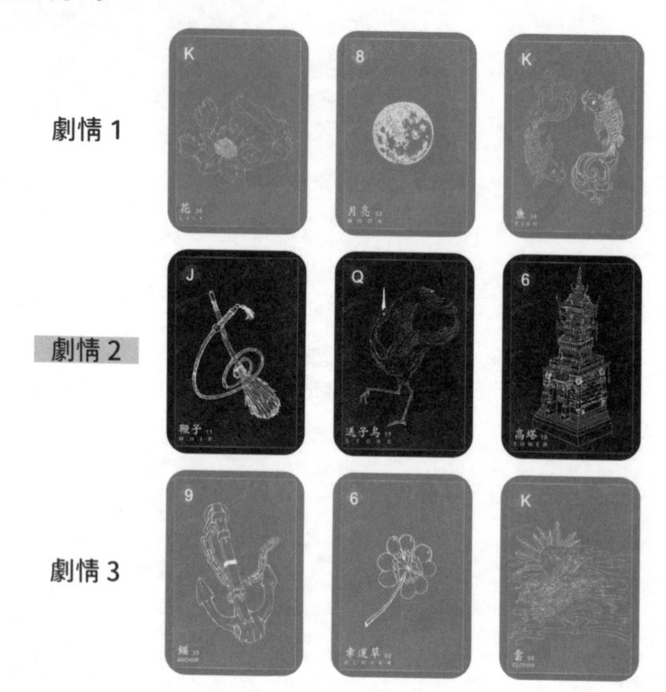

重點關鍵字整理：	
鞭子牌	遵守相當多規範、自律
送子鳥牌	新的責任、承擔、煥然一新的格局
高塔牌	具有高度發展的職場、前途無量

劇情二：自由工作者會需要更多的自我管理，意識到這點你會決定清掃掉自己的糾結，心境轉變過程中你會迎來更高的指引，有機會提前達到收支平衡的狀態，之後會有機會建構起一個機構或是工作室，可以為這個工作做未來的規劃。

問題 3：我即將離職去做占卜師兼自由工作者，築夢的過程中會順利嗎？

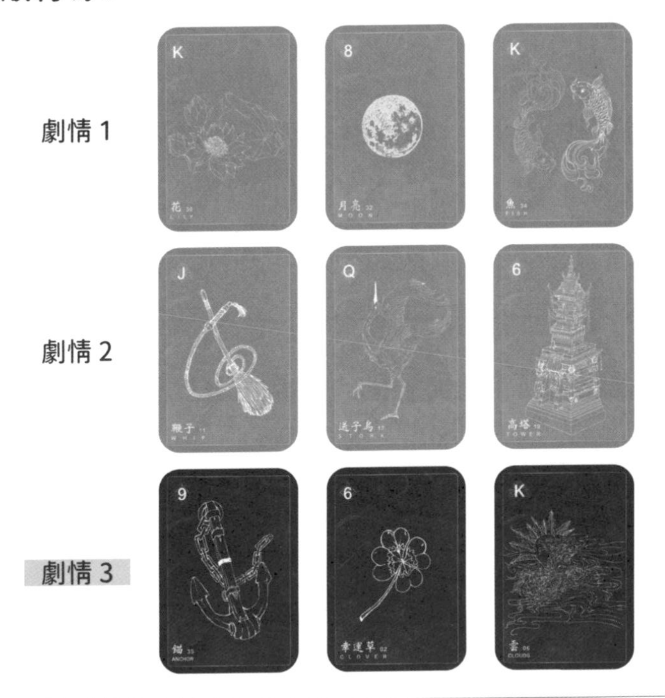

重點關鍵字整理：	
錨牌	穩定經營、目標堅定
幸運草牌	有不錯收穫、弄巧成拙
雲牌	瞎忙、不明確、停滯、阻礙

劇情三：你的根基會扎穩，中間會出現一些幸運的事情，像是有朋友介紹案子給你以及自己將接下找到穩定發案的公司做合作，前面衝破很多困難後，接著就會進入到下一步，這個夢想後續更大的藍圖會在這個雲的後面，關於這個築夢過程還有未知的挑戰即將發生。

高階　前因後果太極牌陣

牌陣說明：

詢問想要做某件事情時，使用此牌陣可以得知事件發展結果以外，還可以知道目前進展到哪個部分，可以做什麼調整才有機會繼續往下走。

- 因：最一開始的初衷所開始的行動
- 果：造成的結果反思回到最初目的，同時也可以解讀出透過這件事情發展宇宙想要表達的智慧。

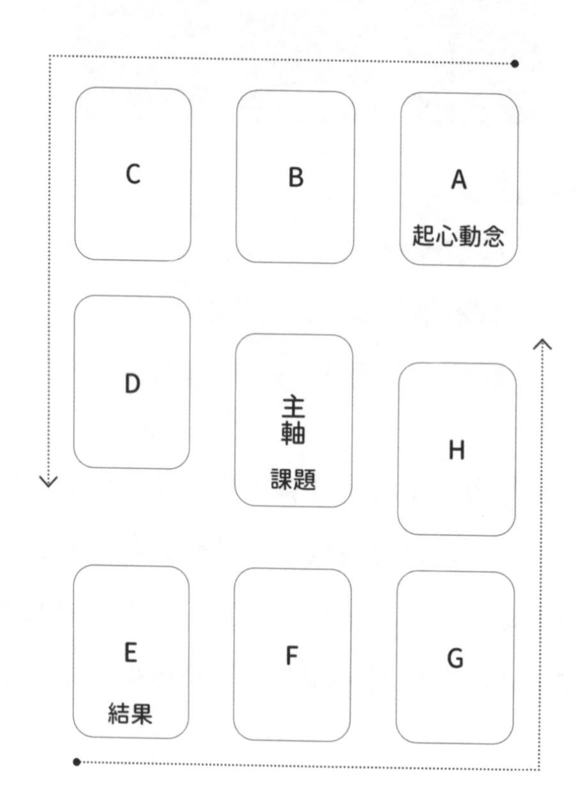

解牌技巧：

1. 對角線解讀：可以讀取並與占卜個案確認目前劇情已經到哪個階段，可以觀察目前階段的「牌陣對角線」可以得知要進行到下一步時應該做什麼。例如：目前個案詢問的事件劇情進行到 B了，那要先做什麼才會到下一步的話，要看 F牌給予什麼行動方針。

2. 關鍵字句解析：因要走完才會到果
- 解讀順序：【A＋B】→【B＋C】→【C＋D】⇒ E 結果
- 解讀順序：【E＋F】→【F＋G】→【G＋H】⇒ A 起心動念

3. 牌陣對角線：
- A：E
- B：F
- C：G
- D：H

Tips：

1. 使用任何牌陣占卜之前，都需要將問題釐清並鎖定問題核心，可再回到「過去現在未來牌陣」解說中參考「解牌技巧」。

問題 1：此次前世記憶雷諾曼募資專案的狀態？

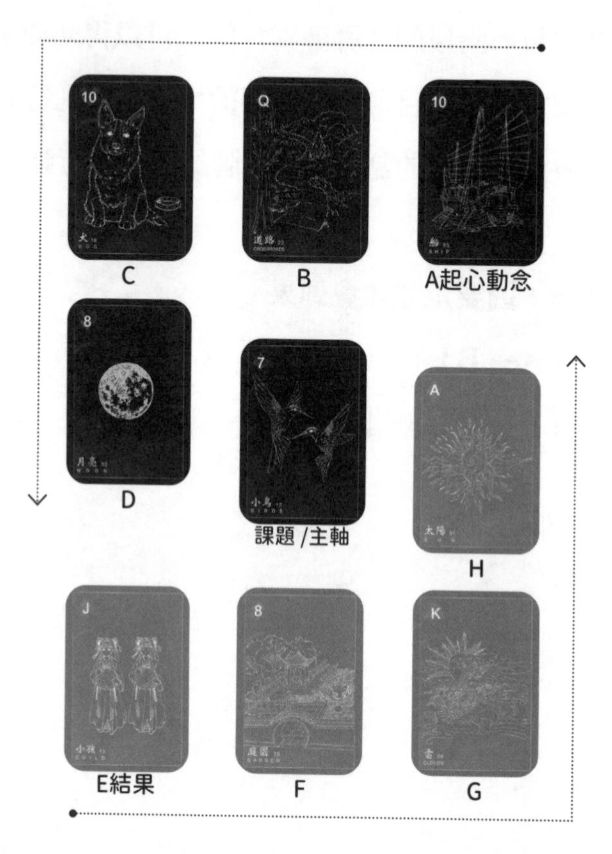

課題主軸：

重點關鍵字整理：	
小鳥牌	口耳相傳、討論、微商、電商

進行中有持續口耳相傳，或有人在密集討論內容會怎麼呈現，之後可以怎麼運用。是有機會讓很多人知道有這套產品，以及有機會可以讓更多人了解雷諾曼占卜的魅力以及覺醒研究所。

重點關鍵字整理：	
船牌	目標的定案、長期企劃啟動、海外或國際企業
道路牌	拓展或擴張事業、不同的機會和可能性
犬牌	貴人幫助、不離不棄、死心塌地
月亮牌	等待醞釀、面對公眾、享有正面評價

關鍵字句解析：因要走完才會到果

- A＋B＝船＋道路＝今年公司有很多計劃要進行，在做專案目標討論時出現了分岔，可能一開始做記憶雷諾曼是因為公司的轉型方向要朝實體去經營。

- B＋C＝道路＋犬＝且這個決定做這個產品開發引起了公司所有人的關注，大家也願意投入自己的資源，而學員們也願意支持這樣產品，這個道路的選擇獲得了很多支持跟守候。

- C＋D＝犬＋月＝表示需要花很多時間等待，這個守護需要花一點時間醞釀，大家都很看好這項產品的啟動。

- 結果 E：月亮＋小孩，等待完成後會去跟所有人遞出邀請，來購買或使用產品。

問題 1：此次前世記憶雷諾曼募資專案的狀態？

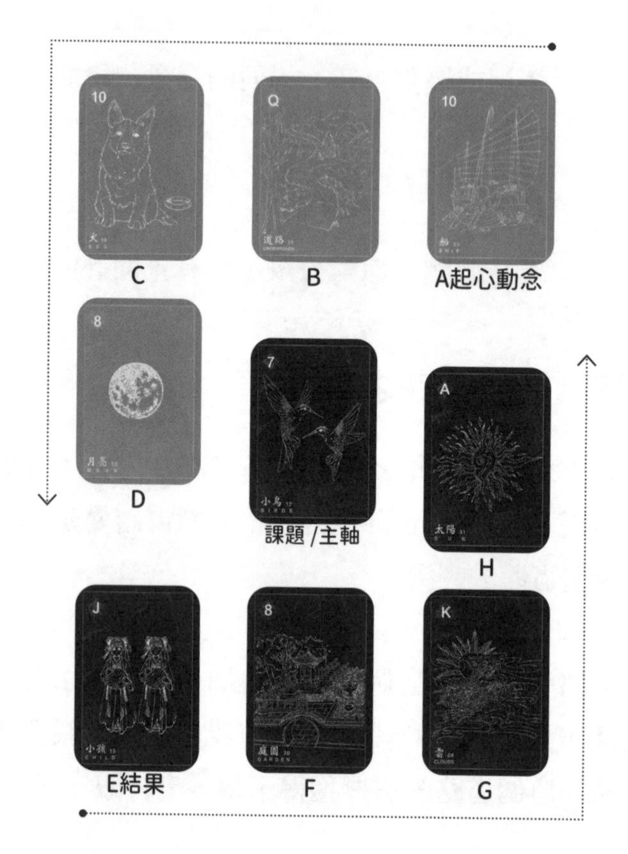

課題主軸：

重點關鍵字整理：	
小鳥牌	口耳相傳、討論、微商、電商

進行中有持續口耳相傳，或有人在密集討論內容會怎麼呈現，之後可以怎麼運用。是有機會讓很多人知道有這套產品，以及有機會可以讓更多人了解雷諾曼占卜的魅力以及覺醒研究所。

重點關鍵字整理：	
小孩牌	全新的專案、經驗不足
庭園牌	廣告、活動策劃或接洽、社交
雲牌	模糊、猶豫、選擇障礙、無法掌控的疏失
太陽牌	達成成就、成功喜悅、正面積極

關鍵字句解析：因要走完才會到果

- E＋F＝小孩＋庭園＝這是公司第一次做的實體產品，會有無所畏懼地前進也開始接觸到更多的平台、合作夥伴、廠商、讓更多人知道，同時也開始去摸索市場需求以及主動去社群平台散布這個消息。

- F＋G＝庭園＋雲＝這個產品的市場接受度如何？大家會喜歡嗎？募資會成功嗎？公司內部會有這麼多的疑慮與擔憂。大眾大眾看到這個產品時可能會覺得疑惑，或對於產品可以帶給他們什麼有點模糊。

- G＋H＝雲＋太陽＝太陽牌可以掃清前面牌帶來的負面，帶有展露頭角、大放異彩的涵義。所以前面所說的公司內部的擔憂會被一掃而空，而這些疑惑掃除之後回到船牌，就會知道下一步可以繼續往這個方向前進。

- 起心動念A：太陽＋船，對市場有一定的認識，太陽掃清一切阻礙，陽光很耀眼適合出航，可以繼續開展合作或其他版圖。

占卜實戰案例

問題 1：此次前世記憶雷諾曼募資專案的狀態？

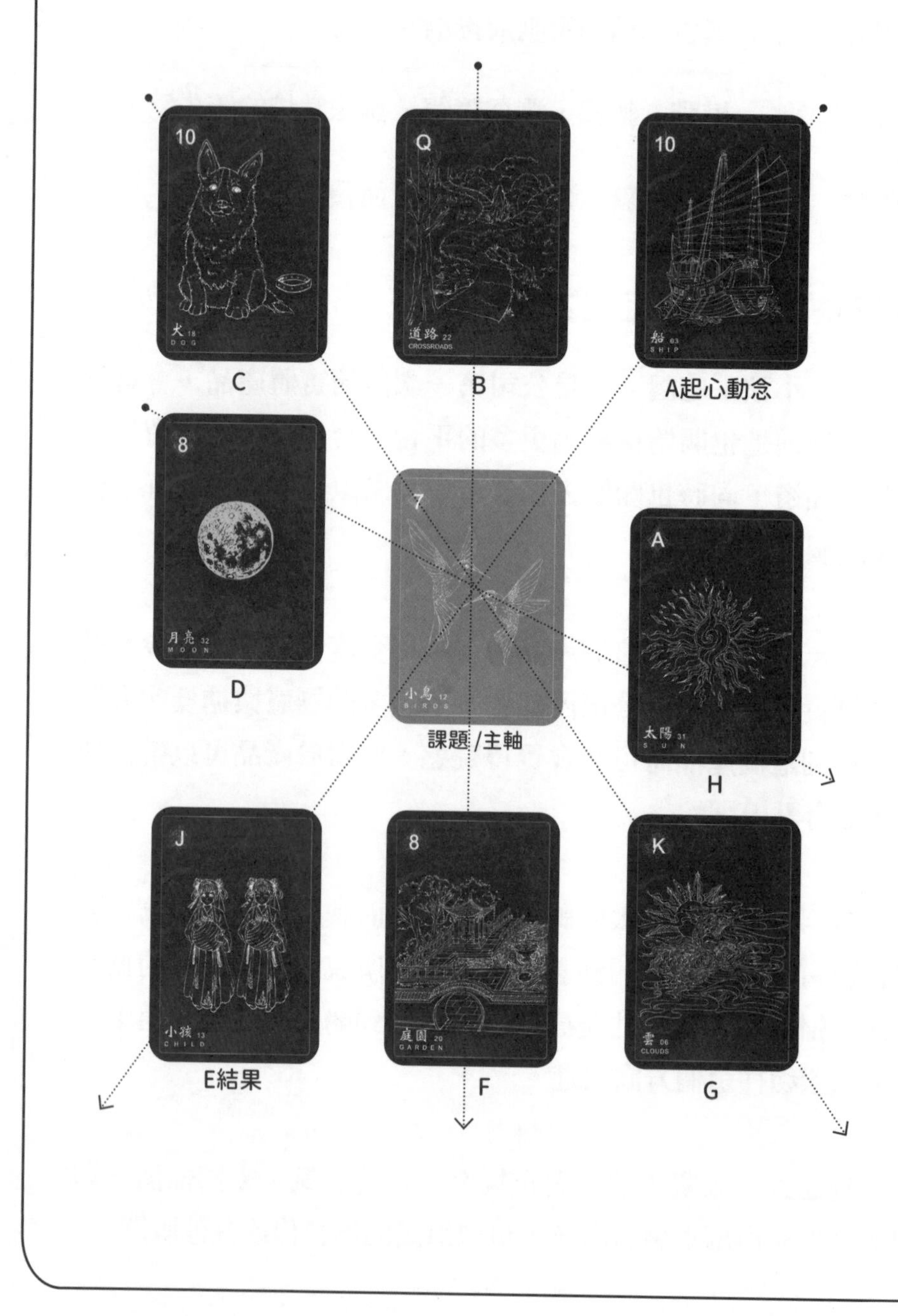

牌陣對角線：

- A：E＝船＋小孩＝計劃不啟動的話會造成小孩無法成長，也就是說公司下一步的經營策略會停滯，大家會開始不知道自己該做點什麼。
- B：F＝道路＋庭園＝對於市場接受怎樣的產品會有很多疑惑，也有選擇方向上的困難。
- C：G＝犬＋雲＝表示做了市場調查，學員或老客戶們都表示支持，但同時也表示在公司中沒有人有相關經驗時，開發這個產品是該支持的嗎？怕會雷聲大雨點小。
- D：H＝月亮＋太陽＝日月合璧，太陽表示黎明一定會出來，就去做且等待即可，可能有些人還在找市面上有沒有雷諾曼教學的書籍，或是想學更多牌陣，這個產品都會符合他們的期待，且會被他們找尋到。這個專案持續進行並等待一定會迎來黎明。

目前走到哪理：

以目前狀態來看已經走到C：G這個最後階段了，太陽牌表示掃清了之前擔心市場是否接受這套產品擔憂狀態。接下來只要將安排的事項完成，客戶會對這次的產品感到滿意。

問題 2：天秦道學院未來的發展？

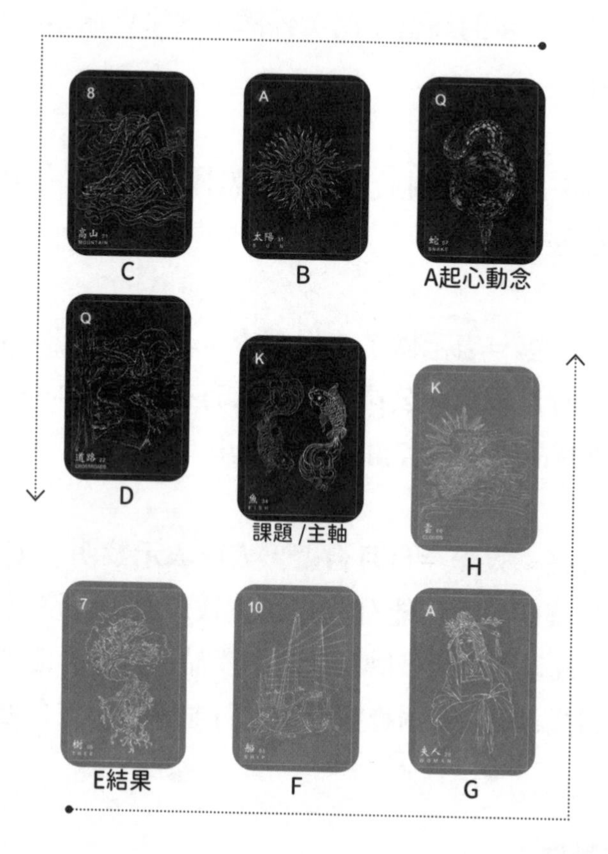

課題主軸：

重點關鍵字整理：	
魚牌	關係進行得很順利、繁榮、財富

代表如魚得水，是順風順水或是建構一個舒適的環境，讓有不同天賦的人都可以在這裡交流且感到自在。

重點關鍵字整理：	
蛇牌	綑綁、勒索、將敏捷的思緒發揮在更好的地方
太陽牌	成就、充滿自信、心胸遼闊
高山牌	可跨越的障礙、眼前的障礙只屬於你自己
道路牌	抉擇、多元、所有路都是帶來知識與成長

關鍵字句解析：因要走完才會到果

· A＋B＝蛇＋太陽＝起心動念上會想要告訴有天賦的人怎樣走這條路最好，怎樣比較適合，但這樣的想法同時也有綑綁涵義在內。太陽表示在天秦的學習確實是可以接觸神性、發展天賦以及走向天命的。

· B＋C＝太陽＋高山＝接下來的走勢會有艱難的狀態，想要把光芒照耀到所有人有點困難，大家在聽到學習及修行時還是會有遲疑，不知道是不是會被限制在這個地方。在這方面的溝通會有阻礙。

· C＋D＝高山＋道路＝這些障礙表示要允許有天賦的人們有自己的選擇，不管怎麼選都是最適合他們目前的狀態。天秦道學院只是提供修行的其中一種方法，從起心動念是想要告訴有天賦的人來修行比較好，轉換到相信不管是留下或暫時不學習的選擇都是好的選擇。

· 結果E：道路＋樹，是需要一邊調整經營方針一邊穩固基礎。

占卜實戰案例

問題 2：天秦道學院未來的發展？

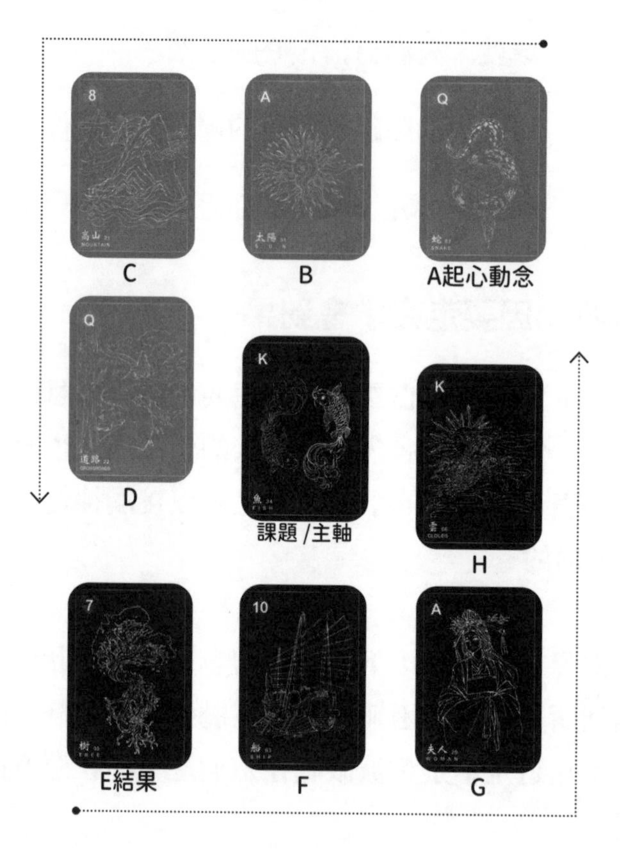

課題主軸：

重點關鍵字整理：	
魚牌	關係進行得很順利、繁榮、財富

代表如魚得水，是順風順水或是建構一個舒適的環境，讓有不同天賦的人都可以在這裡交流且感到自在。

重點關鍵字整理：	
樹牌	扎根、循序漸進的發展
船牌	做好萬全的準備、海外或國際企業
夫人牌	身邊所有的女性、占卜事件相關的女性
雲牌	不明確、被阻礙、停滯、無論如何都會渡過

關鍵字句解析：因要走完才會到果

- E＋F＝樹＋船＝未來的狀態隨著學員越來越多，也會開始扎根、擴大、茁壯，且在扎根後會開始往外走，可能會有出差或海外的計劃到各個地方去為人們服務，或是到不同地方創立分部。

- F＋G＝船＋女人＝往外前行及擴展會有一位女性來嘗試建立分部，像是把這個體系帶到海外去。

- G＋H＝女人＋雲＝目前這個女性雖然有這樣的想法雛形，但要怎麼開始要做些什麼是感到不明確的。

- 起心動念A：雲＋蛇，一開始開展天秦道學院目的是讓接天命的人們有地方可以學習，但後續會因為覺得人們在這邊學比較好的想法讓人產生勒索感，這是需要調整的想法，所以在這樣的狀態下如何定義之後的經營方針需要繼續摸索。

占卜實戰案例

問題 2：天秦道學院未來的發展？

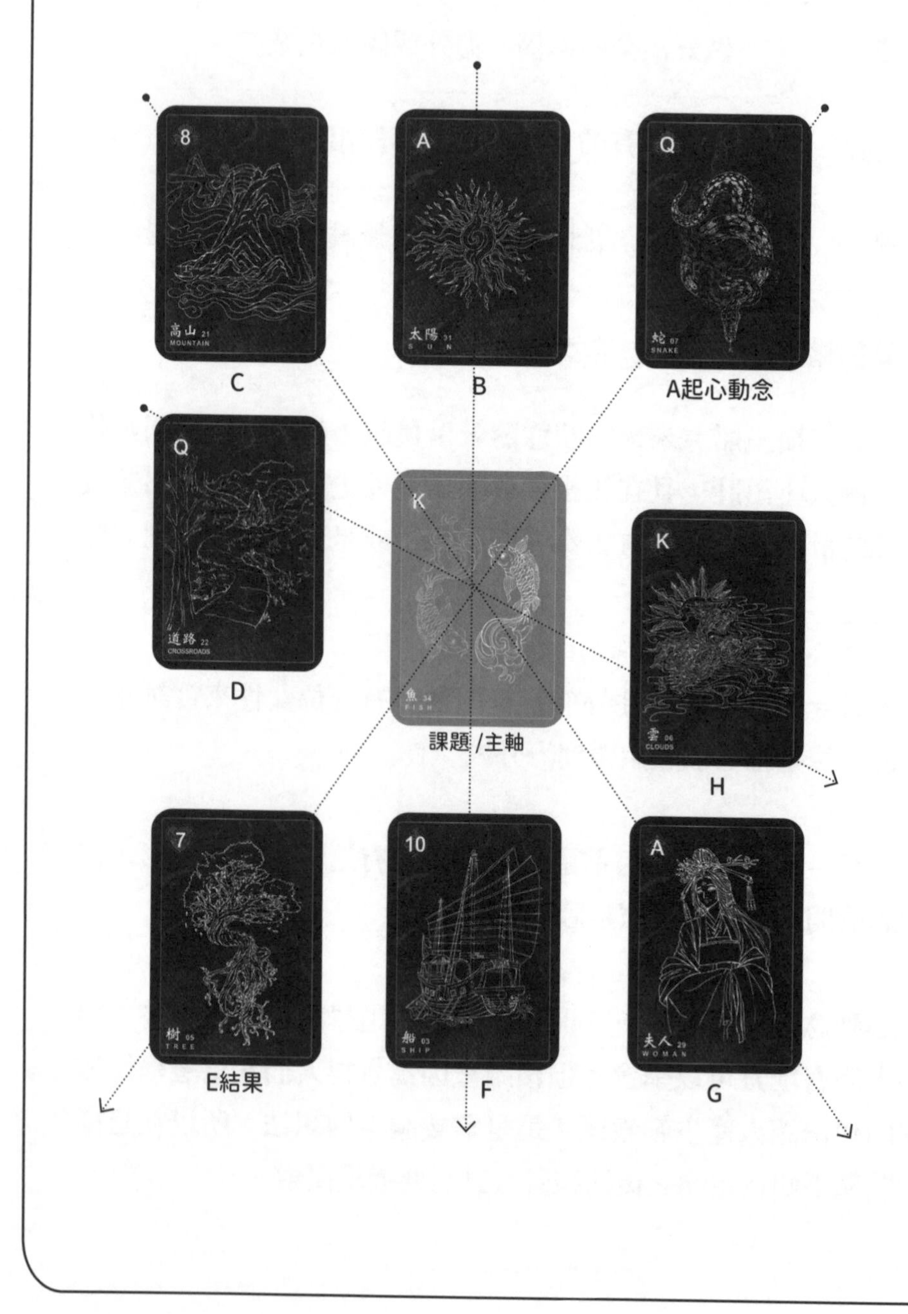

牌陣對角線：

- A：E＝蛇＋樹＝代表組織要繁盛的話表示要讓大家的天賦、學習有一個落腳的地方。怎麼做才適合自己繼續前進下一步。

- B：F＝太陽＋船＝如果天秦道學院還不能相信神的指引，或這些有天賦的人去留的選擇都是最好的話，這個船就會無法繼續前行。

- C：G＝高山＋女人＝上方說的這些障礙無法突破的話，未來就不會有機會遇到這個想要拓展分部的女性貴人。

- D：H＝道路＋雲＝如果沒有領悟到天秦道學院只是修行選擇之一，還是很在意別人為什麼不選擇用這個的方式做天命的話，那接下來的目標跟價值觀會越來越模糊，可能會演變成前面所述的蛇牌變得只有綑綁。

目前走到哪理：

現階段走到 B:F太陽牌的位置，所以要繼續往下一步走的話，需要相信神會引領需要這個地方來學習怎麼運用天賦的人到來，也要相信他們去留的選擇都是最好的選擇。如果無法跨越這個問題的話，那後續的分部計劃以及女性貴人也不會到來。

每一張卡牌連結到的對角牌可以得知兩個訊息，第一個是知道現在事情進展到哪裡；第二個是會遇到的阻礙是什麼，如果無法跨越會造成怎樣的停滯。

高階｜前世今生記憶讀取牌陣

牌陣說明：

透過這個牌陣可以讀取指定前世的劇情發展，並在這個占卜中獲得靈魂成長的領悟。解牌內容透過「前世留下的念」、「成長過程」到「對今生的影響」來解在今生中遇到的謎，但這個牌陣只能讀取前世記憶劇情，無法提供對今生影響的解決方法。解法可以透過其他牌陣來推導行動建議。

題目設定：

1. 先決定「對象」，與「人」、「事」的前世劇情推演
2. 範例句型：
   - 對______和______目前關係影響最深的前世
   - 影響__________今生的_________習慣 /個性最深的前世

牌陣解讀說明：

1. 抽卡後由上至下左至右翻開牌
2. 想像牌會動在你眼前展現劇情流轉
3. 將能量聚集在手掌心，感受能量導出的前世劇情

Tips：

1. 使用任何牌陣占卜之前，都需要將問題釐清並鎖定問題核心，可再回到「過去現在未來牌陣」解說中參考「解牌技巧」。

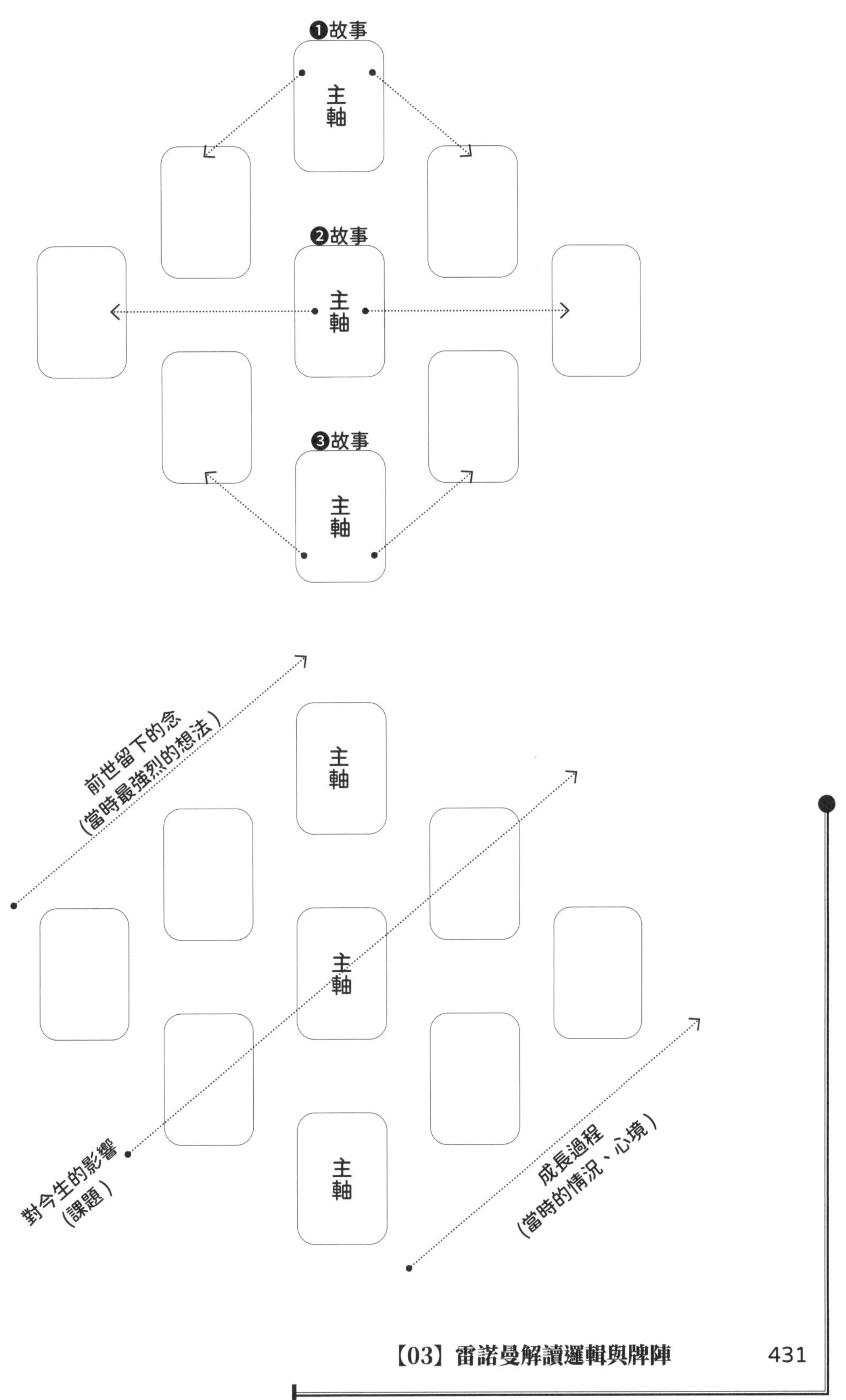
❶故事
主軸
❷故事
主軸
❸故事
主軸
前世留下的念
（當時最強烈的想法）
主軸
主軸
對今生的影響
（課題）
主軸
成長過程
（當時的情況、心境）

占卜實戰案例

問題 1：今生與很愛母親但同時又常常跟她爭執不斷，想知道跟這個狀況最有關係的前世前世記憶？

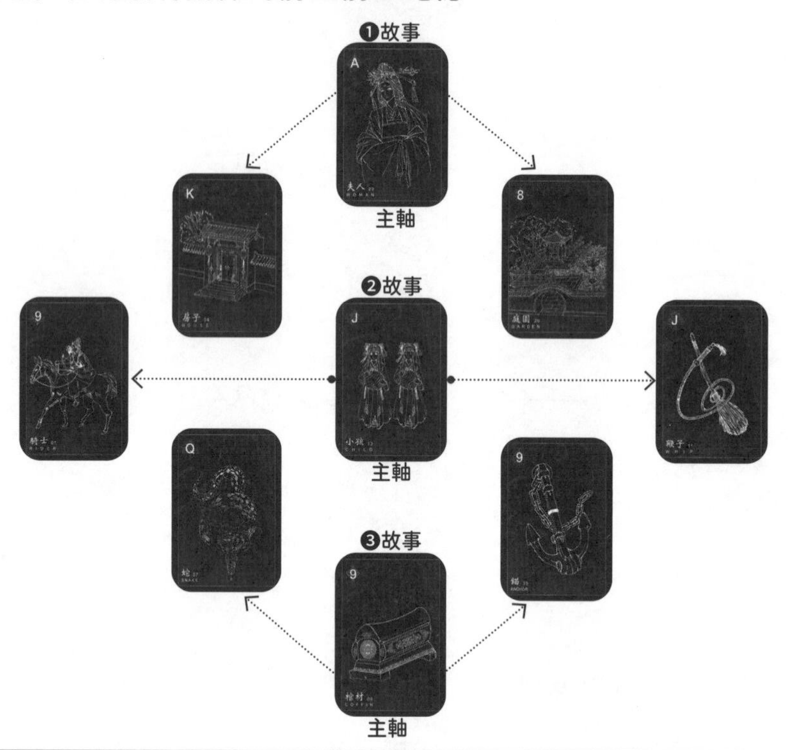

重點關鍵字整理：	
女人牌	故事中女性角色，皇后、婢女、公爵夫人
房子牌	宮廷、城堡、古屋、王宮貴族
庭園牌	皇家庭園、噴水池、市集、大的慶典
小孩牌	孩子、小公主、陪嫁丫鬟、孤兒、兒時
騎士牌	移動、前行、收到徵召
鞭子牌	被虐待、鞭子武器、聽命於人
棺材牌	送別、投胎轉世
蛇牌	監禁、被背叛、被害死
錨牌	定案、下沈

前世故事解析：

- 女人＋房子＝房子的女主人；皇后
- 女人＋庭園＝在很多人的場合；後宮之首

故事 1：故事背景在中國古代的紫禁城內的某一個宮殿中，你當時可能處在一個開放式的地方像是宮中的花園，這裡出現一位女性應該是你的媽媽，她在這個地方掌有權利，應該是皇后的角色。

- 小孩＋騎士＝被帶走的小朋友
- 小孩＋鞭子＝變鞭策或綑綁

故事 2：當時的皇后可能是自己無法生孩子，為了要鞏固自己的地位所以需要一個繼子。當時的你是眾多嬪妃中剛生小孩的，所以皇后就派人搶走你的孩子。當時的你只能看著這一切發生，無法反抗。

- 棺材＋蛇＝被勒索到了盡頭
- 棺材＋錨＝跟水有關的死亡

故事 3：最後找不到人可以幫你伸張正義，且在被搶走小孩之後你處處受到皇后陷害，連皇帝都無能為力，所以最後在宮女跟太監的面前跳井了。

占卜實戰案例

問題 1：今生很愛母親但同時又常常跟她爭執不斷，想知道跟這個狀況最有關係的前世記憶？

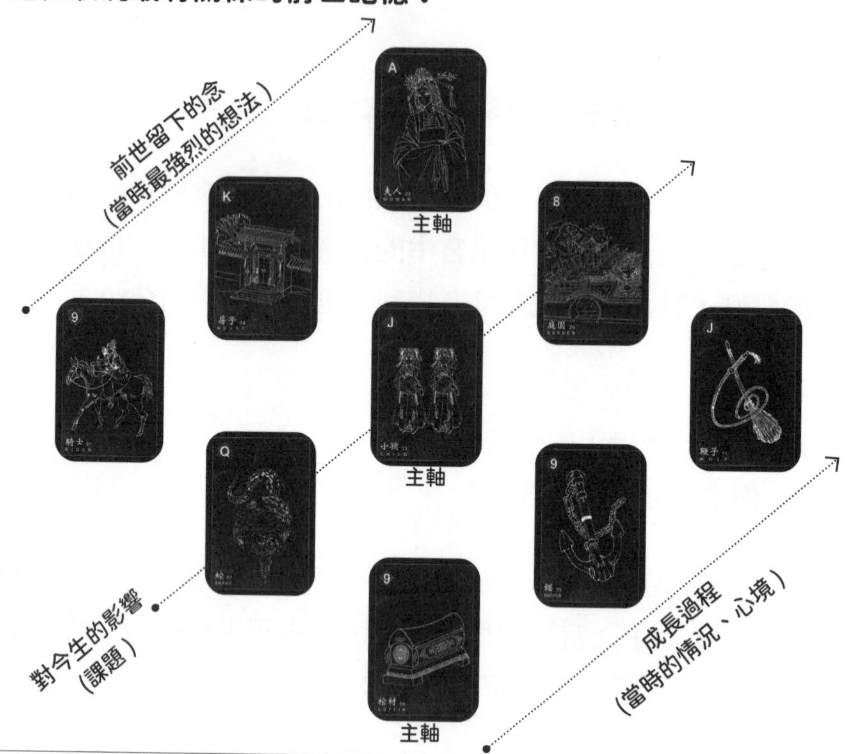

重點關鍵字整理：	
女人牌	故事中女性角色，皇后、婢女、公爵夫人
房子牌	宮廷、城堡、古屋、王宮貴族
庭園牌	皇家庭園、噴水池、市集、大的慶典
小孩牌	孩子、小公主、陪嫁丫鬟、孤兒、兒時
騎士牌	移動、前行、收到徵召
鞭子牌	被虐待、鞭子武器、聽命於人
棺材牌	送別、投胎轉世
蛇牌	監禁、被背叛、被害死
錨牌	定案、下沈

前世留下的念：當時最強烈的想法

騎士＋房子＋女人＝離開這個大房子的女人

當時自己被皇后領導的整個後宮陷害，覺得受夠了對這個世界失去最後的信任，覺得沒有必要再繼續在這裡活下去了。

對今生的影響：課題

蛇＋小孩＋花園＝失去小孩（重要的人事物）沒辦法為自己爭取

因為你前世被皇后搶走小孩，所以今生對於母親做的很多事情無法理解，總覺得做什麼都會被母親給針對或打壓，無法擁有自己的人生。

成長過程：當時的情況跟心境

棺材＋錨＋鞭子＝做什麼決定都不對，會被反駁

覺得自己做什麼都不對，不敢做決定，只能乖乖聽話做事情。今生可能會對自己沒有自信，而且會對於媽媽的話言聽計從，不敢違背，但是其實有很多想法想表達。

占卜實戰案例

問題 2：從小就對神秘學很感興趣，想知道影響我的這個喜好最深的前世？

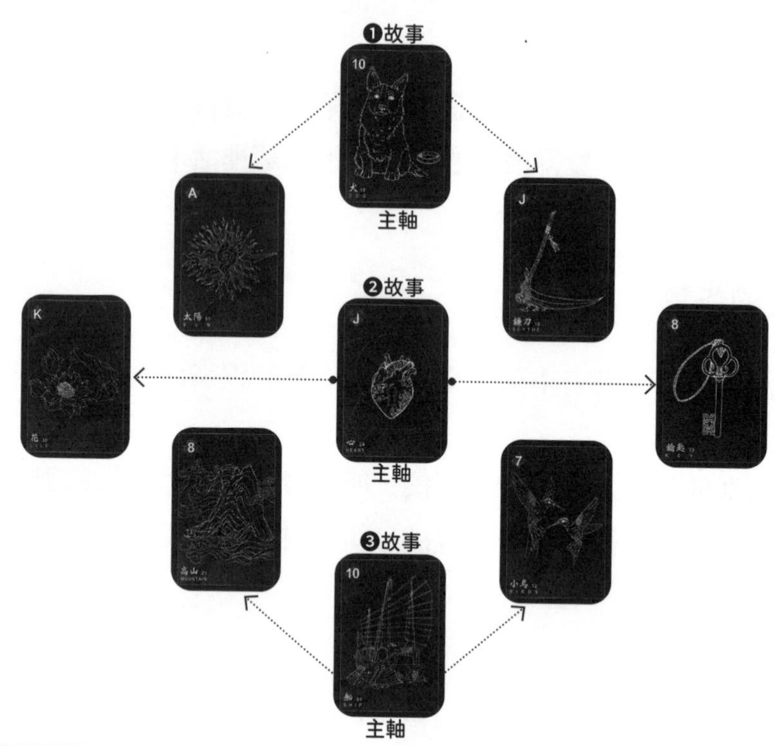

重點關鍵字整理：	
犬牌	護衛、僕人、忠誠
太陽牌	神明、神性、與宗教相關
鐮刀牌	劊子手、獵巫行動、受到壓榨
心牌	自我詛咒、防備心、情感、付出真心
花牌	長期來往、穩定、有安全感
鑰匙牌	開啟新的篇章、新的轉換
船牌	逃亡、遷徙、橫跨、傳教
高山牌	高山上、隱姓埋名、採藥人、獵人
小鳥牌	自由自在、鴛鴦命、雙宿雙飛

前世故事解析：

- 犬＋太陽＝前世當過神明的侍者，例如：廟公、祭司、修女
- 犬＋鐮刀＝忠誠得執行自己的職責，可能有執行過劊子手類型的任務

故事 1：當時的身份可能是女祭司或從小生在寺廟、教堂這類的地方長大。主要職務是幫神傳遞訊息，同時也要執行一些跟生死有關的事情，如果在埃及就會是要執行臟器保存的工作，或是要協助執行一種制裁的任務，例如上頭有命令要除掉危害你們宗教的人時，會叫你去執行。

- 心＋花＝出現可以長期交付情感的人。
- 心＋鑰匙＝到了一定的年齡，可以透過結婚的方式離開這個宗教場所。

故事 2：在那個時代擔任祭司這個工作到了一定的年齡，可以透過結婚的方式離開宗教場所，所以當時有一個人來娶你。

- 船＋高山＝兩人離開原本的組織後，到了很遠的國度去。
- 高山＋小鳥＝跨越重重艱險地形到了一個沒人認識的地方去。

故事3：這個心儀的人帶你離開原本的組織後，到了很遠的國度去，過上了隱居在山上的日子。畫面上在山上有個小木屋煙囪冒著煙，男人會去打獵，而你會去採集野菜拿到城鎮去交換其他東西，像這樣的生活。

占卜實戰案例

問題 2：從小就對神秘學很感興趣，想知道影響我的這個喜好最深的前世？

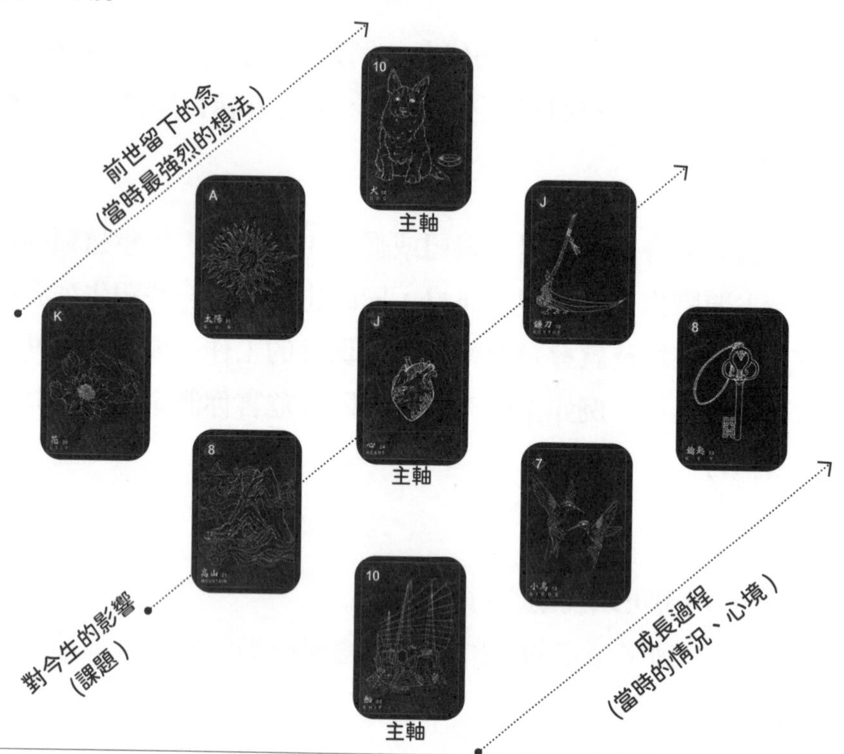

重點關鍵字整理：	
犬牌	護衛、僕人、忠誠
太陽牌	神明、神性、與宗教相關
鐮刀牌	劊子手、獵巫行動、受到壓榨
心牌	自我詛咒、防備心、情感、付出真心
花牌	長期來往、穩定、有安全感
鑰匙牌	開啟新的篇章、新的轉換
船牌	逃亡、遷徙、橫跨、傳教
高山牌	高山上、隱姓埋名、採藥人、獵人
小鳥牌	自由自在、鴛鴦命、雙宿雙飛

前世留下的念：當時最強烈的想法

花＋太陽＋犬＝沒有把一生奉獻給神內心覺得愧疚。

因為從小在廟宇或教會長大，所以對於上天或神明是內心覺得可以相信的，因為內心的信仰所以看著太陽的時候會有很多安全感，會覺得一直被神照耀及眷顧的感覺。但在這一世你會覺得沒有把一生奉獻給神內心覺得愧疚。

對今生的影響：課題

高山＋心＋鐮刀＝因為有了相守的人而切斷過去的身份。

感情會不順且有深層的關係恐懼，因為在當祭司的時候看過太多生離死別覺得太痛苦了，導致今生交出真心會有很大的障礙。再加上前世留下的「沒有把一生奉獻給神的愧疚」，也因為想要繼續侍奉神明，而會一直往神秘學的路上探索，想再好好當神訊的傳遞者。

成長過程：當時的情況跟心境

船＋鳥＋鑰匙＝時常會從一個地方，跨境到另一個地方

雖然當時在那個宗教場所有被利用去當劊子手，可能當時你有跟神說你不想再繼續做這件事，所以神安排了一個人帶你離開，所以你是感謝神回應了你的。

占卜實戰案例

問題 3：爲什麼放不下前任的執著？

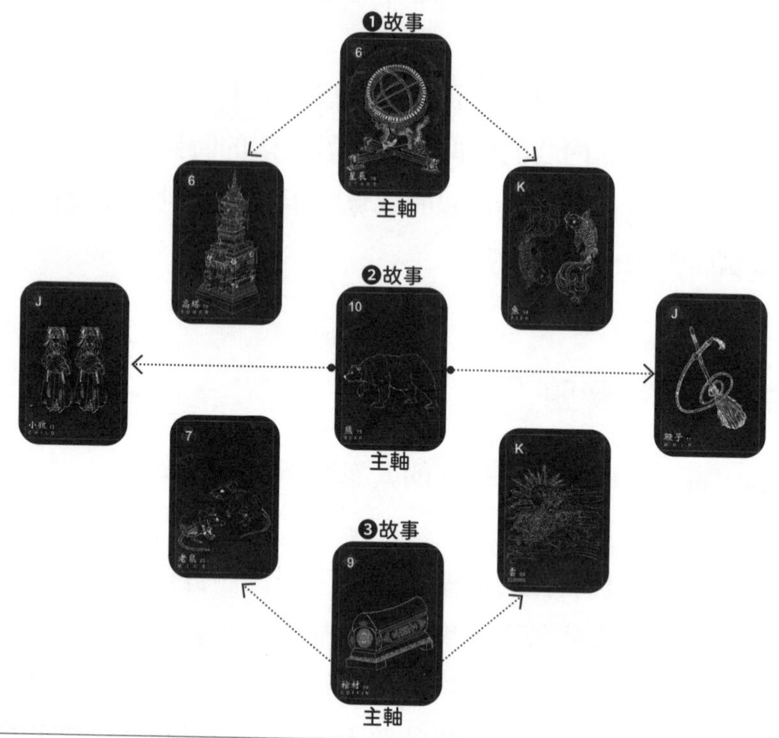

重點關鍵字整理：	
星辰牌	外星人、泡沫、命運捉弄
高塔牌	監禁、封印、塔、亞特蘭提斯
魚牌	海底、人魚、魚型生物
熊牌	兵團、國王、長老
小孩牌	小孩、孤兒、任性幼稚
鞭子牌	勞動、鞭策、鞭子武器
棺材牌	轉世投胎、死亡
老鼠牌	中毒、瘟疫
雲牌	重大變故、天譴、災難

前世故事解析：

- 星星＋魚＝海底的世界、泡沫、光芒。
- 星星＋高塔＝充滿光芒的城邦。

故事 1：這裡是一個海底世界，但這個世界比較特別的是水裡有很多泡泡，這些泡泡是可以進入的，感覺上像是一個海底城邦且建築是銀色的，地形是圓形環狀的會有點像常常聽到的亞特蘭提斯，而你在這個前世裡面是魚人的形象。

- 熊＋鞭子＝負責教育訓練或者是守護護衛。
- 熊＋小孩＝負責照顧年輕一輩，小朋友是前任。

故事 2：而你是負責在這個世界是擔任訓練小孩或訓練後輩的角色，這些訓練偏向守衛、保衛家園這種的職業訓練。而你的前男友就是你訓練的後輩之一，因為出現小孩牌所以表示他應該是比較貪玩的或是比較沒有規矩不受約束，可能是個孤兒所以你會特別照顧他。

- 棺材＋雲＝跟死亡有關的雲霧或毒氣。
- 棺材＋老鼠＝中毒身亡、或者被毒死。

故事 3：海底會有一些較危險的區域，而這個後輩因為比較隨心所欲，所以常常會跑到一些禁區去，這次看起來他跑到有毒霧的區域，你發現時已經來不及了，他被毒物侵襲最後回天乏術。

占卜實戰案例

問題 3：為什麼放不下前任的執著？

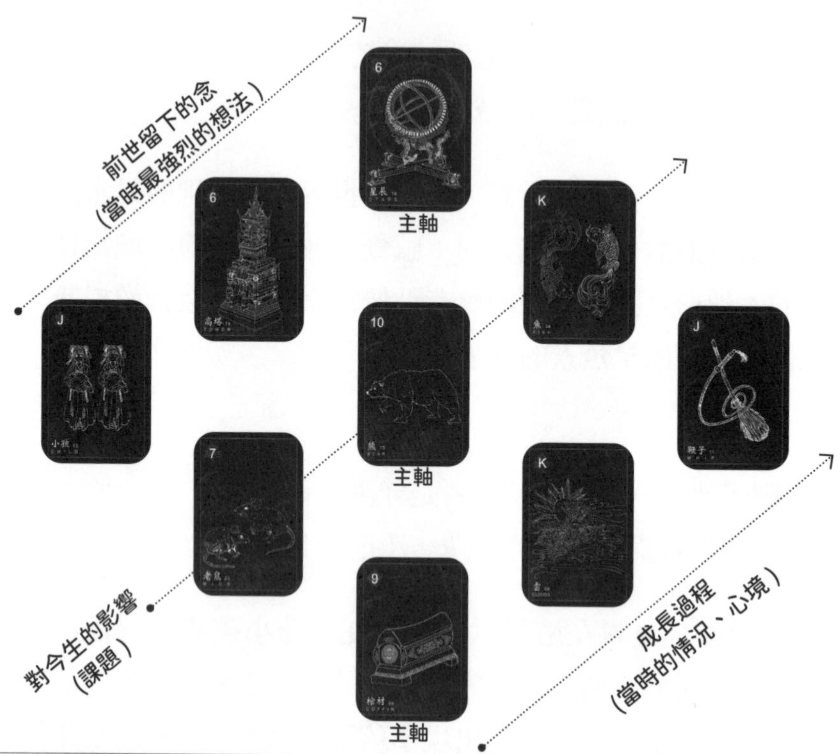

重點關鍵字整理：	
星辰牌	外星人、泡沫、命運捉弄
高塔牌	監禁、封印、塔、亞特蘭提斯
魚牌	海底、人魚、魚型生物
熊牌	兵團、國王、長老
小孩牌	小孩、孤兒、任性幼稚
鞭子牌	勞動、鞭策、鞭子武器
棺材牌	轉世投胎、死亡
老鼠牌	中毒、瘟疫
雲牌	重大變故、天譴、災難

前世留下的念：當時最強烈的想法

小孩＋高塔＋星星＝年輕後輩不小心陷進這個環境。

你會覺得自己應該多照顧這個後輩，沒有保護好自他感到非常很愧疚。

對今生的影響：課題

老鼠＋熊＋魚＝權威的人對於整個環境的瑕疵的遺憾

對於前任你會總覺得他很多事情沒辦法做好，很想幫他忙或者教育他以及讓他學會怎麼跟他人相處。今生你會很想教育那些對危險沒有警覺心的人們，但如果你沒有成為老師或是擁有教育別人的職稱會常常感到挫折，因為別人沒有要聽。

成長過程：當時的情況跟心境

棺材＋雲＋鞭子＝對於自己的自信不足，無法自律

因為曾經連你關心的人都無法救，以及教育別人時別人沒有要聽，偶爾會有想法是乾脆什麼都不要做了，反正幫助不了任何人的離開。

高階 流年樹牌陣

牌陣說明：

使用雷諾曼牌 36張全部展開，透過每一季度九張牌的方式來推演季或年的整體運勢，使用此牌陣可以精準推演每一季會遭遇的事件劇情演變。

牌陣解讀說明：

季度推演要用更廣的視角去解讀事件，可以搭配每張牌的「流年樹解析」來做劇情推演。

第一季

上旬	A	B 主軸一	C
中旬	D	E 主軸二	F
下旬	G	H 主軸三	I

第二季

上旬	A	B 主軸一	C
中旬	D	E 主軸二	F
下旬	G	H 主軸三	I

第三季

上旬	A	B 主軸一	C
中旬	D	E 主軸二	F
下旬	G	H 主軸三	I

第四季

上旬	A	B 主軸一	C
中旬	D	E 主軸二	F
下旬	G	H 主軸三	I

解牌步驟：

1. 季主題：先使用「十字牌陣 -事件鎖鏈」來解說整季主題，會以主軸二搭配 D、B、F、H來底定當季主題。

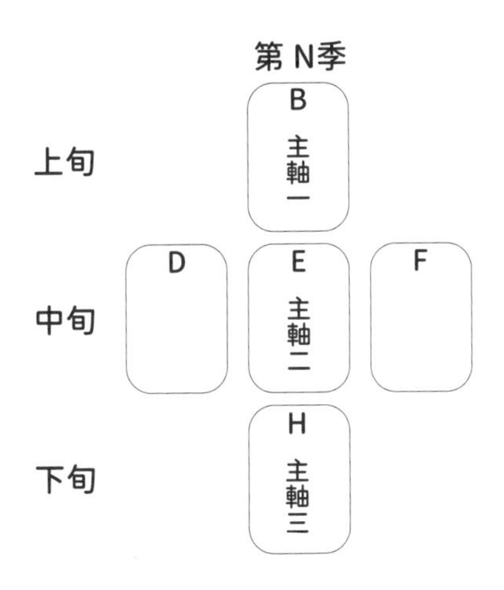

2. 季上旬＝月份（橫列）月上旬、中旬、下旬
3. 季中旬＝月份（橫列）月上旬、中旬、下旬
4. 季下旬＝月份（橫列）月上旬、中旬、下旬

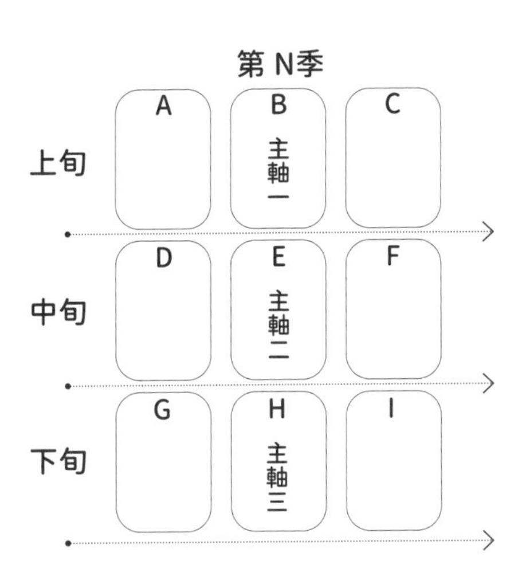

占卜實戰案例

問題 1：2022年整體運勢

＊（範例爲第一季、第二季，其他可依此類推）

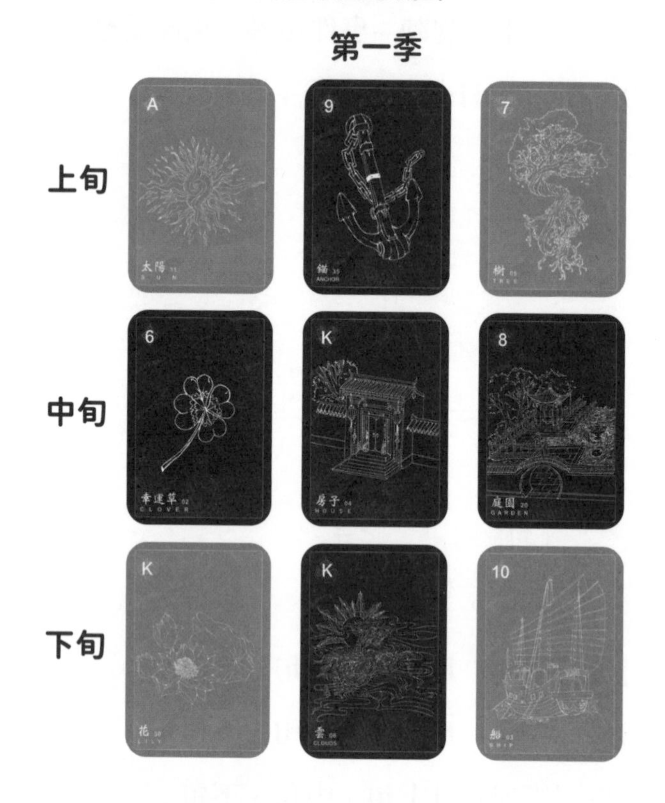

季主題（十字牌陣 -事件鎖鍊）：

- 房子＋幸運草：家中有好事、舉辦小宴會或有禮物。
- 房子＋錨：對於守護家的承諾、確定要安身立命的地方。
- 房子＋庭園：人口很多的家族。
- 房子＋雲：架構或房子的狀況不明朗、家裡正在低氣壓。
- 總結：主題都在建構跟架構家庭關係。建構家庭要蓋起地基，這些都是為了未來自己成家會做的打算，裡面更多是事業上的打底。

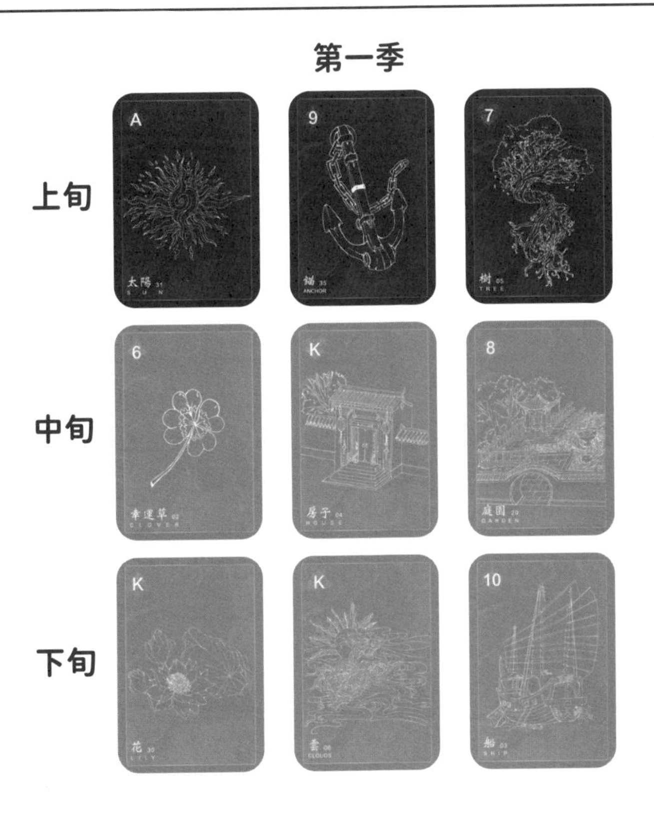

上旬（1月）：

會有新的想法跟創意定錨以及一個重大決定，可能是投資、產品開發相關的項目且會傾盡全力去做。自己很確定這件事情是可以做且有市場，不過因為這是新的嘗試需要投入資源所以決定上的評估會覺得沉重。但無論如何在 1月份會做這個決定。

要注意小毛病會釀成大禍，要注意疹子跟痘痘還有內分泌系統要看醫生做調理。整體行運上有很多點子進來，一開始無法很明確定義新事業的整體架構，需要時可以透過市調、占卜或詢問神明確認方向。

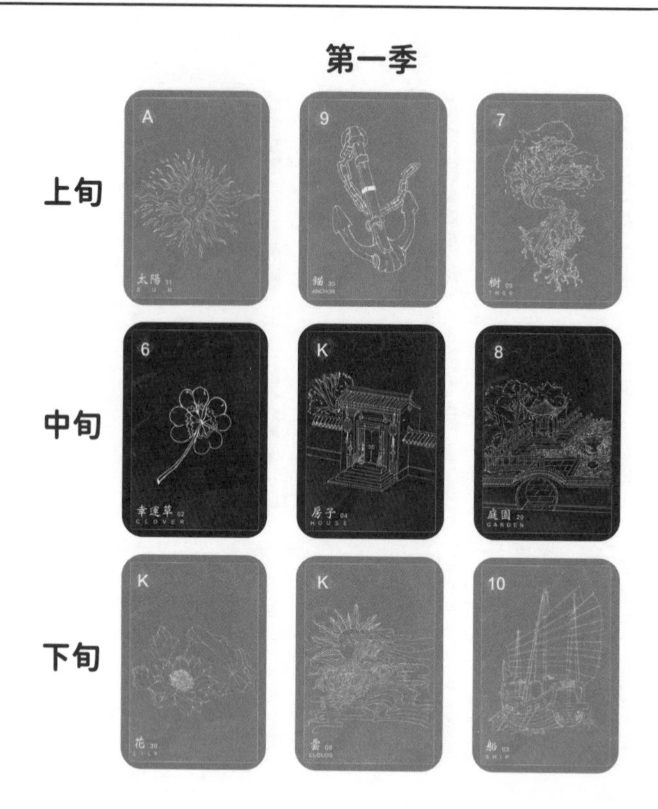

中旬（2月）：

對這個投資會有滿心期待，會覺得無論如何都已經投資了就繼續做下去，2022在建構上會駕輕就熟，在烈陽下蓋房子會有急迫感是自己給自己的。中途項目很多會覺得什麼都很急什麼都做不完。建構要符合市場標準、配合廠商、銷售管道開。

2月份市場決定方向上會有束縛感，可能自己認為只能是某種固定形式的發行方式，可以想想更年輕人的思維、購買方式、管道、平台。執行時會覺得會不會下錯目標、無法及時有效果會覺得有點壓力，工作室在這邊有個團隊的雛形。

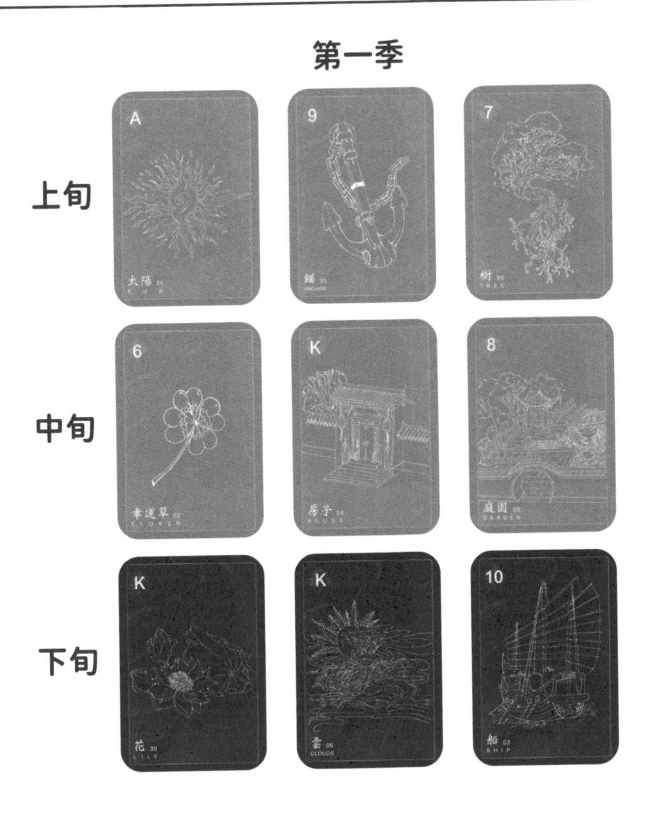

下旬（3月）：

會有點操之過急，長期關係或是工作團隊的維護跟維持，那時候想的是說怎麼保障助手的收益、工作內容、怎樣才能有效率。3月份會有點困擾自己想太遠了，當時的助手會有兩肋插刀的想法，但自己不想欠人家人情，這些人是因為你而來做的，但你是想找到有共同夢想的人。如果有人要走代表就是要稍緩腳步了，大環境一定有某些狀態在變化。

觀念上面還是偏守舊，會覺得前行方向有點難定義，可能要換一點年輕人覺得有興趣的東西。

占卜實戰案例

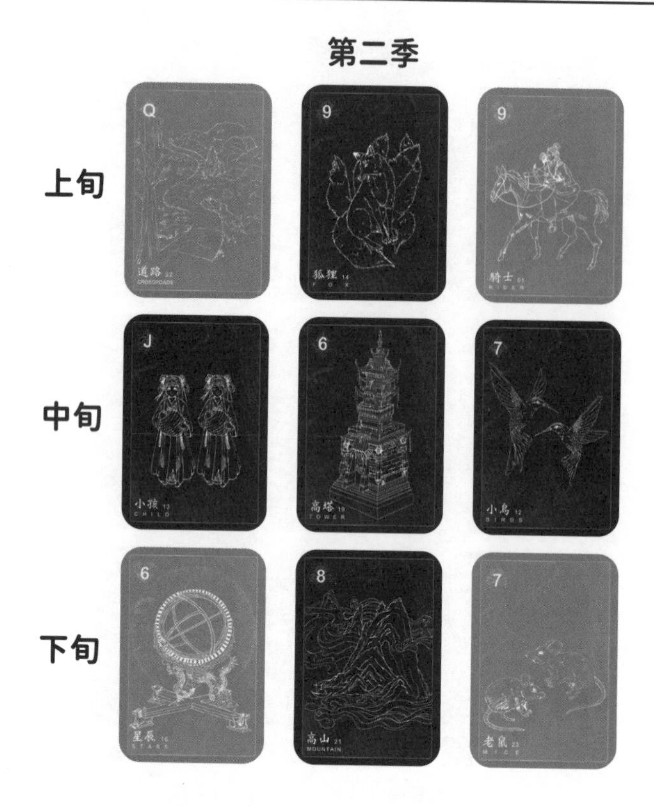

季主題（十字牌陣 -事件鎖鍊）：

- 高塔＋小孩：新創公司、剛起步的事業
- 高塔＋狐狸：承擔壓力太大會想要逃避
- 高塔＋小鳥：有機會與大型機構政府機關有溝通來往
- 高塔＋山：跟大型機構申請某些事項的流程繁雜
- 總結：建構標準跟組織的壓力來到，同時會跑一些政府機關的文件，在這段時間想法跟方向有很多，但也會覺得承擔太多項目了怕自己無法做到會想要逃跑。

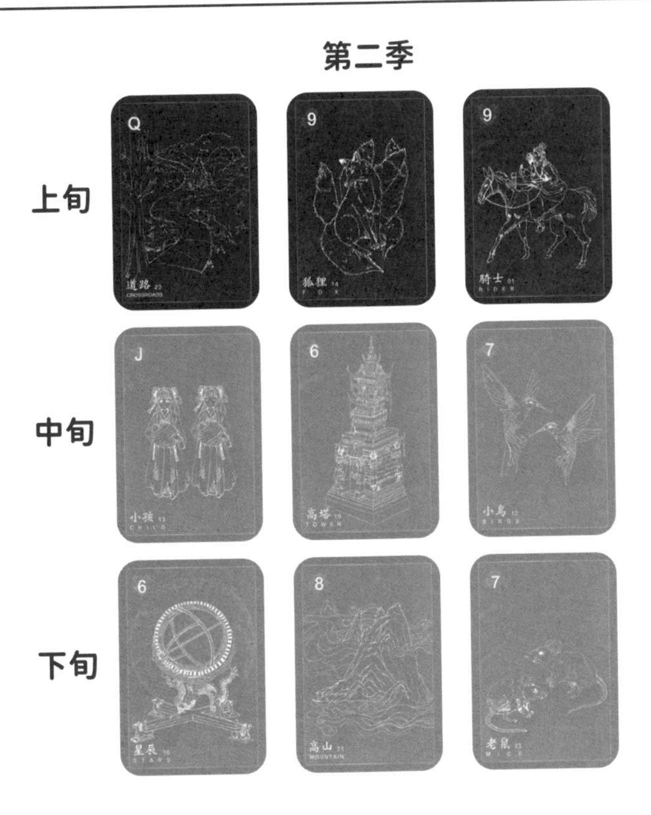

上旬（4月）：

很多機會以及抉擇到來，且都是有遠瞻性的項目，需要做很多資料、洽談、諮詢、找顧問的事情，為了放眼國際或是某個市場做準備。不斷溝通跟演練會覺得壓力大，這時候不是展現自己真實個性的時候，當面對合作對象或公眾時需要一些偽裝與面具面對公眾。

占卜實戰案例

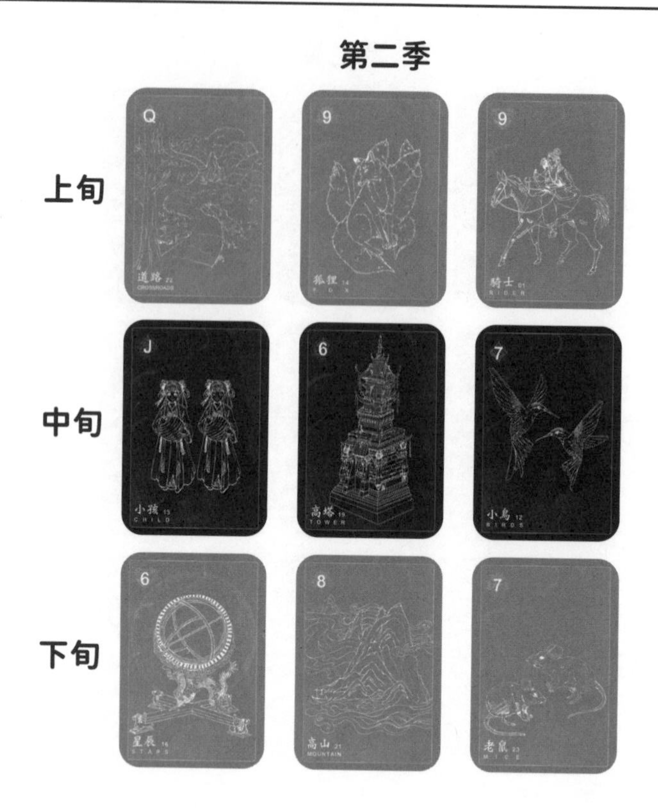

中旬（5月）：

經歷前幾個個月之後會有一些抉擇出現及執行後，這個月感覺到壓力太大，過早扛下過大抉擇，靈魂會覺得需要再成長一小段再繼續會比較適合，所以這中途會需要休息出去走走散散心。

可能會有來自指導靈的聲音說會不會太早背負太多別人的期待，對於合作對象無法真心表達，大多數的人只是想要工作而不是共同成就這個藍圖。你會進入審視自己的階段，思考或許可以因應每個人的想法派發工作，想工作的就指導方法，團隊裡可以有工匠也可以有夢想家。

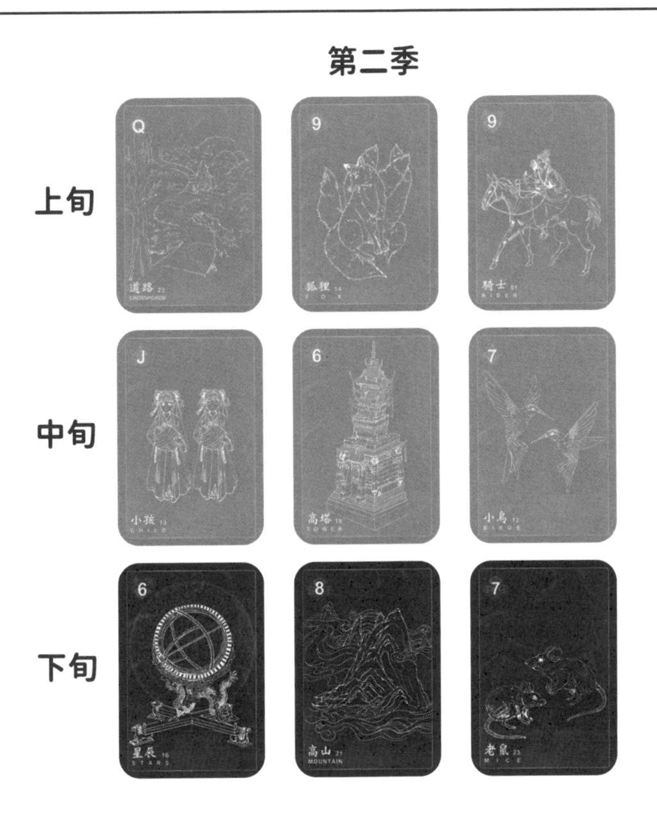

下旬（6月）：

規劃出體制及工作 SOP來管理團隊。這個月會有戀情，會有信任的人或願意支持的人一起走下去。之前選擇做這個新的嘗試只是做探索，但後續想說要不要將這個事業擴大。

建構好之後又有新的遠大目標，會把攤子一下攤太大規劃到太遠。因為底定目標所以會瘋狂開始找瑕疵，任何會阻礙藍圖的東西就會找出來除掉。

這個新事業有機會成為大公司，開始想培養可以當主管的人，會主要做整合、抓漏、小細節、培訓。

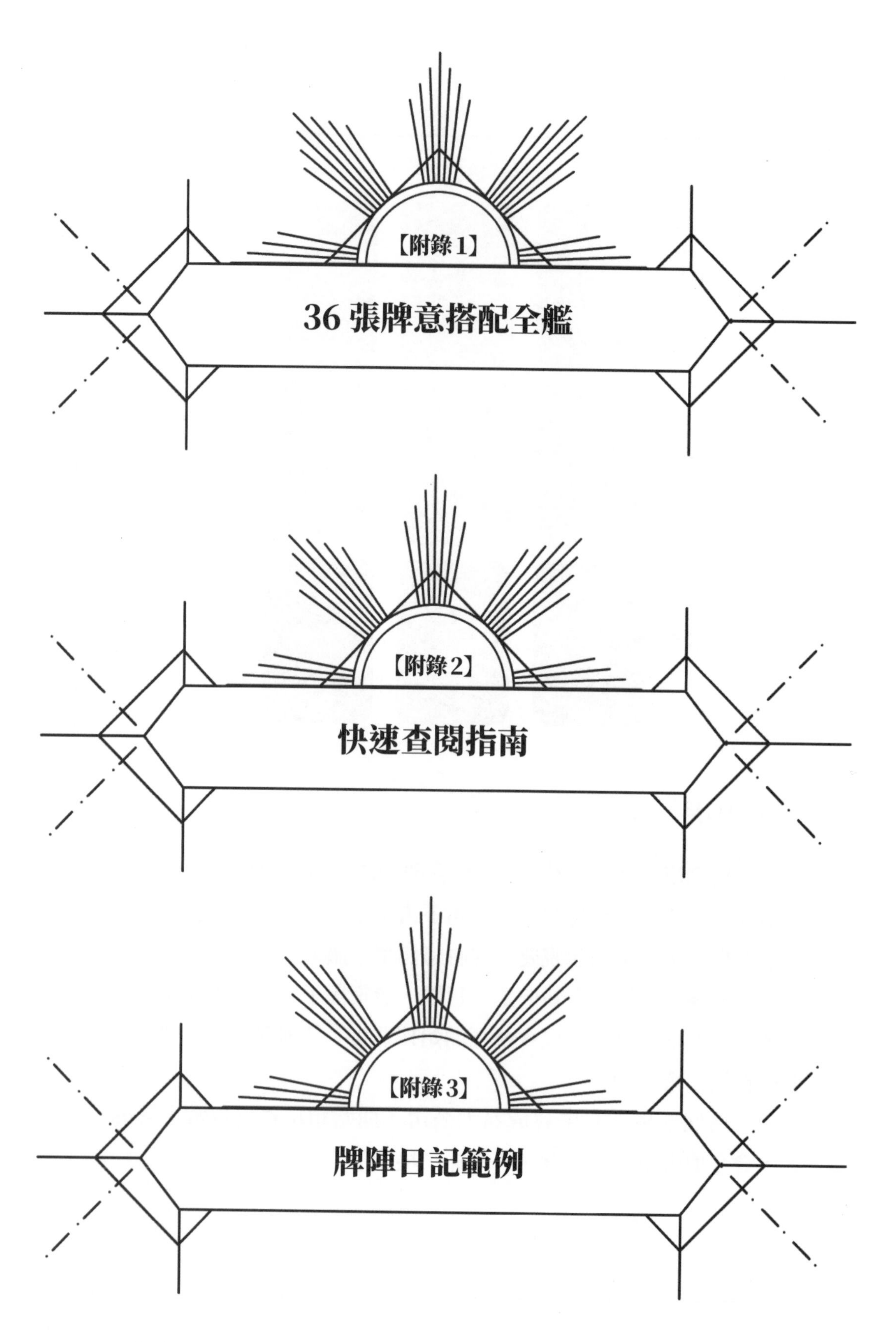
【附錄1】
36張牌意搭配全艦
【附錄2】
快速查閱指南
【附錄3】
牌陣日記範例

01.騎士牌

騎士＋四葉草	帶來好消息；送來一份禮物
騎士＋船	前往出差或旅行；計畫的消息
騎士＋房屋	有朋自遠方來；房仲業務或房屋訊息
騎士＋樹	收到跟健康有關的訊息；去了解健康
騎士＋雲	停滯或模糊的消息；前方有阻礙
騎士＋蛇	有勒索和隱藏意圖的訊息
騎士＋棺材	帶來結束或負面的消息，先停住
騎士＋花束	收到邀請的訊息，好的邀約
騎士＋鐮刀	緊急意外的消息，有人受傷了
騎士＋鞭子	帶來規矩跟要求的訊息；爭吵
騎士＋小鳥	很多消息、電話響不停、八卦、簡訊
騎士＋小孩	起步的消息、孩童的到來、新開始的訊息
騎士＋狐狸	欺騙的訊息、有工作或報酬的訊息
騎士＋熊	位高權重的人帶來的訊息、拓展的消息
騎士＋星辰	帶來希望或藍圖的消息、明星到來
騎士＋送子鳥	更新跟升級的消息、遷移的訊息
騎士＋狗	有人要來加入守護、老朋友的消息
騎士＋高塔	政府、大機構的訊息、獨善其身的人
騎士＋庭園	前往社交場合、交際團體的消息
騎士＋高山	前方有阻礙、有障礙及難關的消息
騎士＋道路	再往前會有抉擇、選擇的訊息、很多選擇
騎士＋老鼠	前行的方向有瑕疵、煩惱或瑕疵的訊息
騎士＋心	真心的交流、先將真心表現出來、情感訊息
騎士＋戒指	去簽約或去做一樣的事、合同的消息
騎士＋書本	前往學習跟研究、秘密或機密訊息、新發現
騎士＋信件	各種收到信件、送來的文件、包裹
騎士＋男人	男人的訊息、出現了男人、體力好的男人
騎士＋女人	女人的訊息、出現了女人、體力好的女人
騎士＋百合花	長期合作的訊息、要去花時間培育
騎士＋太陽	光明或成功的消息、一切明朗的消息
騎士＋月亮	感性或創意的消息、要去了解感受
騎士＋鑰匙	關鍵且重要的消息，前往獲得重要消息
騎士＋魚	錢財和生意的消息、生意人的到來
騎士＋錨	重要決定的消息、接下來要做重要的決定
騎士＋十字架	沈重感傷的消息到來，即將迎接沈重的挑戰

02.幸運草牌

幸運草＋騎士	不錯的消息、帶著小成果出發
幸運草＋船	幸運的計畫跟旅行、帶著小成果前行
幸運草＋房屋	家裡有很多好事、帶著禮物回家
幸運草＋樹	健康逐漸好轉起來、有了養生的好方法
幸運草＋雲	幸運被擋住了、運勢被阻礙、逃避處理
幸運草＋蛇	投機取巧、暗地裡獲得好處、好處被奪走
幸運草＋棺材	好運結束了、樂極生悲、壞事的小徵兆
幸運草＋花束	意外獲得的好事、獲得好的青睞
幸運草＋鐮刀	短暫的好運、快速的成果、掌握機會、注意危險
幸運草＋鞭子	努力獲得的小成果、樂意地去執行
幸運草＋小鳥	開心的談話、愉快的話題、聊天中獲得收穫
幸運草＋小孩	開心的孩子、簡單的快樂、小孩的愉快
幸運草＋狐狸	賭徒、工作的機會、成果被分走
幸運草＋熊	不錯的發展機會、獲得上頭的賞識
幸運草＋星辰	很多好運、不錯的遠景、正面的結合、成功
幸運草＋送子鳥	不錯的轉變、轉變的成果、進化進步
幸運草＋狗	朋友的禮物、支持的成果、合作的成果
幸運草＋高塔	賭場、發放禮品的地方、補助的單位
幸運草＋庭園	有收穫的聚會、開心的社交場合
幸運草＋高山	好運受到了阻礙、跨越途中的小成果
幸運草＋道路	很多不錯的決定、幸運的決定、突破抉擇
幸運草＋老鼠	好運被耗盡、成果被消耗殆盡
幸運草＋心	開心、心情有了不錯的轉變、感情有小確幸
幸運草＋戒指	很不錯的合約、很幸運地達成共識
幸運草＋書本	學習中小有成績、期望放在學習上
幸運草＋信件	好消息、中獎的發票或彩券、中獎訊息
幸運草＋男人	好運的男人、男人的禮物
幸運草＋女人	好運的女人、女人的禮物
幸運草＋百合花	長期發展獲得小成就、小成果慢慢成長了
幸運草＋太陽	偌大的幸運、很多的好運氣
幸運草＋月亮	浪漫、感恩戴德、內心的小確幸
幸運草＋鑰匙	成功、獲得成功的關鍵、幸運的契機
幸運草＋魚	事業發展的成長、財運提升、業績增加
幸運草＋錨	一個好的開始、好的決定、工作上的好運
幸運草＋十字架	祝福、感恩、欣然接受課題

03.船牌

船＋騎士	跨國或遠方的訊息、旅途的出發
船＋幸運草	充滿好運的旅行、前往去期待的地方
船＋房屋	回家的旅程、移民、大搬家
船＋樹	旅程中的健康狀況、花時間的旅途
船＋雲	不確定旅途的方向、計劃有障礙
船＋蛇	船上有危險物品、有問題的旅程
船＋棺材	旅程結束了、被取消的行程
船＋花束	受邀參加的旅程；開心的旅程
船＋鐮刀	突如其來的旅程、旅程的意外
船＋鞭子	比較多繁文縟節的行程、激情澎湃的旅程
船＋小鳥	沿途問路、旅遊經驗討論
船＋小孩	新開始的旅程、一個計畫的新開展
船＋狐狸	生意有關或者旅遊觀光、行程有被灌水
船＋熊	海外的投資或可以拓展機會、拓荒開展
船＋星辰	有一個藍圖或夢想的旅程、有很多計劃的旅程
船＋送子鳥	搬遷到新家、全新航線的旅途、更新計劃啟動
船＋狗	一起旅行的朋友、去探望國外的朋友
船＋高塔	政府機構相關的行程、獨身一人的旅遊
船＋庭園	熱門景點或國家的旅遊、國際旅程、交流會
船＋高山	旅程被迫暫停或阻礙、高聳景觀的旅行
船＋道路	旅行的抉擇、交通工具的轉換、同時出現的計劃
船＋老鼠	交通工具有瑕疵或損壞、很多小麻煩的行程
船＋心	蜜月旅行、夫妻旅行、浪漫或者開心的行程
船＋戒指	有合同合約保証的旅行、出差簽約
船＋書本	學習教育之旅、私下秘密旅遊、護照
船＋信件	海外的信件或訊息、各類交通票券
船＋男人	男性旅客、海外的遊客、在交通工具上的男人
船＋女人	女性旅客、海外的遊客、在交通工具上的女人
船＋百合花	海外的老人家、長青旅行、冬季旅遊、養生保健的行程
船＋太陽	暑假、南亞或者陽光較強的國家、成功圓滿的一個行程
船＋月亮	夜間的旅行、夜釣、浪漫跟充滿情調的行程
船＋鑰匙	關鍵性的重要行程、關鍵性的企劃
船＋魚	釣魚、事業夥伴共同前行、滿載而歸的計畫
船＋錨	抵達目的地、確定方向、決定好要停留
船＋十字架	生命中的重要旅程、朝聖者之路

04.房子牌

房子＋騎士	跟房子或家裡有關的消息、家中的訪客、消息來家裡
房子＋幸運草	家中有好事、舉辦小宴會或有禮物
房子＋船	住所需要搬遷、返家或離家的途中
房子＋樹	家裡種的樹木、家族的業力、家人的健康、需要修整
房子＋雲	架構或房子的狀況不明朗、家裡正在低氣壓
房子＋蛇	架構有疑慮或者陷阱、家中女性的勒索、家庭關係狀況
房子＋棺材	空屋、法拍屋、凶宅、家族中有人辭世
房子＋花束	開心的聚會、家中宴客、喬遷之喜
房子＋鐮刀	賣房子、決定離家、房子需要重新整理
房子＋鞭子	架構中的規矩規則、家庭暴力或爭執
房子＋小鳥	討論房子狀態、溝通、婚姻諮詢、家中的八卦、很多人的意見
房子＋小孩	新家、新成員、架構中的新夥伴、幼兒園
房子＋狐狸	小心仲介的灌水、家裡遭小偷、架構上班族
房子＋熊	投資房產或土地、房子拓建或加蓋、有自己的地方
房子＋星辰	夢想的家園、有很多新企劃或新生活的房子
房子＋送子鳥	改建房子、重新裝潢、換住所搬遷
房子＋狗	室友、老朋友、寵物、家中成員、房客鄰居
房子＋高塔	公寓、電梯大樓、很大的公司、大企業
房子＋庭園	庭園造景的社區、人口很多的家族、旅館民宿、香客大樓
房子＋高山	靠近高山區的房子、建構上有阻礙
房子＋道路	有關房子的抉擇、選擇自己要的架構
房子＋老鼠	房子有受損、年久失修、有瑕疵、黑心建商
房子＋心	充滿愛的家人、家人彼此有著報喜不報憂
房子＋戒指	各種房子買賣契約類型、共同架構的約定、租賃買賣
房子＋書本	尚未發現的房子類型、家族之間的秘密和隱藏的事、圖書館
房子＋信件	各種房子相關的產權或合約、架構的文件和合同
房子＋男人	架構的男主人、屋主、家庭主夫、穩定的男人、建構的人
房子＋女人	架構的女主人、屋主、家庭主婦、穩定的女人、建構的人
房子＋百合花	屋齡較高的房子、老家、家中的老人
房子＋太陽	整個架構會有明朗的發展、家中採光
房子＋月亮	符合心中期望的地方、需要等待來完成建構
房子＋鑰匙	重要的架構、關鍵的地方、家裡的鑰匙
房子＋魚	房地產機構中心、家族產業或事業、家中的財富
房子＋錨	對於守護家的承諾、確定要安身立命的地方
房子＋十字架	信仰機構、教堂、廟宇、冥想中心、秦芸殿

05.樹牌

樹 + 騎士	健康上被提醒、注意到健康訊號
樹 + 幸運草	健康有好轉跡象、生病康復、保健有了效果
樹 + 船	維護交通工具、靈性的旅途、醫院救援
樹 + 房子	樹屋、房子需要養護、整體健康的狀態
樹 + 雲	健康有不明症狀、靈性困惑、疑惑
樹 + 蛇	女性的醫護人員、家中女性勒索所產生的健康問題、健康出狀況
樹 + 棺材	抑鬱或憂鬱症、重大的疾病
樹 + 花束	養生保健的活動、自然健康
樹 + 鐮刀	醫療手術、伐木或修剪樹枝、整理健康狀況
樹 + 鞭子	長期勞動導致的疲勞、積勞成疾、長期的臥病
樹 + 小鳥	森林、心靈諮商跟溝通、兄弟姊妹、健康座談
樹 + 小孩	小朋友的健康狀況、新開始的養生、自小的身體狀況
樹 + 狐狸	沒有老實說出病情、誤診、表面看不出病症、醫療工作人員
樹 + 熊	肥胖的狀況、暴飲暴食、慢性病、大筆醫療費用
樹 + 星辰	祖先靈的能量、通靈人、夜間的大自然、靈性治療
樹 + 送子鳥	病情好轉康復、更改或調整健康計畫、轉化的安排
樹 + 狗	看護或醫師、靈魂家族的成員、前世的連結、守護康健
樹 + 高塔	醫院或醫療大樓、療養中心、醫療權威、自然培育中心
樹 + 庭園	療養中心、健康養生的聚會、社區體操運動、健康分享會
樹 + 高山	成長開始有阻礙、困難的醫療手術、健康治療被障礙、阻塞類的病徵
樹 + 道路	改變生命的選擇、健康調整的方案抉擇
樹 + 老鼠	內心感到壓力、莫名的恐懼、健康正在持續受損
樹 + 心	耐心長期的情感、心臟相關問題、回想成長的狀況
樹 + 戒指	與身心靈更深的連結、身體循環系統、與靈魂有所連結
樹 + 書本	健康檢查的報告、還沒被檢查出來的健康狀況
樹 + 信件	藥單、檢查結果、醫院的通知、祖先能量的訊息
樹 + 男人	男人的健康訊息、男性的醫療人員
樹 + 女人	女人的健康訊息、女性的醫療人員
樹 + 百合花	性相關的疾病、年長所產生的衰退、家中祖字輩
樹 + 太陽	健康活力明朗、光合作用、活動充沛、腎上腺素激發
樹 + 月亮	內在的感受不舒服、心情起伏感傷
樹 + 鑰匙	治療的關鍵、標靶治療、健康的指標
樹 + 魚	財務逐漸扎根、穩定成長
樹 + 錨	健康有了一個維持的方向和固定
樹 + 十字架	精神或體力上的煎熬、壓力、鬱悶苦惱

06.雲牌

雲＋騎士	不知道前進的方向、訊息有疑惑、被雨淋濕的信
雲＋幸運草	好運被阻礙了、運勢不穩定、失去信心
雲＋船	旅行被天氣耽擱、暫時無法前行、被迫放慢腳步
雲＋房子	不確定房子的方向、無法確認架構方向
雲＋樹	無法確認健康狀況、健康有疑慮
雲＋蛇	檯面下藏著更深的陰謀、關係複雜的女性
雲＋棺材	重大的事情即將發生、可能會有些災厄、運勢受到了干擾
雲＋花束	邀約受到了阻礙、幸福變得模糊不確定
雲＋鐮刀	令人疑惑的決定、不合理的處理、血光之災
雲＋鞭子	壓榨、虐待、吵架、冷戰、爭執、破壞性的溝通、濫用
雲＋小鳥	溝通落差、彼此有誤解、背後議論別人、重複吵雜的訊息
雲＋小孩	新計劃執行有疑慮、小孩有所隱瞞或有問題
雲＋狐狸	心機的佈局、有欺騙嫌疑的表述、欺瞞大眾、腐敗或黑心
雲＋熊	老闆或主管有所隱瞞、幕後黑手、官員或政府
雲＋星辰	計畫或規劃停滯、不知道用哪個方向執行、求神問卜
雲＋送子鳥	疑惑後知道該怎麼進行調整、事情有了好轉跡象、重整過程的風雨
雲＋狗	不確是敵是友、突然的親近無法信任、無法判定忠誠度
雲＋高塔	官方的處理有疑慮、掌權的地方有問題、政策有問題
雲＋庭園	活動中失態、喝醉、格格不入人群恐慌、不知道活動的目的
雲＋高山	看不到高度的挑戰、艱難的障礙、山中走失
雲＋道路	困惑糾結的抉擇、三心二意、灰心喪志而離去、無法決定
雲＋老鼠	夾縫求生存、事情的細節被掩蓋、懷疑
雲＋心	身心感到天人交戰、情感上面的困惑、躁鬱或心裡很亂
雲＋戒指	合約有問題、約定有疑慮、講好的事情有變卦
雲＋書本	無法察覺到的秘密、被掩蓋或阻擋的真相、被消失的錄影片段
雲＋信件	收到的訊息有問題、被假借名義傳遞、被竄改過的內容
雲＋男人	陰鬱的男人、不知道該怎麼做的男人、原地走來走去
雲＋女人	心事重重的女人、有些話絕不該說的女人、焦慮的女人
雲＋百合花	外遇、長期配合的關係出問題、暫時無法繼續培養、需要先暫停
雲＋太陽	風雨後的艷陽、事情總算好轉了、真相大白了
雲＋月亮	無法確定內心感受、無法找出原因、感受被隱藏起來
雲＋鑰匙	遲來的答案或者成果、本該是你的東西被擋住了
雲＋魚	債務狀態不明朗、一屁股債、營運狀況成迷
雲＋錨	無法確定目標方向、不確定決定是否正確
雲＋十字架	加深絕望、信心全無、屋漏偏逢連夜雨、壓力焦慮

07.蛇牌

蛇＋騎士	求救的訊號、從綑綁中逃脫、負面訊息的傳遞
蛇＋幸運草	從危險中逃脫、不幸中的大幸、好機會
蛇＋船	旅行有些個人的想法、計劃中藏有小心思、想控制整個旅程
蛇＋房子	家中產生的糾紛、家中的綑綁或者勒索、裝潢中管路或管線
蛇＋樹	很漂亮的女醫生、健康有些中毒的跡象、某種狀態的成癮
蛇＋雲	被危險纏繞著、不知道危險在哪裡、找不到解決辦法
蛇＋棺材	危險或問題結束了、糾葛不清的事情了結了
蛇＋花束	女生的聚會、勾心鬥角的活動、互相比較的邀約
蛇＋鐮刀	激烈手段的結束、手術、需要有取捨的切割
蛇＋鞭子	爭執鬥爭、精神虐待或談判、被監禁或者被藥物控制
蛇＋小鳥	勒索電話、討債的訊息或通知、誹謗或談判
蛇＋小孩	有問題的小孩、受虐兒、從綑綁中重新開始
蛇＋狐狸	詐騙訊息、職場老手的競爭、一肚子壞水、走法律邊緣賺取錢財
蛇＋熊	職場女強人、陷入財務困難、岳母、母親掌權的產業
蛇＋星辰	女占卜師、女靈媒、很難完成的一個計畫、夢想很多綑綁
蛇＋送子鳥	逆境中求解脫、一個轉念就過了、山不轉路轉、經歷蛻變
蛇＋狗	危機中受到了保護、好心指引方向、情緒失控
蛇＋高塔	法律訴訟、訴諸法律、女性高階主管、獨立的女生
蛇＋庭園	普世價值的女性特質、社交關係不佳、狗仔、八卦記者、女公關
蛇＋高山	問題可能會持續一段時間、會阻礙到目前的進度
蛇＋道路	無法確定哪邊安全、從危險中逃離、避開正面回答
蛇＋老鼠	事情變得更加弱勢、東西被偷走、緊張且感到恐懼
蛇＋心	心情感到壓迫、前任女友、感官的誘惑、難以抗拒
蛇＋戒指	妥協、承諾的關係上面的枷鎖、互相勒索的關係
蛇＋書本	危險藏在細節、目前被掩蓋的危險、秘密情婦、地下戀情
蛇＋信件	危險的訊息、恐嚇信、帶有危險性的訊息
蛇＋男人	男人帶來了麻煩或危險、貪心或濫情的男人
蛇＋女人	看起來不簡單的女人、不誠實、利用優勢欺騙的女人
蛇＋百合花	性關係、固定的性伴侶、剪不斷理還亂的事件
蛇＋太陽	修成正果的關係、付出代價來解決事情
蛇＋月亮	幻覺或錯覺、內心隱瞞的想法跟恐懼、知名或感性的女作家、諮詢師
蛇＋鑰匙	聰明的好運、投機取巧的方法、解決方案
蛇＋魚	財務上面會遇到一些麻煩、被抓到把柄、錢被扣押
蛇＋錨	無法感到安全感、安定不下來、暫時先就此打住
蛇＋十字架	感覺負擔沈重的女性、拒絕被勒索的人生課題

08.棺材牌

棺材＋騎士	全新的開創、浩劫餘生、再出發
棺材＋幸運草	再一次的機會、物極必反、新的希望
棺材＋船	搬遷搬家、舉家移民、遺產、奔喪
棺材＋房子	重新整修、法院拍賣、破產空屋、凶宅
棺材＋樹	健康狀況不佳、大病初癒、長期臥床、血色不佳和氣虛
棺材＋雲	精神狀況、憂鬱症、妄想症、思覺失調
棺材＋蛇	末期的問題、很危險的事、內科醫生、可能會致命
棺材＋花束	住院探病、病情有康復、告別式、葬禮
棺材＋鐮刀	將痛苦結束掉、犧牲自己、與過往傷痛切割、病痛已久的手術
棺材＋鞭子	暴力行為、衝動且致命、災難降臨、自殺式行動
棺材＋小鳥	懷念的悼念、被壓抑著發聲、謠傳噩耗、悲傷的通話
棺材＋小孩	比較調皮或者不知節制的小孩、體弱多病的孩子、先天缺陷
棺材＋狐狸	騙局被拆穿、業界失去聲譽、失去該有的工作
棺材＋熊	遺產或產業的繼承、架構崩塌、扛起來家中的婦女倒下
棺材＋星辰	全新的轉變、希望與夢想的開始、舊階段走完了
棺材＋送子鳥	重投再來過一次、砍掉重練、舊的結束，新的開始、由劣轉順
棺材＋狗	對朋友的定義重新改變、需要協助跟支持、生病的朋友
棺材＋高塔	觸犯法規條例、被監禁或限制行動、判定刑罰
棺材＋庭園	活動被取消或永久暫停、熄燈號、墓園、靈骨塔
棺材＋高山	無法結束也無法前進、僵持無法動彈、無法重生被隔開
棺材＋道路	全新的方向、盡頭是死路、步上生命危險的路途、沈默的結束
棺材＋老鼠	錯誤跟瑕疵清理完成、擔憂被結束或了結、憂鬱或抑鬱症
棺材＋心	悲憾、心痛難過、心意已決、心如止水、死心
棺材＋戒指	關係或約定的結束，重新開始、重頭再來完成
棺材＋書本	結束之後的秘密被揭曉、之前不為人知的真相
棺材＋信件	收到負面的消息、取消或結束通知、信件石沈大海
棺材＋男人	殯葬的業者或禮儀師、負面或意志消沈的男人、生病的人
棺材＋女人	生病的女人、沮喪哀傷的女人、沒有鬥志的女人
棺材＋百合花	沒有任何長期關係、沒有心情、提不起熱情
棺材＋太陽	死灰復燃、結束後的大放異彩光明
棺材＋月亮	結束掉沮喪或心中的起伏、負面情感的
棺材＋鑰匙	事情會有下一個進展、下一步關鍵在於收尾
棺材＋魚	錢被沒收、宣布破產、殯葬業
棺材＋錨	沒有了安全感、無法再等待的人事物
棺材＋十字架	重大疾病、重新相信信仰、接受命運、結束痛苦、疼痛

09.花束牌

花束＋騎士	喜慶的消息或新聞、慶賀的邀約、心上人的來臨
花束＋幸運草	開心的驚喜、開心的一個邀請、送禮物上門
花束＋船	開心的假期、婚禮的邀約、出國的機會
花束＋房子	辦桌、家中宴客、喬遷之喜、新家送禮
花束＋樹	健康狀態良好、大自然、感受鬼斧神工的環境
花束＋雲	歡樂的氣氛被打壞、抽菸、不確定的邀請、白日夢
花束＋蛇	不得不參加的邀約、帶有嫉妒比較的活動
花束＋棺材	灰色的聚會、有點後悔不應該應約
花束＋鐮刀	突然收到的活動、需要盡快回覆、收到很多禮物、好的決定、祝福
花束＋鞭子	做義工、徹夜狂歡或夜生活、不斷地慶祝
花束＋小鳥	愉悅的談話、公開討論的場合、口耳相傳的優質邀約
花束＋小孩	小朋友們的聚會、幼兒園發表會、小型宴會、第一次辦活動
花束＋狐狸	跟外型美貌相關的活動、愉快的工作、帶著面具交際的場合
花束＋熊	有權威人士會出席、財經狀況或高層聚會
花束＋星辰	美好的願景、豐盛的藍圖、擁有各種機會的交流
花束＋送子鳥	彌月蛋糕、設備升級的禮物、重新整頓、生女兒、協助環境改善
花束＋狗	送禮給老朋友、好朋友的祝福、忠貞的好友、老同學
花束＋高塔	紀念館或紀念中心、上流社會的、頂端的交流派對、錦上添花
花束＋庭園	花卉展覽、大型社交聚會、大自然、地方活動、盛大遊行
花束＋高山	理想或幸福被暫時阻礙了、爬山或戶外景觀的活動
花束＋道路	各種禮物的選擇、風景良好的地方、不同以往邀請、不同的機會
花束＋老鼠	活動的瑕疵、展覽有東西損壞、本來的幸福有瑕疵、禮物出問題
花束＋心	交出愛、用心準備的禮物、訂婚或定情信物、情人禮物
花束＋戒指	求婚、交付真心的彼此、開心的交流或關係、提案
花束＋書本	有魅力的教學方式、不為人知的特質、神秘技能、相親、回憶相簿
花束＋信件	愉快的邀請、各種好結果的通知、整個活動企劃、合作的確認
花束＋男人	魅力或者樣貌迷人的男人、會打扮的、有個人氣質、送禮給男人
花束＋女人	漂亮、落落大方、魅力或者樣貌迷人的女人、送禮給女人
花束＋百合花	一切平和、彼此持續交換的禮物、多年的交情、維繫關係的聚會
花束＋太陽	活動非常圓滿成功、慶功宴、歡慶週年
花束＋月亮	心靈陶冶的盛會、愉悅或符合期待的聚會、感到心滿意足
花束＋鑰匙	這個活動非常重要的關鍵、里程碑活動、帶來吸引力與絕對成功
花束＋魚	給紅包當禮物、名貴活動的邀約、享受的邀請
花束＋錨	有主旨跟意涵都很好的決定、長時間的幸福下去
花束＋十字架	被拒絕很傷跟審視彼此關係、捐物資或錢、美麗的代價

10.鐮刀牌

鐮刀＋騎士	切割的消息、快速且突然的訊息、出發去收割
鐮刀＋幸運草	獲得不錯的成果、做了就有效果的幸運、幸運的決定
鐮刀＋船	旅行突然取消、中途返程、突如其來的變動、趕緊離職
鐮刀＋房子	要把房子賣掉、跟家人的關切割、退出架構組織
鐮刀＋樹	清理健康疑慮、生物萃取技術、細胞檢驗、健康危險
鐮刀＋雲	要做的決定不明朗、還無法下手、暫時沒有機會
鐮刀＋蛇	感到威脅而反擊回去、行動時發現危險、勿輕舉妄動
鐮刀＋棺材	一切結束了、清理完成、終結整個行動
鐮刀＋花束	拒絕邀請或禮物、將邀請破壞或禮物被清理
鐮刀＋鞭子	各種的暴力、武器、譴責壓榨行為、解放雙手
鐮刀＋小鳥	銳利或高亢的聲音、令人不舒服的討論、諷刺、傷人的討論
鐮刀＋小孩	剖腹產、墮胎手術、兒童處理的手術、犯血光的小孩
鐮刀＋狐狸	冷暴力、假面的支持、拒絕被欺騙或狡詐的行為、拒絕違背良心
鐮刀＋熊	跟體重有關的手術、拒絕財團金援、切斷合併、最後通牒
鐮刀＋星辰	改變命運的方向、切斷原本的夢想、夢想無法再達成、決定夢想
鐮刀＋送子鳥	很快速的改變、突然的回心轉意、交割完成轉換住所
鐮刀＋狗	絕交、友誼結束、發現不必再繼續、傷害到朋友、寵物受傷
鐮刀＋高塔	執法審判的地方、法院法庭、致命的問題、倒閉危機
鐮刀＋庭園	酒肉朋友、菜市場、社交圈的切割、社交圈有危險
鐮刀＋高山	執行力受阻礙、一時無法進行動作、關公面前耍大刀
鐮刀＋道路	無法回頭的決定、其他選擇、道路上的意外、分離、果斷的決定
鐮刀＋老鼠	清理不舒服的部分、身心的崩潰或潰堤、切除瑕疵或爛尾
鐮刀＋心	忍痛切割、心痛的感覺、受傷的心、心臟相關手術
鐮刀＋戒指	合作關係或合約結束、情感結束、失去該有的信任、無法再交付
鐮刀＋書本	檯面下的秘密被公開、目前的學習階段結束、學習的事情有危險
鐮刀＋信件	取消或結束的通知、危險的訊息、中毒軟體
鐮刀＋男人	做出抉擇的男人、執行的男性、敏銳的男人、危險的男子或者攻擊
鐮刀＋女人	做出抉擇的女人、執行的女性、敏銳的女人、危險的女子或者攻擊
鐮刀＋百合花	結束長期治療、講話銳利的老人家、不願繼續合作或溝通
鐮刀＋太陽	獲得勝利的收穫、完美的切割、熱血沸騰、贏得勝利
鐮刀＋月亮	不願聆聽內心的感受、不想再等待了、跳脫情感、過於感性的決定
鐮刀＋鑰匙	重要的決定、命運的抉擇、只有一次的機會、獲得關鍵、破壞計劃
鐮刀＋魚	生意上的決策、殺生、收穫很多的、斷開了金援
鐮刀＋錨	安穩的架構有問題、長久定數的決定、會動搖到目前的根基
鐮刀＋十字架	受傷、奉獻犧牲、血光之災、命運的考驗、忽然的劇痛

11.鞭子牌

鞭子＋騎士	被鞭策要加速、加班或者要執行的通知
鞭子＋幸運草	運動相關的賽事、運彩、一夜情、努力獲得小成果
鞭子＋船	長途的駕駛交通工具、重複來回的行程、陌生人發生關係
鞭子＋房子	打掃家中、整個公司架構、家庭暴力爭執、符合架構規範規則
鞭子＋樹	長期勞動造成的問題、積勞成疾、健康有成癮問題
鞭子＋雲	漫無目的的行動、因為不確定而爭執、討論不出結論
鞭子＋蛇	做久了變成應該的、被得寸進尺、製造問題源頭、發現更大的問題
鞭子＋棺材	爭取失敗、談判破裂、毀滅的鬥爭、兩敗俱傷、忍耐結束了
鞭子＋花束	享受的重複的動作、甘之如飴的重複行動
鞭子＋鐮刀	物理層面與心理層面的虐待、過勞、意外發生、取消行動
鞭子＋小鳥	爭論與辯論、需要不停的討論或會議、重複的確認
鞭子＋小孩	教養或教育小孩、鞭策與教規則、麻煩的開始、勤勞的小朋友
鞭子＋狐狸	軍事相關的工作、訓練出工作流程、培訓表面說詞
鞭子＋熊	運動員或選手、與高層的爭執、屈就於高層的安排
鞭子＋星辰	苦練功夫、努力得到很多可能性和鑑賞、比賽勝利、努力獲得夢想
鞭子＋送子鳥	重複地將錯誤修補起來、為了改善而付出心力、辛苦獲得好的改變
鞭子＋狗	軍警類型的人、律師、訓練規則的人、不停催促努力、為了你好
鞭子＋高塔	政策或者是規範有問題、最高機構的判斷、軍事機構
鞭子＋庭園	運動會或運動盛事、健身房、公開辯論或爭辯
鞭子＋高山	行動被限制了、開發停滯了、僵持不下的局面、被迫停滯
鞭子＋道路	一直被要求做出選擇、不知道該如何選、許多方式可以前行
鞭子＋老鼠	不斷地維護跟糾錯、精疲力盡、有壓力的勞動、面容憔悴
鞭子＋心	熱戀、不斷告訴自己喜歡、愛情長跑、激烈的關係、瑣事煩心
鞭子＋戒指	重複聲明彼此的關係或承諾、飽受壓力或拘束的關係
鞭子＋書本	持續研究、不斷的苦讀學習、約束自己去挑戰競爭
鞭子＋信件	恐嚇威脅信件、需要履行契約、將沒做完的事完成
鞭子＋男人	勞動的男人、精壯的男人、男運動員、男工人
鞭子＋女人	勞動的女人、性感的女人、女運動員、女工人
鞭子＋百合花	重複的行為已經很多年、身體不堪負荷、職業病
鞭子＋太陽	努力爭取得來的成果、總算是苦盡甘來、勞動後的黎明
鞭子＋月亮	魅力的活動、夜間的運動或勞動、深夜的研究中心、癡迷、吸引
鞭子＋鑰匙	必然的行動、努力是關鍵、需要不斷爭取戰戰兢兢
鞭子＋魚	因為勞資報酬而爭吵、努力所獲得的報酬、釣魚、水類運動
鞭子＋錨	持續的努力造就穩定、穩定的基礎是努力、兢兢業業保有現在
鞭子＋十字架	慘痛的教訓、信念的考驗與挑戰、宗教辯論、信仰的魔考

12.小鳥牌

小鳥＋騎士	各種不同的訊息交流與談論、一前一後講不停
小鳥＋幸運草	得到有益處訊息、好運的通話、開心的交流
小鳥＋船	旅行中的討論或交流、海外交流會、交換語言
小鳥＋房子	跟房子有關的討論、房屋仲介、家人們之間的交流
小鳥＋樹	關於健康的會談、靈性座談會、跟養生有關的討論
小鳥＋雲	討論中有誤會、會錯意、搞不清楚在講什麼、感到困惑
小鳥＋蛇	有危險性的八卦、揭別人的傷疤、討論別人的痛處、前女友的訊息
小鳥＋棺材	討論結束或話題終結、安靜無聲的場合、談論分手
小鳥＋花束	愉悅的談話、盛會上的交流、各方名流的溝通、線上通話
小鳥＋鐮刀	分組討論、談話無法被聆聽、不停的被打斷
小鳥＋鞭子	彼此對立面的爭執、溝通上有障礙、溝通不良
小鳥＋小孩	剛開始的談話、奶音的小朋友、不經思考的發言、天真的對話
小鳥＋狐狸	不實的謠言、不誠實或有隱瞞的訊息、需要偽裝的談話
小鳥＋熊	與公司高層的交談、與年長的女性交談、守護彼此的伴侶
小鳥＋星辰	網路流傳訊息、名望或聲望被傳播、主持人或脫口秀、形象的操作
小鳥＋送子鳥	下一個階段開啟的談話、整體改善的對話、一同成長的伴侶關係
小鳥＋狗	與老朋友談心聊天、願意傾聽的對象、粉絲或學生
小鳥＋高塔	律法或政策上面的談論、政府的言論或公告文宣
小鳥＋庭園	吵鬧的場合、多人聚會、廣場恐懼、社交聊天、研討會、表達障礙
小鳥＋高山	溝通與表達障礙、收不到訊息、卡詞或忘詞、忘記自己講到哪裡
小鳥＋道路	需要做出選擇的電話或通知、分開或抉擇的談話、擇一確認的對談
小鳥＋老鼠	毀謗他人的訊息、聊天被打擾、緊張壓力的談話、小心翼翼地講
小鳥＋心	討論跟感受或心情有關的事情，彼此的心意交流
小鳥＋戒指	討論承諾關係以及接下來的穩定發展、結婚、各種的合約
小鳥＋書本	學生對話、師生的談話、需要秘密談話、學習研討會、論文發表會
小鳥＋信件	媒體訊息、網路訊息、社群的訊息
小鳥＋男人	男性的業務員、喜歡聊天的男生、喋喋不休、喜歡觀察的男人
小鳥＋女人	女性的業務員、喜歡聊天的女生、喋喋不休、喜歡觀察的女人
小鳥＋百合花	年長者聊天、老伴、祥和的伴侶、安詳平穩的溝通、愛聊天的長者
小鳥＋太陽	成功的對話、成功的討論結果、順利的會議、陽光的伴侶
小鳥＋月亮	很能觸動人心的演講或談話者、談心的人、諮商師
小鳥＋鑰匙	關鍵性的談話、具有開創性或建設性的一場談話、攸關很多進展
小鳥＋魚	順暢對話、討論跟金錢有關的、業務討論的場合、把錢掛載嘴邊
小鳥＋錨	相當穩定或者有明確主題的對話、交談過程有明確結論、正式會議
小鳥＋十字架	困難的溝通或交流、談論宗教、談論靈性相關的議題、忠貞的伴侶

13.小孩牌

小孩＋騎士	小孩的訊息、新開始的發展、有新的訊息
小孩＋幸運草	兒童的玩樂、童年的創意、幸運的開始、誤打誤撞
小孩＋船	新的出發、新的目的地、沒去過的地方、新創產業
小孩＋房子	新蓋的房子、正在打基礎的地方、嬰兒房、小孩房
小孩＋樹	兒童的健康、持續生長的細胞、開始進行保養、年輕氣盛不怕生病
小孩＋雲	誤闖危險、沒有危機意識、剛開始就遇到停滯、不知道該怎麼開始
小孩＋蛇	遇到危險的小孩、兒時的綑綁陰影、
小孩＋棺材	生病的小孩、流產或墮胎、天生體弱的小孩、出生帶著頑疾
小孩＋花束	小朋友的聚會與邀請、小的禮物、新人獎、童星、人緣很好的小孩
小孩＋鐮刀	小朋友的手術、小心危險物品、墮胎或早夭、注意男丁的血光
小孩＋鞭子	被教育的小孩、體罰、重新在學規則、學會自我約束
小孩＋小鳥	吵鬧的小朋友、很多人喜愛的新話題、剛開始的討論
小孩＋狐狸	很世故的小朋友、學會能言善道、第一次做業務的新人
小孩＋熊	剛開始累積的存款、第一桶金、兒童的權利、強壯的小孩
小孩＋星辰	有天賦或創意的小朋友、新的方向與夢想、正開始踏上夢想的道路
小孩＋送子鳥	小孩帶來新氣象、家中新成員、有新開始的改變、重新改裝或更新
小孩＋狗	新朋友、寵物、剛建構起的信任、幼犬、全然的信任和忠誠
小孩＋高塔	新的規則或機構、新的規定會公告、兒童法庭
小孩＋庭園	兒童劇團或聚會、遊樂園、公園、兒童用品大展
小孩＋高山	成長遇到的障礙、孤獨或被冷落的小孩、開始學會固執
小孩＋道路	第一次為自己選擇、懵懂無知的選擇、傻人有傻福
小孩＋老鼠	小症狀的病痛、亂吃東西、剛開始浮起的錯誤或瑕疵
小孩＋心	小朋友的信任、純粹的事物、覺得一切很新鮮開心
小孩＋戒指	全新的合約、換約、純真的誓言、領養的小孩
小孩＋書本	開始的學習、兒童書籍、小時候的秘密、將不知情的事講出來
小孩＋信件	小朋友的信、開幕的訊息、出生的消息、出生證明
小孩＋男人	年幼的男孩、青少年、青春期、開始負責任
小孩＋女人	看起來很年輕的女人、小女人的心、玻璃心、比較任性、公主病
小孩＋百合花	最年長的孩子、安靜成熟的孩子、剛開始的長期關係
小孩＋太陽	很多人關注的小朋友、前景看好的事情、重要的新開始
小孩＋月亮	感性或有創意的小孩、內在小孩、情感上面渴望被關注、等待靠近
小孩＋鑰匙	小時候的夢想、重要的新開始、第一次掌握重大任務
小孩＋魚	兒童產業、新創產業或公司、兒童游泳池、剛進入社會
小孩＋錨	重要的新開始、踏上一片新大陸、首次做了重大的選擇
小孩＋十字架	憂鬱的小朋友、悲慘的童年或兒時、相信信仰的孩子、神之子

14.狐狸牌

狐狸＋騎士	來者居心不良、假面的拜訪、狐狸給雞拜年
狐狸＋幸運草	有人對好運居心不良、有人帶的面具送上禮物、好處拱手讓人
狐狸＋船	誤上賊船、旅程是假的或者錯誤訊息、黑心交通或司機
狐狸＋房子	賊頭賊腦的業務、服務很好的企業、現實的環境、唯利是圖的公司
狐狸＋樹	以為自己很健康、假裝自己沒事、報喜不報憂的身體狀況
狐狸＋雲	迷糊仗、假裝自己不記得、嘗試用謊言帶過、為了生存的謊話
狐狸＋蛇	欺瞞欺騙背後藏滿了危險、用謊言包裝危險、災難新聞被掩蓋下來
狐狸＋棺材	欺騙或謊言沒用了、被無視假裝、丟了工作、自欺欺人
狐狸＋花束	私下塞的紅包、沒有互惠的關係、各取所需、不安好心的禮物
狐狸＋鐮刀	面具背後藏著到刀、背後講壞話、不想再裝下去了、露出真本性
狐狸＋鞭子	不停工作、為了生存不得不、勞碌命、不辭辛勞、不顧身體勞累
狐狸＋小鳥	務實的討論或業務的溝通、業績的訊息、詐騙廣告或宣傳
狐狸＋小孩	欺騙小朋友、誘拐兒童、用兒童商品要求家長買單
狐狸＋熊	業務員工、老闆或主管是老謀深算、欺瞞大老闆或長官、智囊軍師
狐狸＋星辰	夢想的工作、算命師或者星象解析師、用欺騙的方式換得願景
狐狸＋送子鳥	工作上面的變遷、換部門或區域、因為計謀而產生的改變
狐狸＋狗	跟朋友有所隱瞞、會騙人的朋友、聰明機靈的、狼狽為奸的
狐狸＋高塔	高層機關的官員或是政客、堅守詐欺的秘密、欺騙的搜刮
狐狸＋庭園	充滿銅臭味的場合、炫富的地方、欺騙社會大眾、公共事業
狐狸＋高山	被拒於門外、話術不管用、工作遇到瓶頸、業績不好
狐狸＋道路	旁門左道、想出的聰明的辦法、有了新的靈感突破
狐狸＋老鼠	機靈的小偷或竊盜、將瑕疵的東西再賣出去、職業小偷或騙子
狐狸＋心	欺騙自己的真心、用感情來騙錢、利用同情心獲利
狐狸＋戒指	勞資雙方的契約、欺騙達成目標、生意合約上的欺騙
狐狸＋書本	學歷造假、巫術、秘密的欺騙，竄改內容、秘密的陰謀、作家
狐狸＋信件	詐欺信件、假冒的訊息、工作的通知、車手、詐欺簡訊
狐狸＋男人	狡猾機靈的男人、工作狂的男人、有狐臭的男人
狐狸＋女人	聰明靈巧的女人、性感的女人、女騙子、有狐臭的女人
狐狸＋百合花	工作有了一定的成就、功成身退、退休、欺騙老人家
狐狸＋太陽	面具被攤在陽光底下、詐欺或欺騙成功、靈機一動帶來的利益
狐狸＋月亮	通靈的人、假的通靈人、利用心靈詐騙、騙來的名望
狐狸＋鑰匙	欺騙的結局被揭曉、長期的佈局帶來的目標、設局計畫的重要位置
狐狸＋魚	詐騙得來財富、一來一往的獲利、漁業產業的相關工作
狐狸＋錨	只好戲給演下去、一直編謊言下去、長期的工作
狐狸＋十字架	欺瞞背後的心理負擔、假裝聖賢、受到報應、宗教的工作或服務者

15.熊牌

熊＋騎士	領地需要被擴展、權威人士的訊息或要求、派出去探勘
熊＋幸運草	自己的專業有新發展、權威的送來的合作、老闆的禮物
熊＋船	權威人士的旅行、尋求海外資源、去探勘或參訪
熊＋房子	大老闆的房子或公司、花了很多金錢去堆積、地基打得很好
熊＋樹	權威的理念或成功的宗旨、在地深耕的地主、地方龍頭產業
熊＋雲	無法轉型的傳產、固執導致停滯、遇到八卦或風雨的權威人士
熊＋蛇	財務狀況有問題、老闆身邊的女性、鴻門宴、老實的背後藏著危險
熊＋棺材	生病的年邁母親或母姓長輩、需要斷尾求生的財務
熊＋花束	利誘放棄原本的地方、財務想分一杯羹、獲得紅利或者年終獎金
熊＋鐮刀	帳户關閉、財富終結、割地賠款、有所切割的決斷
熊＋鞭子	減肥運動、財務規劃和整合、不斷的修正數據、不停歇的要求或鞭策
熊＋小鳥	老闆發出的消息和通知、財務的會議、股東會議
熊＋小孩	老闆的小孩、領主的手下、權威的追隨者或粉絲
熊＋狐狸	理財詐欺、假冒的經理人、財經或食品業工作的人、大金額詐騙
熊＋星辰	權威人士的佈局、操作媒體的權利、財經有很多方向可以發展財富
熊＋送子鳥	傳統產業的轉型、將金流轉投資、換存款的銀行或掏空帳户
熊＋狗	將財務交由更信任的單位、堅固的友情、老闆的朋友、可靠的主管
熊＋高塔	銀行、財務機關、政府機關、大型企業、法院或高層官員
熊＋庭園	減肥訓練班、慈善機構、私人會所、高層的場合
熊＋高山	財富遇到障礙或延遲、各種資源被停止、需要先內耗吃老本
熊＋道路	緩慢地做決定、如何轉型、許多財務來源、老闆或者母親的決定安排
熊＋老鼠	地盤受到侵擾、財務出現漏財、肥胖產生出病變
熊＋心	花錢收買人心、對財富很慷慨、好大喜功、喜歡掌握權力
熊＋戒指	大型企業的合併或併購、和有權勢的人之間關係、政商關係
熊＋書本	富有學問、很多的知識、財經的經驗、智囊團、權威的傳記
熊＋信件	各種帳單、財經的消息或者是、權威的信件或通知
熊＋男人	有權勢的男人或者男的主管財團、肥胖或健壯的男人
熊＋女人	有權勢的女人或者女的主管、肥胖女人
熊＋百合花	有權勢的老人家、長老級的高層、花了很多時間爬到現在的位置
熊＋太陽	富裕、享受一切的籠罩、退休且生活無憂無慮
熊＋月亮	有創意的權勢者、靠直覺或者是內心感覺，獲得不錯的利益
熊＋鑰匙	成為權勢者的關鍵、擁有成功的方法、權威者來解決問題
熊＋魚	很多的財富且穩定流動、固定的投資和固定獲利的收益
熊＋錨	重大的決定、影響市場走勢的決定、權威的政策
熊＋十字架	教主、無法抵抗的壓力、背負與承擔大家的力量、該背負更多人前行

16.星辰牌

星辰＋騎士	計劃的通知、收到了靈感直覺或訊息、夢想啟程
星辰＋幸運草	很多機會、很多靈感、覺得很多創意可以發展
星辰＋船	滿懷希望的出發、帶著很多好點子的計畫、很多期待的旅行
星辰＋房子	藍曬圖、建築設計圖、室內設計圖、很多創意的一個建築
星辰＋樹	健康檢查、各種圖表、優化調整健康的方法、保健食品、養生資訊
星辰＋雲	靈感被停滯了、本以為的順利遇上阻礙、機會不知道還有沒有
星辰＋蛇	達成目標的方式有問題、假的帳目、有危險的藍圖、偷工減料
星辰＋棺材	放棄希望、查不到相關資料、藍圖失敗、所有的方法都嘗試過了
星辰＋花束	靈性的聚會、彼此分享夢想、將計畫跟合作遞出
星辰＋鐮刀	快速的做下決斷、需要少一些方向、有所取捨
星辰＋鞭子	成功的運動員、持續努力可以獲得的成功、想到自己的願景
星辰＋小鳥	大家都在討論夢想、很多創意跟大家分享、創意發想的會議
星辰＋小孩	通靈的小孩、年輕有為、從小就有特殊敏感體質、星際小孩
星辰＋狐狸	可以發揮自己的巧智、靈巧聰明的決定、為自己找到往上的機會
星辰＋熊	集結精英的首領、投資的大計劃、夢想中的財務或權位
星辰＋送子鳥	有完整計劃的改變、為此計劃了很久、好的開始、長遠之計的變動
星辰＋狗	完整保護的計劃、保全系統、個人資料或隱私權的守護
星辰＋高塔	成功的政府高層、高遠的夢想、更妥善的佈局、廣播電台訊號
星辰＋庭園	網紅景點、漂亮的廟宇、公共事業、官方的派對、備受矚目的活動
星辰＋高山	山上星空、停下腳步思考、遠景遇到現實阻礙、宇宙之外的訊息
星辰＋道路	很棒的新選擇、天上給的許多機會、儘管去夢想、怎麼選都不會錯
星辰＋老鼠	整個計畫上面有瑕疵、沒想清楚的地方、對靈性不信任或恐懼
星辰＋心	被祝福的戀情、夢想的發展、心之所向的夢想、未來憧憬或期望
星辰＋戒指	充滿願景的合約，很多機會的保證、答應的願景
星辰＋書本	尚未公開的發明或新科技、暢銷書、命理的書本
星辰＋信件	推薦信、遠方的好消息、國外大學的錄取通知
星辰＋男人	成功的人、有很多事業的人、通靈的男生、男靈媒
星辰＋女人	有名的女人、有很多事業的女人、通靈的女生、女靈媒
星辰＋百合花	老藝人、年長的紅人或名人、年長的公眾人物
星辰＋太陽	整個計畫的勝利、方向都有了開花結果、欣欣向榮
星辰＋月亮	有創意的點子、獲得多人喜歡、懂得抓取人心、榮耀、名望
星辰＋鑰匙	整個架構中的勝利者、獲得關鍵的訊息、關鍵字、廣告受眾
星辰＋魚	創意和想法換來的財富、靠想法跟給方向得到財富、靈魂藍圖指引
星辰＋錨	傳奇人物、傳說般的存在、建構了一個標的性的思想
星辰＋十字架	宇宙圖書館、各種通靈工具、靈媒或者通靈人的東西、靈訊

17.送子鳥牌

送子鳥＋騎士	轉變後帶來新的消息、前進新生活
送子鳥＋幸運草	好的轉變從小地方做起、轉變後的幸運
送子鳥＋船	變換居住地或生活的地方、更改旅程的計劃、更改長期規劃
送子鳥＋房子	家居添購或收禮、移居到異地、重新裝修房屋
送子鳥＋樹	調整生活習慣、健康問題好轉、長期調養改善
送子鳥＋雲	不確定怎麼調整、想要變好但沒有方向
送子鳥＋蛇	整形出現了危險、轉變後產生問題、因為女人而轉變
送子鳥＋棺材	轉型失敗、被取消、做了改變但效果不彰
送子鳥＋花束	和好如初、恢復關係、好的轉變、把周遭環境做更新
送子鳥＋鐮刀	更完善的整頓、突如其來的轉變、決定前進所以斷捨離
送子鳥＋鞭子	不同夢想的爭執、改變引起紛爭、持續改變調整、溝通上的轉變
送子鳥＋小鳥	重新裝潢的廣告、感情增溫、表達方式的轉變
送子鳥＋小孩	新官上任、懷孕、小孩出生、青春期的轉變
送子鳥＋狐狸	趁更新時出現的小人、工作有好變化、用聰明才智決定轉換方向
送子鳥＋熊	換了主管、財務有正向轉變、加薪、遇到好的老闆
送子鳥＋星辰	有全新進展、事情往非常正向的方向變化
送子鳥＋狗	新的嗜好或興趣、新朋友、改變後回到最好的狀態
送子鳥＋高塔	看到新的目標、結束孤單感、政黨交替、轉職到新的公司
送子鳥＋庭園	轉變後被公眾注意、汰舊換新後被大家注意到
送子鳥＋高山	進展開始趨緩、想改變不容易做到
送子鳥＋道路	做跟以前不一樣的選擇、搬到新的地方、人生轉換跑道
送子鳥＋老鼠	轉變後的壓力、轉換方向錯誤導致後遺症
送子鳥＋心	好的轉職、跟家人朋友感情變好了、心中期待的戀情
送子鳥＋戒指	更新契約內容、提高身價、訂下契約後的身份及責任轉換、婚約
送子鳥＋書本	更新的研究技術、秘密被攤開來、做研究
送子鳥＋信件	限期修改通知、更改合約通知、收到瞬息需要調整工作方法
送子鳥＋男人	外地的男人、有創意的男人、男人想要轉變
送子鳥＋女人	外地的女人、有創意的女人、女人想要轉變
送子鳥＋百合花	轉換更新需要一段時間、老人的經驗帶來轉變、成長的轉變
送子鳥＋太陽	非常正向的轉變方向、往充滿希望的方向變換
送子鳥＋月亮	願意傾聽內心、成功的轉變、心情變好
送子鳥＋鑰匙	關鍵的轉變、變化一定會發生、改變人生的轉變機會
送子鳥＋魚	換錢或幣值轉換、營業方式的轉換、交流方式的轉換
送子鳥＋錨	新方向的確定、長期績效佳、穩健成長
送子鳥＋十字架	改變對靈性的想法、不想改變、命運迫使轉變

18.狗牌

狗＋騎士	守護身邊的老夥伴、老朋友來訪、朋友的消息
狗＋幸運草	貴人、幫了大忙的朋友、忠誠帶來好處
狗＋船	旅伴、異地的朋友來訪、外國人朋友
狗＋房子	管理員或管家、寵物、室友、合作愉快的同事
狗＋樹	親切的醫生、親切的護理師、病友、長期友誼
狗＋雲	友達以上戀人未滿、充滿秘密的朋友、朋友心情不好
狗＋蛇	笑裡藏刀、不誠實的朋友、友好的女性、忠誠的女性
狗＋棺材	失去信任絕交、失去朋友、友誼被破壞、寵物狗生病
狗＋花束	美好的友誼、友善的人們、朋友贈送禮物
狗＋鐮刀	為了人脈而交友、切八段、決裂、被挑撥而失去朋友
狗＋鞭子	喜歡鬥嘴的朋友、愛吵架的朋友、學法律的朋友、警察搜索
狗＋小鳥	愛說話的朋友、喜愛社交、可以溝通的朋友
狗＋小孩	不畏懼、新生小狗、青梅竹馬、兒時玩伴
狗＋狐狸	朋友間的假面、沒有永遠的敵人也沒有永遠的朋友、假閨蜜
狗＋熊	掌握權力的朋友、懂財經的朋友、地主朋友
狗＋星辰	明星朋友、總是化險為夷的朋友、朋友非常幸運
狗＋送子鳥	因為幫忙產生友誼、從朋友變情人或家人
狗＋高塔	在公家機關上班的朋友、有孤獨感的朋友、在私人機構上班的朋友
狗＋庭園	網路上的社團、網路交友、與朋友聚會
狗＋高山	信任停滯、友情出現代溝、許久不見的朋友、友情出現距離感
狗＋道路	朋友需要作出抉擇、友情歷經交叉路口
狗＋老鼠	近朱者赤近墨者黑、朋友在做小偷小竊
狗＋心	友情昇華、熱情的伴侶、熱情的朋友
狗＋戒指	非常忠誠的朋友、忠誠伴侶、誠實的合作夥伴
狗＋書本	在讀書時認識的朋友、內向的朋友、朋友藏有秘密
狗＋信件	朋友寄來的信件、朋友帶來好消息
狗＋男人	男工具人、忠誠的男人、友善的男人
狗＋女人	女工具人、忠誠的女人、友善的女人
狗＋百合花	年長的朋友、忠誠守候、不離不棄、老朋友
狗＋太陽	好的友誼、人生中的摯友、為生活帶來希望的朋友
狗＋月亮	富創意的朋友、想法天馬行空的朋友、有趣
狗＋鑰匙	是貴人也是朋友、帶來人生轉機的朋友
狗＋魚	信任的圈子、做生意的夥伴、理財專業的朋友
狗＋錨	友誼非常穩固、友誼長存、友誼萬歲
狗＋十字架	朋友遭遇困難、有困難時會有貴人相助

19.高塔牌

高塔＋騎士	檢察官、政府機關傳來的消息、被大型機構通知
高塔＋幸運草	有機會在大型機構升職、學校中有好事發生
高塔＋船	交通轉運、機場、因公出差、政府官員考察
高塔＋房子	很高的建築物、社區公寓、社會住宅
高塔＋樹	長遠醫療、醫院、白色巨塔、世界樹、公立圖書館
高塔＋雲	政府機關內的隱憂、高聳入雲的建築、通天塔
高塔＋蛇	政府機關貪腐問題、利用法律做壞事、獨立女性
高塔＋棺材	靈骨塔、政權被推翻、從孤獨感走出
高塔＋花束	百貨公司、高級場所的派對、官司有好消息
高塔＋鐮刀	頑固思想崩塌、毀滅與破壞、課題來臨
高塔＋鞭子	規範規則的機關、健身中心、訓練警政人員
高塔＋小鳥	議會、地方法院、高等法院、立法院
高塔＋小孩	托嬰與托兒所、公立孤兒院、學校
高塔＋狐狸	政府有事情欺瞞百姓、有高官非正當運用權力
高塔＋熊	證券公司、基金管理人、銀行
高塔＋星辰	星象觀測站、孤獨地追求夢想、夢想設的很高
高塔＋送子鳥	在野黨、政治改革、改變是穩固的
高塔＋狗	各類收容所、警政人員、政府的走狗
高塔＋庭園	公共責任、公民運動、公有表演廳
高塔＋高山	政府的阻礙、跟大型機構申請某些事項的流程繁雜
高塔＋道路	指引方向的燈塔、政府的決定、孤獨地走上道路
高塔＋老鼠	架構中的米蟲、政府機關失去百姓的信任、公司被掏空
高塔＋心	在關係裡感到孤獨、被囚禁的金絲雀
高塔＋戒指	和解協定、在官司中獲勝、政府標案、穩定的權力結構
高塔＋書本	出版單位、國家圖書館、老師、教授
高塔＋信件	有權勢的單位捎來的消息、政府公文
高塔＋男人	長得高的男人、固執的男人、CEO
高塔＋女人	長得高的女人、孤獨的女人、CEO
高塔＋百合花	長老級的人物、安養中心、研究機構
高塔＋太陽	公司前景一片光明、政府領導人民安居樂業
高塔＋月亮	心靈諮詢公司、新創公司、創新發展計劃
高塔＋鑰匙	獲得大型機構的支持、在權力中心謀得職位
高塔＋魚	股市、證券交易所、銀行
高塔＋錨	指標性機構、長期受到保護、燈塔
高塔＋十字架	教堂、寺廟、受到法律制裁、觸法

20.庭園牌

庭園＋騎士	聯誼、認識新的人、開幕活動、公關活動
庭園＋幸運草	在社交場合獲得好處、開心的派對
庭園＋船	在船上舉辦活動、海上旅行、鐵達尼號
庭園＋房子	家中有花園、家中招待客人的地方、家中派對
庭園＋樹	分享健康訊息、健康講座、醫院
庭園＋雲	聚會因天氣不佳被影響、活動細節尚未規劃
庭園＋蛇	遇見一位女性、在人群中被危險盯上、引起騷亂
庭園＋棺材	公墓、活動被取消、活動發生致命問題
庭園＋花束	名流聚會、露天自助餐聚會、好的名聲
庭園＋鐮刀	圍觀災禍現場、公眾暴力行為、突發意外
庭園＋鞭子	軍事演習或鎮壓、示威遊行抗議、公開辯論
庭園＋小鳥	公開演說、演講廳、讀書交流會、講座
庭園＋小孩	遊戲場、小孩生日派對、親子樂園
庭園＋狐狸	各懷鬼胎、各懷心思的聚會、欺騙群眾
庭園＋熊	財經講座、老闆在年會上發言、樂透彩券
庭園＋星辰	把成功結果公布、激勵講座、為團體帶來希望
庭園＋送子鳥	集體意識轉變、人民素養提升、改變集合場地
庭園＋狗	名人朋友、與朋友的聚會、聚會有很多寵物
庭園＋高塔	官僚的人脈圈、社會、在人群裡孤獨
庭園＋高山	與大眾接觸或溝通出現障礙、無聊的會議或聚會
庭園＋道路	民權、民主、讓大眾做決定、到公園散步
庭園＋老鼠	來自大眾的壓力、人多嘴雜、濫竽充數
庭園＋心	與戀人訂婚並舉辦派對、在人群中遇見真愛
庭園＋戒指	與大眾的約定、社交動物、把訂婚或結婚公開
庭園＋書本	圖書館、學術殿堂、學校、學生們
庭園＋信件	活動公開說明、聚會的邀請函、會議通知
庭園＋男人	在公眾前露臉的男人、主持人、政治人物
庭園＋女人	在公眾前露臉的女人、主持人、交際花
庭園＋百合花	與年長的人會面、修行道場、花朵農場
庭園＋太陽	各大金獎、明星齊聚一堂、成功被大眾看見、在聚會上有名望
庭園＋月亮	靈性聚會、人群中閃亮的一顆星、明星、藝術展覽廳
庭園＋鑰匙	重要的聚會、有機會認識位高權重的人的聚會
庭園＋魚	拉斯維加斯、澳門賭場、做生意場合
庭園＋錨	購物新地標、穩固的社會架構、公共安全牢固
庭園＋十字架	廟會或宗教聚會、葬禮、祈禱、到廟宇拜拜

21.高山牌

高山＋騎士	被延遲的消息傳來了、比預期還久的時間到達
高山＋幸運草	好運被阻礙、問題可以順利解決、出現好轉跡象
高山＋船	旅行被延後但還是有進行、交通工具誤點
高山＋房子	難以完成的架構、隱藏在山林內的小屋、孤獨生活著
高山＋樹	病情的隱憂、病情需要長期治療、慢性病
高山＋雲	無法解決、迷路、有疑惑沒有被回答、困境的解法不明朗
高山＋蛇	跨越恐懼、有危險性的敵人、被複雜化的流程導致時程被延誤
高山＋棺材	阻礙終於被跨越、困擾得以解決、迎刃而解
高山＋花束	隱密的聚會、需要先苦後甘、跨越後迎來甜美果實
高山＋鐮刀	被延誤的行動、危險行動被阻擋下來
高山＋鞭子	長期爭執找不到溝通方法、沒有耐心
高山＋小鳥	等待許久的消息、電報、飄洋過海的問候
高山＋小孩	新生會被延遲、感到孤獨的孩子、還無法長大
高山＋狐狸	失業、職涯發展有阻礙、改朝換代相當困難
高山＋熊	花銷要限制、經濟活動停擺、投資標的一直沒有獲利
高山＋星辰	夢想受到阻礙、遲遲不能採取行動、要花花費更多時間
高山＋送子鳥	被延後的規劃終於轉動起來、等待已久的轉換
高山＋狗	朋友間有了隔閡、跟朋友離得很遠、跟朋友產生代溝
高山＋高塔	被政府或大型機構限制、內心孤單很難處理
高山＋庭園	被延期的活動或會議、休假到風景區遊玩
高山＋道路	跨越抉擇、被延遲的選擇、爬山、走步道健行
高山＋老鼠	難以處理的瑕疵、問題太多漏洞、遇到問題就緊張
高山＋心	無法說出口的愛戀、高冷、具挑戰性的愛情
高山＋戒指	重大的責任、要合作前必須先解決很多問題
高山＋書本	閱讀障礙、讀書進度落後、研究進度落後
高山＋信件	被延遲的消息、網路緩慢而傳不出的訊息
高山＋男人	事業巔峰的男人、頑固但穩重的男人、魁梧的男人
高山＋女人	自傲的女人、高冷的女人、令人有壓力的女人
高山＋百合花	獨自隱居、孤僻老人、被隔離很長一段時間
高山＋太陽	跨越後的成功、勝利被延遲但還是到來了、撥雲見日
高山＋月亮	內心感受不到情緒、魁儡、憂鬱
高山＋鑰匙	跨越下一道坎、一定可以克服的挑戰、克服挑戰打開新的篇章
高山＋魚	財運被阻、貨款被延遲繳納、河邊釣魚
高山＋錨	為期很長的挑戰、面對挑戰時堅定不疑
高山＋十字架	信仰堅定、被困難壓得喘不過氣、背負很多沈重責任

22.道路牌

道路 + 騎士	來自四面八方的消息、慎選消息來源
道路 + 幸運草	幸運即將來臨、幸運的決定
道路 + 船	很多的旅遊路線、很多方法可以移動到另一的地方
道路 + 房子	影響家庭的決定、有兩個以上的地方可以居住
道路 + 樹	跟健康有關的決定、命運的道途
道路 + 雲	對未來感到不明朗、不知道如何下決定
道路 + 蛇	錯綜復雜的道路、潛藏危險的選擇
道路 + 棺材	終點、沒有別條路可以選了、走到死路
道路 + 花束	怎麼選選都是好的成果、做選擇一定有收穫
道路 + 鐮刀	這個決定會出事情、不管怎樣現在就做決定
道路 + 鞭子	帶來紛爭的決定、選擇遵守規則
道路 + 小鳥	各種溝通方式、不合而分道揚鑣
道路 + 小孩	無畏的選擇、雙胞胎、決定會帶來新的氣象
道路 + 狐狸	多重人格、多個兼差、須慎選有被欺騙的風險
道路 + 熊	牽一髮而動全身、多個資金來源、做了決定會影響收入
道路 + 星辰	怎麼選擇都不會出錯、前方的路都是有希望的
道路 + 送子鳥	決定要改變、決定帶來正向轉變、開始有進展
道路 + 狗	跟朋友有關的決定、跟朋友去健行
道路 + 高塔	由政府決定、由法律進行裁奪
道路 + 庭園	各路人的聚會、許多活動及宴會、偌大的花園迷宮
道路 + 高山	高山健行步道、道路上受到阻礙、塞車、決定被延遲
道路 + 老鼠	有壓力的決定、充滿大大小小的事情必須處理而感到厭倦
道路 + 心	腳踏兩條船、對感情不忠誠的行為
道路 + 戒指	許多合作機會、多方協議、許多追求者
道路 + 書本	選修或改志願、多樣化的教學方式、發現新理論
道路 + 信件	許多信件、做了決定而帶來新消息
道路 + 男人	還在探索的男人、對感情沒有忠誠的男人
道路 + 女人	還在探索的女人、對感情沒有忠誠的女人
道路 + 百合花	決定帶來穩定關係、深思熟慮的決定
道路 + 太陽	正確的選擇、做了邁向成功的選擇
道路 + 月亮	踏出內心的世界、為夢想做了決定、選擇帶來曙光
道路 + 鑰匙	抉擇、做了重要的決定改變人生軌跡、命運的選擇
道路 + 魚	多角化經營、各種業務項目入帳
道路 + 錨	做了帶來安穩的決定、非常確定心之所向
道路 + 十字架	做不了選擇而感到痛苦、只剩會感到沈重的選項

23.老鼠牌

老鼠＋騎士	帶來麻煩及令人恐懼的訊息
老鼠＋幸運草	小病小痛很快會被治癒、小麻煩迎刃而解
老鼠＋船	運輸因小瑕疵而造成問題、機械的小鐵屑造成機器停擺、偷車賊
老鼠＋房子	家中有漏水、壁癌、管線老舊問題造成生活不便
老鼠＋樹	隱隱作痛、有害蟲來妨礙生長、壓力造成疾病、
老鼠＋雲	病毒或瘟疫、毒氣、迷失人生方向、愁雲慘霧
老鼠＋蛇	宵小偷竊、小問題不處理變嚴重、雪上加霜
老鼠＋棺材	困擾結束、解脫、雖然問題被解決但傷害已造成
老鼠＋花束	貪小便宜、小小的禮物、小期待、衰運好轉
老鼠＋鐮刀	不能再貪心、切除病灶、小問題造成不舒服所以想快刀斬亂麻
老鼠＋鞭子	需要不厭其煩得梳理、把問題持續修正直到解決
老鼠＋小鳥	令人坐立不安、驚嚇、談話中感到壓力、不停碎嘴
老鼠＋小孩	好動、疲於奔命、經驗不足而感到壓力
老鼠＋狐狸	薪水被東扣西扣所剩無幾、工作壓力大、隨時擔心失去工作
老鼠＋熊	破財、小漏財累積成一大筆錢、經濟上有壓力
老鼠＋星辰	癌細胞擴散、把壓力擴散給別人、夢想帶來壓力
老鼠＋送子鳥	轉變中一定會有損失、不預期的改變且感受不好
老鼠＋狗	狐朋狗友、容易情緒起伏的朋友
老鼠＋高塔	物質匱乏、把公司資源帶回家用
老鼠＋庭園	充滿壓力的聚會、人群中有小偷伺機而動
老鼠＋高山	憂鬱焦慮的情緒難以處理、有壓力的挑戰
老鼠＋道路	羊腸小徑、不管怎麼選擇都會有所損失
老鼠＋心	有毒關係、情緒勒索、面對感情有壓力
老鼠＋戒指	持續且重複的憂慮、持續惡化
老鼠＋書本	秘密被公諸於世、對未知的恐懼
老鼠＋信件	盜竊或搶劫的新聞、不好的名聲被傳播出去
老鼠＋男人	久病未癒的男人、乏力憂鬱的男人
老鼠＋女人	久病未癒的女人、乏力憂鬱的女人
老鼠＋百合花	老年後的慢性病、久病未癒、長期服藥打針
老鼠＋太陽	苦盡甘來、在絕望中找到希望
老鼠＋月亮	情緒起伏大、油然而生的恐懼侵蝕內心
老鼠＋鑰匙	進展不如預期、別太樂觀
老鼠＋魚	金錢損失、事業基礎被小人啃食
老鼠＋錨	失去原本的安穩、生活出現各種麻煩事、失業
老鼠＋十字架	非常嚴重的損失、恐慌且沒有任何轉機

24.心牌

心＋騎士	熱情的訊息、戀愛告白
心＋幸運草	有戀愛運、有機會遇到喜歡的人
心＋船	蜜月旅行、甜蜜旅行、戀人飄洋過海來找你、出走尋找愛情
心＋房子	家中充滿關愛、可以依靠的地方、可靠的愛
心＋樹	心臟方面的疾病、內心和平、身心靈平衡
心＋雲	曖昧讓人受盡委屈、愛的感覺飄忽不定
心＋蛇	內心充滿嫉妒、克制不住偷嚐禁果
心＋棺材	心死、狠心結束戀情、太久沒有關注自己的感受
心＋花束	令人開心的戀情、愛是風愛是光愛是太陽
心＋鐮刀	心臟開刀、心痛比快樂更真實
心＋鞭子	充滿熱情、激烈性愛、暴力的愛
心＋小鳥	充滿愛的話語、調情、表達愛意
心＋小孩	純真的愛、兩小無猜、不成熟的愛
心＋狐狸	熱愛工作、關係中有欺瞞與不誠實
心＋熊	守護所有愛的人、經濟能力很好的伴侶、固執的伴侶
心＋星辰	紅鸞星動、夢中情人、讓周圍的人都感受到愛
心＋送子鳥	心境轉變、戀情進展順利、對愛的認知有正向改變
心＋狗	最好的朋友、靈魂伴侶、靈魂家族
心＋高塔	把愛用更廣闊的方式給予世人、大愛、在愛中感到孤獨
心＋庭園	到處留情、交往對象眾多、公開場合告白
心＋高山	感情中有阻礙、缺乏愛人的能力、無法表達愛
心＋道路	分手與分離、各奔東西、有許多戀人
心＋老鼠	心中充滿擔憂、害怕失去愛、因病失去伴侶
心＋戒指	將心交給另一半、約定、結婚
心＋書本	地下戀情、暗戀對象、愛情小說
心＋信件	情書、傳遞將情的訊息、結婚證書
心＋男人	熱情的男人、充滿愛的男人
心＋女人	熱情的女人、充滿愛的女人
心＋百合花	用心培養的感情、老夫老妻還是很有愛
心＋太陽	明心見性、陷入熱戀、愛是電愛是光
心＋月亮	深愛對方、絲絲點點浪漫累積著情感
心＋鑰匙	打開心房接受愛、解除封印的內心感受
心＋魚	內心澎湃、水乳交融的愛、熱愛賺錢
心＋錨	確認心意、長期承諾的愛、忠誠穩定的愛
心＋十字架	命中註定的愛、業力伴侶、患得患失、心痛比快樂更真實

25.戒指牌

戒指＋騎士	伴侶傳來的消息、合作夥伴傳來的消息
戒指＋幸運草	正向循環、好運帶來更多好運、有用的承諾
戒指＋船	貨運單、跨國合作、跨國生意、靈魂約定
戒指＋房子	租賃契約、地契、有合約保障相當安全
戒指＋樹	感情開始扎根、長期合作對象
戒指＋雲	契約內有說明不明確的條款、
戒指＋蛇	婚姻被背叛、合作被背叛、合約漏洞、假合約
戒指＋棺材	一段關係結束、合約終止或結束
戒指＋花束	求婚、訂婚、非常優質的合作條件
戒指＋鐮刀	結束合作快刀斬亂麻、合作突然中止
戒指＋鞭子	修正合約內容、需要來回斡旋的合約、重複確認合作內容
戒指＋小鳥	與合作對象相談甚歡、可以溝通的伴侶
戒指＋小孩	領養小孩、小孩監護權、因為小孩而結婚
戒指＋狐狸	工作合約、外包工作合約、合約中有陷阱
戒指＋熊	名正言順的佔有、守護讓人感覺到強迫、理財合約
戒指＋星辰	與名人結婚、非常優質的合作合約、符合期待的合作
戒指＋送子鳥	重新談合約內容、調整不平等條約、關係轉換朋友變戀人
戒指＋狗	忠誠且誠實的合作夥伴、共同打拼夥伴
戒指＋高塔	符合法律的合約、在婚姻中感到孤獨
戒指＋庭園	會員制店家、俱樂部、健身房、夫妻都是公眾人物
戒指＋高山	被延遲的合約、有一方無法履行合約、夫妻相隔遙遠
戒指＋道路	許多承諾關係、重婚、許多合約與合作
戒指＋老鼠	合約中有欺騙、關係的結束、無法履行合約而感到壓力
戒指＋心	真心交付、結婚、合夥、真心誠意的邀請與承諾
戒指＋書本	婚約、秘密或私下定終身、合約條款、合約內容
戒指＋信件	關於合約的消息、合約本身
戒指＋男人	已婚的男人、丈夫、男朋友
戒指＋女人	已婚的女人、妻子、女朋友
戒指＋百合花	長年的感情、老夫老妻、長期合作夥伴
戒指＋太陽	承諾可以被達成、很好的對象或合作夥伴
戒指＋月亮	對他人有強烈吸引力、對於承諾內心有悸動
戒指＋鑰匙	可以談成合作、談了合作可以打開新的機會與視野
戒指＋魚	生生不息、生意上的合約、與夥伴溝通順暢
戒指＋錨	確定環節、穩固的合作關係、長期合約
戒指＋十字架	循環的課題、帶來苦痛的感情、合作帶來的沈重責任

26.書本牌

書本＋騎士	學習的資訊、與秘密有關的訊息被傳遞、意想不到來客
書本＋幸運草	研究上有意外的突破、在知識領域嶄露頭角
書本＋船	秘密出航、國際研習、出國增廣見聞
書本＋房子	家庭調查、房地產知識或證照、有著秘密暗道的房子
書本＋樹	醫學相關研究、植物研究學家、深入探討智慧
書本＋雲	沒有被整理過的資料、在眾多資料中找不到可用資訊
書本＋蛇	學習智慧、誤導讀者的書本內容、充滿負面訊息的書刊
書本＋棺材	秘密被揭開因而被阻止、知識沒有用武之地、肄業
書本＋花束	相簿、禮物是書、藝術相關書籍、研究有了成果
書本＋鐮刀	速學法、秘密的決定、將書本內的知識收為己用
書本＋鞭子	必須一遍又一遍的練習材能記住知識、努力練習
書本＋小鳥	在公眾面前傳遞知識、研討會、做書籍促銷
書本＋小孩	兒童書籍、喜歡閱讀的小孩、學生
書本＋狐狸	偵探、檢察官、懸疑或偵探小說、會計師
書本＋熊	經驗豐富的老闆、秘密被保守住了、閱讀財經相關書籍
書本＋星辰	占卜書、神秘學書籍、星象學、有名氣的書籍
書本＋送子鳥	學著改善方法、研究有了新的轉機、翻譯書籍
書本＋狗	學富五車的朋友、有秘密的朋友
書本＋高塔	六法全書、法律條文、教授、政治組織
書本＋庭園	出版書籍、作家的簽書會、作家分享講座
書本＋高山	讀書遇到瓶頸、資料很難整合、地理或地質學
書本＋道路	學習出現兩個方向可以選擇、雙修學位
書本＋老鼠	學習中感受到壓力、考試不及格、書本被蟲啃食
書本＋心	被暗戀著、暗戀別人、跟心臟相關醫學知識
書本＋戒指	被重複翻閱、調查夥伴的背景、契約中有隱藏項目
書本＋信件	考試相關書籍、雜誌目錄、秘密的資料
書本＋男人	有秘密的男人、知識淵博的男人、作家
書本＋女人	有秘密的女人、知識淵博的女人、作家
書本＋百合花	掌握某個領域專精知識、在學術領域浸淫已久
書本＋太陽	秘密被攤在陽光下、考試通過、研究項目迎來成功
書本＋月亮	占卜師、心理學家、諮商師、魔法書籍、魔法研究
書本＋鑰匙	秘密被解開、研究有重要發現、書裡的知識帶來嶄新思考方向
書本＋魚	商學院、商科學生、海洋研究科系、秘密帳目
書本＋錨	知識含量很高的工具書、秘密深埋著沒有被發現
書本＋十字架	秘密帶來沈重負擔、閱讀宗教相關書籍、了解命運

27.信件牌

信件 + 騎士	送信、社群媒體的訊息、手機訊息傳來
信件 + 幸運草	中獎訊息、發票中獎、各種抽獎中了小獎項
信件 + 船	海外寄來的名信片、來自他國的訊息、社群上的訊息
信件 + 房子	租房契約、地契、售屋傳單、網路上的租屋訊息
信件 + 樹	健檢通知、醫療收據、户口名簿、保單、媽媽貼在冰箱上的備忘錄
信件 + 雲	信件寄了很久還沒到、傳遞的訊息不明確、Email 發送失敗
信件 + 蛇	酸民的留言、長輩在群組傳送錯誤知識訊息
信件 + 棺材	遺書、訃聞、不及格的成績單、資遣或辭職信
信件 + 花束	邀請函、好消息被傳遞、含有優惠券的傳單
信件 + 鐮刀	信件被撕毀、資遣或辭職信件、起訴書、存證信函
信件 + 鞭子	違規罰單、手機跳出重複提醒、帶著怒意的訊息、有性暗示的訊息
信件 + 小鳥	社群網站、八卦週刊、各種傳單、文學獎活動
信件 + 小孩	首次收到、出生證明、註冊學費單、小孩寫的節慶卡片
信件 + 狐狸	錄取信、獵人頭訊息、詐騙集團透過簡訊傳來的訊息
信件 + 熊	土地稅務、投資相關的訊息、與家中長輩有關的訊息
信件 + 星辰	通訊軟體、電子郵件、好消息一個傳一個
信件 + 送子鳥	搬遷通知、帶來轉變的訊息、消息被更新
信件 + 狗	喜歡傳訊息聊天的朋友、會寫作的朋友
信件 + 高塔	政府寄送的公文、法律相關文件、將孤單的感覺寫在紙上抒發心情
信件 + 庭園	聚會的邀請函、在活動中被邀請合作、網路行銷
信件 + 高山	無法收信、網路不佳訊息被延遲傳送、寄信後對方沒有回音
信件 + 道路	社群分享貼文、轉寄電子郵件、選擇接收的訊息
信件 + 老鼠	生病的訊息、被竊的通知或報導、陷害別人的訊息
信件 + 心	傳送情話、曖昧訊息、看到嘴角會上揚的消息
信件 + 戒指	錄取通知、各種簽署的合約、結婚證書
信件 + 書本	入學通知、合約被整理成檔案夾、筆記本、被整過的資料
信件 + 男人	男作家、關於男人的訊息、擅言詞的男人
信件 + 女人	女作家、關於女人的訊息、擅言詞的女人
信件 + 百合花	跟老人有關的訊息、來自認識很久的人的訊息、等待很久的訊息
信件 + 太陽	學位、獎狀、錄取通知、過關通知
信件 + 月亮	充滿感性的訊息、製作優美的傳單、文情並茂的訊息
信件 + 鑰匙	考取到證照、入場券、私密聚會邀請函
信件 + 魚	訂單絡繹不絕、紙鈔進出、各種生意合約
信件 + 錨	入取通知、入境檢疫表
信件 + 十字架	帶來沈重的消息、跟宗教相關的訊息

28.男人牌

男人＋騎士	男騎士、男人帶來訊息、男人前往新的方向
男人＋幸運草	男人有幸運的事發生、會賭博、正面思考的男人
男人＋船	男性外國人、男人去旅行、常常出差的男人
男人＋房子	男主人、從事房產工作的男人、喜歡待在家的男人
男人＋樹	男人生病、從事醫療工作的、靈魂伴侶
男人＋雲	情緒不穩定的男人、沒有目標的男人、無法定下來的
男人＋蛇	愛情的騙子、具誘惑感的男人、從事維修水管的工作
男人＋棺材	搞破壞的男人、男人健康狀態很差、個性陰沈的男人
男人＋花束	美型男、男人具有魅力、會逗人開心的男人
男人＋鐮刀	開刀的醫師、屠夫、果斷的男人
男人＋鞭子	有原則的男人、愛健身的男人、有暴力傾向、喜歡性愛的男人
男人＋小鳥	男同志伴侶、愛聊八卦的男人、男人是演講者
男人＋小孩	男童、幼稚的男人、不負責任的男人
男人＋狐狸	男人是工作狂、油嘴滑舌或會說謊的男人
男人＋熊	壯碩的男人、顧家但控制欲強的男人、固執的男人
男人＋星辰	占卜師或玄學家、男明星、成功的男人、
男人＋送子鳥	長得高的男人、長腿叔叔、男人帶來轉變
男人＋狗	靠得住的男人、男性朋友、忠誠的男人、男人有養狗
男人＋高塔	在政府機關工作的男人、律師、高又自信的男人
男人＋庭園	男公關、花花公子、常常出現在公眾面前的男人
男人＋高山	逃避的男子、固執的男人、正處於阻礙及不順的男人
男人＋道路	男人外遇或不忠於關係、猶豫不決的男人
男人＋老鼠	男人感到壓力、瘦小駝背的男人、小偷
男人＋心	熱情的男人、男人戀愛中、充滿魅力的男人
男人＋戒指	已婚男性、男人簽下合約、忠誠的男人
男人＋書本	學者、有知識含量的男人、有秘密的男人
男人＋信件	作家、做傳遞訊息相關工作的男人
男人＋女人	紳士的男人、伴侶、比翼鳥與連理枝
男人＋百合花	年老的男人、經驗豐富的男人
男人＋太陽	耀眼的男人、讓人覺得溫暖的男人、男人運勢很好
男人＋月亮	感性且浪漫的男人、男人充滿創意
男人＋鑰匙	成功的男性、可以解決問題的男人、生命中重要的男人
男人＋魚	生意人、有錢的男人、可以溝通的男人
男人＋錨	穩定性格且可以信任的男人、海軍、船務員
男人＋十字架	男人正在受苦、牧師、和尚、道士、男人有信仰

29.女人牌

女人＋騎士	女騎士、女人帶來訊息、女人前往新的方向
女人＋幸運草	女人有幸運的事發生、會賭博、正面思考的女人
女人＋船	女性外國人、女人去旅行、常常出差的女人
女人＋房子	女主人、從事房產工作的女人、喜歡待在家的女人
女人＋樹	女人生病、從事醫療工作的、靈魂伴侶
女人＋雲	情緒不穩定的女人、沒有目標的女人、無法定下來的
女人＋蛇	綑綁勒索的女人、愛情的騙子、具誘惑感的女人
女人＋棺材	女人健康狀態很差、個性陰沈的女人
女人＋花束	容貌姣好的、女人具有魅力、會逗人開心的女人
女人＋鐮刀	女花藝師、開刀的醫師、女廚師、果斷的女人
女人＋鞭子	女教官、愛健身的女人、有暴力傾向、喜歡性愛的女人
女人＋小鳥	女同志伴侶、愛聊八卦的女人、女人是演講者
女人＋小孩	女童、幼稚的女人、不負責任的女人
女人＋狐狸	女人是工作狂、背後說壞話或會說謊的女人
女人＋熊	有點肉的女人、顧家但控制欲強的女人、固執的女人
女人＋星辰	女明星、成功的女人、占卜師或玄學家
女人＋送子鳥	長得高的女人、女人帶來轉變、女模特兒
女人＋狗	女性朋友、忠誠的女人、女人有養狗
女人＋高塔	在政府機關工作的女人、律師、高又自信的女人
女人＋庭園	交際花、常常出現在公眾面前的女人
女人＋高山	固執的女人、正處於阻礙及不順的女人
女人＋道路	女人外遇或不忠於關係、猶豫不決的女人
女人＋老鼠	女人感到壓力、瘦小駝背的女人、小偷
女人＋心	熱情的女人、女人戀愛中、充滿魅力的女人
女人＋戒指	已婚女性、女人簽下合約、忠誠的女人
女人＋書本	學者、有知識含量的女人、有秘密的女人
女人＋信件	作家、做傳遞訊息相關工作的女人
女人＋男人	淑女的女人、伴侶、比翼鳥與連理枝
女人＋百合花	年老的女人、經驗豐富的女人
女人＋太陽	耀眼的女人、讓人覺得溫暖的女人、女人運勢很好
女人＋月亮	感性且浪漫的女人、女人充滿創意
女人＋鑰匙	成功的女性、可以解決問題的女人、生命中重要的女人
女人＋魚	生意人、有錢的女人、可以溝通的女人
女人＋錨	穩定性格且可以信任的女人、海軍、船務員
女人＋十字架	女人正在受苦、修女、尼姑、祭司、女人有信仰

30.花牌

百合花＋騎士	來自老人的消息、有智慧的訊息、真摯的訊息
百合花＋幸運草	培養很久的事物迎來好結果、專注在自己的事情上而獲得好結果
百合花＋船	老交通工具、老人家的進香團、規劃很久的假期旅程
百合花＋房子	祖宅、屋齡高的房子、老人家的住所
百合花＋樹	年老後的病症、修身養性、阿茲海默症
百合花＋雲	年老健忘、長期培養的事物還看不見結果
百合花＋蛇	長期的培養白費、老人家遇到詐騙、被老人算計
百合花＋棺材	獨居老人、幸福結束、長期培養的事物結束
百合花＋花束	安詳且快樂、開心的老人家、拜拜用百合花束
百合花＋鐮刀	手術經驗豐富的醫生、決定結束長期在做的事情
百合花＋鞭子	因為固執己見而爭吵、長期存在的問題重複發生
百合花＋小鳥	老夫老妻、長久訊息或書信來往的對象
百合花＋小孩	孫子孫女、人老心不老、花很多時間栽培小孩
百合花＋狐狸	工作年資很長、累積了智慧、長期外遇或不忠
百合花＋熊	退休金、老人家們、老闆在業界有一定的地位
百合花＋星辰	花費一生獲得的榮譽、來自佛陀或觀世音菩薩的指引
百合花＋送子鳥	年長者的轉變、傳產開始轉型、懷孕
百合花＋狗	幾十年的老朋友、有智慧且待人真摯的朋友
百合花＋高塔	為老人服務的政府機構、療養院、職位很高
百合花＋庭園	老人家可以散步喝茶的公園、歷史博物館、禪修場地
百合花＋高山	長期挑戰卻無法跨越、長期培養的事物進度被阻、頑固老人
百合花＋道路	交由長者決定、有智慧的決定、老人面臨抉擇
百合花＋老鼠	年老後身體開始出現小病小痛、長期的憂慮或心神不寧
百合花＋心	長者的愛、長久的戀情、長久經營的關係、老式浪漫
百合花＋戒指	與年長者的合約、與跟自己年紀大的人結婚
百合花＋書本	古書、年代久遠的檔案夾、有秘密的老人
百合花＋信件	年代久遠的信件、爺爺奶奶的情書、放很久的借據
百合花＋男人	年長的男人、長期經營後獲得成功的男人、成熟的男人
百合花＋女人	年長的女人、長期經營後獲得成功的女人、成熟的女人
百合花＋太陽	充滿活力的長者、長期的培養開花結果、圓滿
百合花＋月亮	寶刀未老、徐娘半老、越老越有魅力
百合花＋鑰匙	年長的關鍵人物、經驗老道仍在職場活躍的老人
百合花＋魚	永續經營、長期持有的股票與股份、家族的生意
百合花＋錨	繼承家業、永續發展、做了一個需長期執行的決定
百合花＋十字架	不可觸犯的戒律、教皇、師祖、長期的壓迫

31.太陽牌

太陽＋騎士	好消息到來、正在往成功前進、前途一片光明
太陽＋幸運草	遍地冒出新芽、一睜開眼就是幸運的事情、賭博會賺到錢
太陽＋船	在海外發展成功、規劃已久的事情獲得成功
太陽＋房子	幸福的一家人、房子陽光充足冬暖夏涼
太陽＋樹	健康有活力、溫室、健康狀態極佳
太陽＋雲	突然迷失了、現在的成功不會維持太久、不可抗的因素阻擋成功
太陽＋蛇	成功後帶來眼紅的人、遭人嫉妒
太陽＋棺材	成功化為烏有、進入黑夜、人生起伏的低谷
太陽＋花束	慶功宴、獲得成就或滿堂彩、向日葵
太陽＋鐮刀	明確地清理、快刀斬亂麻、有非常好的收穫
太陽＋鞭子	基本道德、激烈競爭或訓練、在陽光下耕種或運動
太陽＋小鳥	夢想的宣傳、充滿朝氣的說話聲、一場成功的演唱會或演講
太陽＋小孩	新的開始會邁向成功、受矚目的小孩、長子、天才
太陽＋狐狸	成功背後帶著欺騙、在工作領域很成功
太陽＋熊	看見自己的價值、優渥的報酬、成功的投資
太陽＋星辰	功成名就、在很多方面都獲得成功
太陽＋送子鳥	非常正面的轉變、轉變一定會光明且耀眼
太陽＋狗	溫暖的陪伴、有朝氣的朋友、忠誠的粉絲
太陽＋高塔	業界第一、優秀的政府單位、電力公司、太陽能產業
太陽＋庭園	成功的展演、充滿歡樂氣氛的公開場合
太陽＋高山	清楚地看見挑戰、成功的路上受到阻礙
太陽＋道路	決定會成功、散步的步道、指導靈指引的道路
太陽＋老鼠	耀眼帶來麻煩、成功引來宵小破壞
太陽＋心	炙熱得表達心意、熱戀、熱情
太陽＋戒指	成功的合作關係、美滿的婚姻
太陽＋書本	學習成果非常好、出書獲得好評、秘密被攤在陽光底下
太陽＋信件	申請通過、獎狀、帶來成功的消息
太陽＋男人	風雲人物、吸引別人目光、充滿個人魅力
太陽＋女人	風雲人物、吸引別人目光、充滿個人魅力
太陽＋百合花	長輩開明、成功可以持續很久、圓滿喜悅的結果
太陽＋月亮	實現腦海中的藍圖、創作受到好評
太陽＋鑰匙	這麼做一定會成功、進展一定會很順利
太陽＋魚	門庭若市、生意擴展、日進斗金
太陽＋錨	成就相當穩固、長期的堅持帶來成功
太陽＋十字架	在陽光下勞動、成功帶來的負擔、一定會成功

32.月亮牌

月亮＋騎士	關心的訊息、內心的訊息、夜晚的訪客
月亮＋幸運草	桃花，名望、感受關注、幸運的靈感或直覺
月亮＋船	情緒洶湧的旅程、夜遊夜景、度蜜月、感性的旅行
月亮＋房子	禱告室、溫馨溫暖的房子、療癒空間、催眠室
月亮＋樹	情緒翻攪影響健康、體內水份狀況、心理疾病
月亮＋雲	情緒上的翻攪、感受到迷惘、不知道自己怎麼了
月亮＋蛇	被糾結勒索的情緒、情感上黑暗面、仇恨或怨念
月亮＋棺材	感到死心、情感被封藏、不再表現自己的情緒
月亮＋花束	浪漫的禮物、被呵護的心情、打扮漂亮而開心
月亮＋鐮刀	週期性的收割、任性的決定、直覺要切斷
月亮＋鞭子	情緒化的爭執、自我中心、感受到性感或上癮
月亮＋小鳥	真心話大冒險、討論彼此心事、夜晚談心
月亮＋小孩	內在小孩、情感很幼稚、想任性不管別人
月亮＋狐狸	隱藏內在的面具、假裝若無其事、有心事沒說
月亮＋熊	情感豐沛自信、坐擁財富而滿足、紙醉金迷
月亮＋星辰	幻想預設立場、靈魂與內在、情感的前世記憶、潛意識分析
月亮＋送子鳥	感受逐漸好轉、情緒得到改善、情緒轉移
月亮＋狗	貼心或懂你的朋友、忠誠的陪伴、心有靈犀般的理解
月亮＋高塔	心中建構的高牆、將自己的情緒累積、活在自己的世界
月亮＋庭園	交流心情的聚會、開心期待的環境、心中最佳的場景
月亮＋高山	情緒被阻塞住了、感受到壓力、跨越的壓力
月亮＋道路	內心的抉擇、夜晚的公路、心中另有所思
月亮＋老鼠	心中的恐懼與害怕、週期性的傷害、季節性過敏
月亮＋心	翻攪的內心、浪漫的情感、夜間的約會、洶湧澎湃的內心
月亮＋戒指	週期性的約定、情感上的約定、內在的制約
月亮＋書本	隱藏心裡的秘密、心靈成長的書籍、情感上的學習
月亮＋信件	溫暖貼心的訊息、期待已久信件、深夜傳來的通知
月亮＋男人	浪漫的男人、男靈媒、情感豐沛的男人、週期翻攪的男人
月亮＋女人	月事、浪漫的女人、女靈媒、情感豐沛的女人、週期翻攪的女人
月亮＋百合花	靈魂伴侶、內心的成熟、守舊傳統的人、心事重重的老人家
月亮＋太陽	情投意合、極度合適、願望成真、名望被擴大
月亮＋鑰匙	名望或名聲被關注、重要的創意、認同擁有決策權
月亮＋魚	很成功有收穫的生意、夜晚釣魚、內在深層的感情關係、創意豐沛
月亮＋錨	感覺的確定、感情上的穩定、心意已決
月亮＋十字架	忠貞的情感、挑戰世俗的眼光、陰暗面或反社會

33.鑰匙牌

鑰匙 + 騎士	重要訊息消息、帶來解答的訪客、解決的辦法
鑰匙 + 幸運草	開運、關鍵的零件、轉運幸運符、開始萌芽
鑰匙 + 船	走向國際、國門大開、重要成功旅程、重要貿易貨物
鑰匙 + 房子	房子鑰匙、家中的主權、架構的核心權力
鑰匙 + 樹	祖先智慧、祖傳秘方、健康的重點、體內循環
鑰匙 + 雲	發展的目標不明確、雲端密碼、解讀疑惑的地方
鑰匙 + 蛇	開啟智慧運用、潘朵拉的盒子、內部藏有危險
鑰匙 + 棺材	重生的關鍵、開創後發現不可行、負責結束的關鍵、開棺撿骨
鑰匙 + 花束	重要的聚會、很需要的禮物、重視的邀約
鑰匙 + 鐮刀	重要的切割、獲得處理權、關鍵時刻的捨棄
鑰匙 + 鞭子	必然的整頓、關鍵性的政策、開始新規則
鑰匙 + 小鳥	重要的會議、政策性的討論、方向的議論
鑰匙 + 小孩	重點的學步階段、第一次創業、無所畏懼的開始
鑰匙 + 狐狸	有人覬覦權力、必要的心機、要沉得住氣
鑰匙 + 熊	掌握大權、進入權威圈、轉型要經過董事同意
鑰匙 + 星辰	生命或靈魂藍圖、關鍵的藍圖、阿卡西記憶庫
鑰匙 + 送子鳥	全面的革新或改革、改變的最好時機、全新視野的轉換
鑰匙 + 狗	很重要的朋友、開發新朋友圈、新生活的成員、再養新寵物
鑰匙 + 高塔	打開新視野、機密的單位與機構、解密機構或研究院
鑰匙 + 庭園	進入一個圈子、形象轉換或新身份、重大發現的公布
鑰匙 + 高山	決定跨越難關、必然面對的挑戰、開始前就遇到障礙
鑰匙 + 道路	通關閘口、交流道、開展方向的選擇、重大抉擇
鑰匙 + 老鼠	新方向的瑕疵、預設的恐懼、自信心不足
鑰匙 + 心	解開心結、開啟心房、真正的信任、被接納、全面的開心
鑰匙 + 戒指	解除約定、重要的約定或誓言、開啟新的婚姻、一起努力的約定
鑰匙 + 書本	關鍵的秘密或口供、測謊、破解謊言
鑰匙 + 信件	翻譯信中的內容、關鍵的訊息、核定合格通知書
鑰匙 + 男人	重要的男人、握有關鍵的男人、解密或測謊的男人
鑰匙 + 女人	重要的女人、握有關鍵的女人、解密或測謊的女人
鑰匙 + 百合花	重點是細心並且長期照護、開啟了長期合作關係
鑰匙 + 太陽	前途一切光明、無論如何都會成功、明朗的夢想
鑰匙 + 月亮	解開心中的疑惑、接著只需要稍待、關鍵的直覺
鑰匙 + 魚	關鍵的金援、成功的第一桶金、靈活運用的關鍵
鑰匙 + 錨	重要的決策、擁有絕對的主導權、成功達成目標
鑰匙 + 十字架	開啟靈性旅途、決定犧牲奉獻、 成功卻背負煎熬、重要的信仰

34.魚牌

魚＋騎士	收到投資相關訊息、郵寄費用
魚＋幸運草	投資有小賺、賭運不錯、金錢上的幸運
魚＋船	大量投資的啟動、透過國際貿易
魚＋房子	家族的生意、經商的家庭、靠海的房子、從事漁業的家庭
魚＋樹	水療、泡溫泉、生意穩定及擴大經營
魚＋雲	生意愁雲慘霧、金錢流向不明、經濟狀態不穩定
魚＋蛇	過深交流會有危險、生意上的競爭對手、有錢的女人
魚＋棺材	投資終止、生意失敗、失去自由、紛爭導致終結
魚＋花束	高價的禮物、獎金、繼承財產
魚＋鐮刀	經濟狀態上的修整、投資項目獲利出場或停損、血光之災
魚＋鞭子	理財規範、金錢上的糾紛、拼命工作賺錢、感情洶湧
魚＋小鳥	生意上的夥伴、溝通順暢、叫賣生意
魚＋小孩	金湯匙的孩子、剛開始的投資或創業、子嗣生生不息
魚＋狐狸	做假帳問題、龐氏騙局、投資詐騙、顧問工作
魚＋熊	銀行、坐擁很多財富、經濟狀況穩固
魚＋星辰	投資心靈、成功的生意、繁榮與興盛、成功的夢想家
魚＋送子鳥	生意上得轉型帶來更多收入、併購
魚＋狗	交易多年的、生意上的夥伴、有錢的朋友
魚＋高塔	市場的規制、銀行、金管會、金融法案
魚＋庭園	市集、百貨公司、購物中心、交流聚會
魚＋高山	應收帳款、財務上有困難需要處理、生意停頓
魚＋道路	決定做什麼生意或投資、多角化經營
魚＋老鼠	金流有問題、公司被掏空、金錢被蠶食鯨吞
魚＋心	喜歡做生意賺錢、喜歡投資、靈魂伴侶
魚＋戒指	因利益而簽署的合約、找回你的靈魂家族
魚＋書本	來源不明的錢財、看書學投資、海洋知識
魚＋信件	獲利的通知、投資訊息、鈔票、支票
魚＋男人	做生意的男人、財富自由的男人、有喝酒習慣的男人
魚＋女人	做生意的女人、財富自由的女人、有喝酒習慣的女人
魚＋百合花	老字號、有錢的長者、正在打生意基礎
魚＋太陽	財運很旺、累積錢財速度很快、投資獲利很好
魚＋月亮	將創意變成一門生意、賺到錢實現夢想
魚＋鑰匙	接到重要或大型的生意、變成龍頭產業
魚＋錨	財務狀態很穩定、永續經營
魚＋十字架	有錢的宗教團體、自由信仰、業績壓力帶來沈重

35.錨牌

錨 + 騎士	可靠的消息被傳遞、已經定案的消息被傳遞
錨 + 幸運草	確認有進展、幸運以及踏實、帶來幸運的決定
錨 + 船	安穩的旅程、長期待在國外、交通很安全
錨 + 房子	長期的住所、安穩的家庭結構、不動產
錨 + 樹	健康狀況很穩定、成長穩定、深度醫療研究
錨 + 雲	長期處在不安穩的狀態、無法做出決定
錨 + 蛇	安穩出現問題、鑽牛角尖、鎖定糾纏
錨 + 棺材	長期出狀況無藥可救、安穩的狀態被中斷
錨 + 花束	長期感到安穩幸福、時常感覺良好
錨 + 鐮刀	肯定的分類、非常確定要即刻切除不要的
錨 + 鞭子	長期做重複勞動的工作、健身、長期爭執與虐待
錨 + 小鳥	討論後有結論出現、長期來往的伴侶
錨 + 小孩	對新的開始非常堅定、固執的小孩、性情穩定的小孩
錨 + 狐狸	長期在工作中諜對諜、工作穩定
錨 + 熊	長期的金錢投資、穩定的配息投資
錨 + 星辰	設定夢想、達成目標與夢想、很確定自己要什麼
錨 + 送子鳥	重大改革、很確定要迎來轉換、雖然轉換但做足準備
錨 + 狗	可靠的朋友、長期來往且真誠的合作夥伴
錨 + 高塔	不動產公司、僱傭安穩的公司、鐵飯碗
錨 + 庭園	拍賣會、安全的公共場合、安居樂業的環境
錨 + 高山	非常固執、變動不了的事物、長期挑戰
錨 + 道路	需要下定決心、做了選擇就堅定地去做
錨 + 老鼠	決策有瑕疵、工作有危險性、注意安全、長期受損
錨 + 心	忠誠且堅定的情感、穩固不變的愛
錨 + 戒指	長期合作或合約、認定了就是一生
錨 + 書本	秘密依然塵封、長期從事教育、研究
錨 + 信件	申請通過的信件、非常確定的訊息
錨 + 男人	自律且有自信的男人、忠誠且老實、個性嚴肅
錨 + 女人	自律且有自信的女人、忠誠且老實、個性嚴肅
錨 + 百合花	長期堅定穩固的狀態、幾乎無法動搖
錨 + 太陽	方向很明確、一定會成功、一定會達成目標
錨 + 月亮	確定心中的想法、好名聲很難被打壞、安穩的夜晚
錨 + 鑰匙	設定密碼、安全系統、萬事俱備而且有東風
錨 + 魚	穩定獲利的生意、永續經營
錨 + 十字架	考驗、死定了、堅定的信仰、迷信

36.十字架牌

十字架＋騎士	課題即將到來、悲傷或沈重的消息、注定會聽到的消息
十字架＋幸運草	痛苦被減輕、來自神的祝福、破曉
十字架＋船	艱困的旅程、注定要走一遭的體驗、追逐信仰的旅程
十字架＋房子	壓抑的家庭氣氛、有宗教信仰的家庭
十字架＋樹	健康問題帶來各種困境、體力不支
十字架＋雲	信仰不堅定、感受到痛苦、愁雲慘霧
十字架＋蛇	遇到邪教、透過信仰進行勒索
十字架＋棺材	打到谷底不會再低了、信仰的考驗
十字架＋花束	注定迎來幸福、需要先苦過才會珍惜、解脫
十字架＋鐮刀	犧牲奉獻一切、注定的離別
十字架＋鞭子	來自宗教的打壓、透過信仰嚴刑峻法
十字架＋小鳥	告解、對神懺悔、訴說痛苦
十字架＋小孩	靈性高敏感的小孩、從小出生在宗教組織
十字架＋狐狸	逃脫宿命、非常沈重的工作、以為是考驗結果是騙局
十字架＋熊	沈重的經濟壓力、堅定的信仰
十字架＋星辰	注定走上靈魂道路、人生旅程是命中注定
十字架＋送子鳥	注定的轉變、因為經歷痛苦所以下定決心改變
十字架＋狗	有虔誠信仰的朋友、願意聽取心聲的朋友、諮商師
十字架＋高塔	廟宇、教堂、神的旨意
十字架＋庭園	墓園、宗教的慶典活動、人群恐懼、痛苦的人民
十字架＋高山	痛苦無法跨越、想要離開人世、苦行
十字架＋道路	痛苦的離別、注定要分道揚鑣
十字架＋老鼠	精神崩潰、被意識干擾、困在自己的想法裡
十字架＋心	受到神明的指引、得到救贖、心痛
十字架＋戒指	與神的約定、接天命、相當沈重的承諾
十字架＋書本	佛經、聖經、憂傷的秘密無法告訴他人
十字架＋信件	帶來痛苦的訊息、來自他人的指責訊息
十字架＋男人	有信仰的男人、想接觸靈性、內心受到龐大的折磨的男人
十字架＋女人	有信仰的女人、想接觸靈性、內心受到龐大的折磨的女人
十字架＋百合花	老年人的疼痛、憂鬱的年長者、長期培育越來越辛苦
十字架＋太陽	注定邁向成功、因信仰而得到救贖、從苦難中解脫
十字架＋月亮	犧牲奉獻一切、痛苦又憂傷
十字架＋鑰匙	因信仰開啟新的視野、重生的機會
十字架＋魚	捐錢給信仰中心、生意慘淡經營困難
十字架＋錨	堅定的信仰、在痛苦中無法解脫、注定痛苦

【附錄 2】快速查閱指南 - 前世記憶聯想關鍵字

01. 騎士牌	前進、逃脫、傳遞訊息
02. 幸運草牌	邂逅、青梅竹馬、短暫相處
03. 船牌	船難、冒險、海上戰爭、諾亞方舟、亞特蘭提斯記憶
04. 房子牌	紫禁城、城堡、貴族、禮教規範
05. 樹牌	古老記憶、業力、大地女神蓋亞、薩滿、上古神
06. 雲牌	雲上國度、天道、戰爭、天譴、暴風雨來襲
07. 蛇牌	監禁、被詛咒、被毒死、薩滿智慧
08. 棺材牌	轉世投胎、轉生儀式、詛咒、死後世界
09. 花束牌	相遇、迎親成婚、花海中相遇、華麗的年代
10. 鐮刀牌	兵器、奴隸、劊子手、起義、獵巫行動
11. 鞭子牌	監獄、勞動、鞭子武器、魔法掃把
12. 小鳥牌	私奔、詩人、自由自在、會飛的種族
13. 小孩牌	小公主、指腹為婚、孤兒院、星際小孩
14. 狐狸牌	商人記憶、陷阱、追捕、陰陽師、妖怪幻化
15. 熊牌	老臣、開國元老、國王、領主、山賊、兵團
16. 星辰牌	飛行員、宇宙、外星人、光行者、命運捉弄
17. 送子鳥牌	天道、仙鶴、仙人、孤兒、女媧造人的故事、新時代的來臨
18. 狗牌	管家、僕人、奶媽、前世家人、嘯天犬
19. 高塔牌	監禁、封印、教堂、金字塔、鎖妖塔、古代陵墓、瑪雅城
20. 庭園牌	祭天、獻祭、浸豬籠、皇家庭園、舞會、城堡聚會
21. 高山牌	修仙、道長、採藥人、隱姓埋名、山海經
22. 道路牌	神社、彼岸、門派、分道揚鑣、遊說諸國
23. 老鼠牌	乞丐、鼠疫、屠殺、下水道、苟且偷生
24. 心牌	咒念、血祭、陪葬祭品、感情、浪漫、傷心
25. 戒指牌	紅繩、輪迴、執念、靈魂契約、前世姻緣
26. 書本牌	史書、生死簿、歷史人物、神話、阿卡西紀錄
27. 信件牌	卷軸、信鴿、機密信件、天命、聖旨、老天安排
28. 男人牌	各種男性、父親、兄長、帝王、護衛
29. 女人牌	各種女性、母親、祭司、醫女、公主
30. 百合花牌	長老、印度教、燒香禮佛、釋迦牟尼佛、觀世音菩薩
31. 太陽牌	神之子、太陽神、一切真相、光明璀璨的日子
32. 月亮牌	嫦娥、等待黎明、祭祀、太陰星君、阿提米絲
33. 鑰匙牌	被監禁、開拓疆土、亞利安人、被封閉的記憶、命運的關鍵時刻
34. 魚牌	人魚、水底世界、陰陽兩界、沿海文明、亞特蘭提斯
35. 錨牌	捕魚、方舟、宇宙飛船、香格里拉、船難、發現新大陸
36. 十字架牌	修女、修道院、梵蒂岡、信仰的時代、神的國度

【附錄 2】快速查閱指南 - 通用聯想關鍵字

01. 騎士牌	消息、訊息、迅速、行動、傳遞、進度、郵件、快速、指揮
02. 幸運草牌	好運、小利益、簡單、輕鬆、賭注、勝利、機會
03. 船牌	海外、交易、調動、夢想、猶疑、國際距離、輸出
04. 房子牌	基礎、成員、內部、室內、當地、內在、居家、成立、定下來
05. 樹牌	基因、藍圖、先祖記憶、脈絡、忍耐、復原、扎根
06. 雲牌	陰暗愁悶、曖昧模糊、昏沉、糊塗、猜疑、不穩、風雨欲來
07. 蛇牌	陰性能量、虛偽、複雜、曲折、控制、誘惑、隱藏
08. 棺材牌	破產、結束、定局、期限、霉運、生病、悲慘
09. 花束牌	禮物、驚喜、創造、天份、愉悅、享受、魅力
10. 鐮刀牌	瞬間、裂開、清理、分離、收割
11. 鞭子牌	恆心、暴力、規劃、鞭策、溝通、重複、清掃、處理
12. 小鳥牌	吵雜、言語溝通、八卦、思緒、忙碌、謠言、神經質
13. 小孩牌	嬰兒、青少年，天真好奇、嬌小、單純、幼稚無知、學生
14. 狐狸牌	隱身，旁門左道，背信棄義、欺詐、小偷、狡猾、謊言
15. 熊牌	權利、力量、勇氣、影響力、超出負荷、肥胖、怕老婆
16. 星辰牌	名望、幸福、鼓勵、找尋信仰、靈感
17. 送子鳥牌	饒沃重生、新的契機、季節性、遊牧
18. 狗牌	保守、熟人、靈魂伴侶、嚮導、溫暖、可依靠
19. 高塔牌	政府、法庭、執政者、法律、傳統、野心壯志
20. 庭園牌	美麗、放鬆、幸福出外享樂人群、社交名媛
21. 高山牌	解放所有阻礙與障礙、原諒舊仇恨、不糾結
22. 道路牌	線索、路徑、探險、口是心非、非傳統
23. 老鼠牌	無法休息、勞累心悸、侵蝕、漸漸降級、恐懼
24. 心牌	幸福、滿足、情趣、愛慕、感性、保護色
25. 戒指牌	承諾、婚約、合夥關系、珠寶、循環
26. 書本牌	資料、與記憶相連、教育、智慧、契約
27. 信件牌	書信往來、邀請、評估狀態、結果、評價、正式的文件
28. 男人牌	兄弟、愛人、所有男性、未婚夫、先生、權力、自我
29. 女人牌	姐妹、愛人、母親、所有女性、陰性能量、懷孕
30. 百合花牌	和平、安詳、堅定恆久不變、古典、貞潔
31. 太陽牌	榮耀、光輝、成就、充滿自信、強權、魅力
32. 月亮牌	想像力、靈感 、名望、幻想、直覺、感性、 魔力
33. 鑰匙牌	解答、 突破、發覺、密碼、同意、解放與自由
34. 魚牌	貿易、生意活動豐富、財富、深度、繁榮
35. 錨牌	穩定、維持、標準、永久、可靠
36. 十字架牌	審判、試驗、課題、懊悔、自責、醒悟

【附錄 3】牌陣日記範例

雷諾曼占卜日記及紀錄報告	
日期：	個案名稱：
題目：	

劇情推演：

上半天牌面關鍵字：	
上半天牌面組合關鍵字聯想：	
三張牌總結：	

下半天牌面關鍵字：	
下半天牌面組合關鍵字聯想：	
三張牌總結：	

雷諾曼占卜日記及紀錄報告

日期：	個案名稱：
題目：	

劇情推演：

過去　現在　未來

牌面關鍵字：	

關鍵字句解析：	

花色能量解析：	

雷諾曼占卜日記及紀錄報告	
日期：	個案名稱：
題目：	

劇情推演：

指引

挑戰　主軸　支持

潛動力

牌意解說：
主軸：用來解釋題目的主要因素
指引：思考的方向
支持：與生俱來的習慣或是平常習慣的做法
潛動力：造成「主軸」的原因，無意識的推動
挑戰：不願面對的狀態，雖然還是可以使用但非常不習慣。

雷諾曼占卜日記及紀錄報告	
日期：	個案名稱：
題目：	

劇情推演：

牌意解說：
主軸＋A：
主軸＋B：
主軸＋C：
主軸＋D：
組合這四句話解釋：

雷諾曼占卜日記及紀錄報告

日期：	個案名稱：
題目：	

劇情推演：

事件劇情 1 ｜ ｜ 主軸 ｜ ｜

事件劇情 2 ｜ ｜ 主軸 ｜ ｜

事件劇情 3 ｜ ｜ 主軸 ｜ ｜

牌意解說：

事件劇情 1：

事件劇情 2：

事件劇情 3：

雷諾曼占卜日記及紀錄報告	
日期：	個案名稱：
題目：	

劇情推演：

(天、週、月)
初

主軸

(天、週、月)
中

主軸

(天、週、月)
尾

主軸

牌意解說：

上旬（初）：

中旬（中）：

下旬（尾）：

劇情核心

主軸

主軸

主軸

行動建議

牌意解說：

劇情核心：

行動建議：

雷諾曼占卜日記及紀錄報告

日期：	個案名稱：
題目：	

劇情推演：

身
（物理）

主軸

心
（感受）

主軸

靈
（無意識）

主軸

牌意解說：

身（物理）：

心（感受）：

靈（無意識）：

生命議題

主軸

主軸

主軸

如何面對

牌意解說：

生命議題：

如何面對：

雷諾曼占卜日記及紀錄報告	
日期：	個案名稱：
題目：	

劇情推演：

C	B	A 起心動念
D	主軸	H
E 結果	F	G

課題 /主軸：

關鍵字句解析：因要走完才會到果
A+B：
B+C：
C+D：
結果：
E+F：
F+G：
G+H：
起心動念：

對角線：
A+E：
B+F：
C+G：
D+H：

雷諾曼占卜日記及紀錄報告

日期：

個案名稱：

題目：

劇情推演：

❶故事

主軸

❷故事

主軸

❸故事

主軸

前世故事解析：

故事 1：

故事 2：

故事 3：

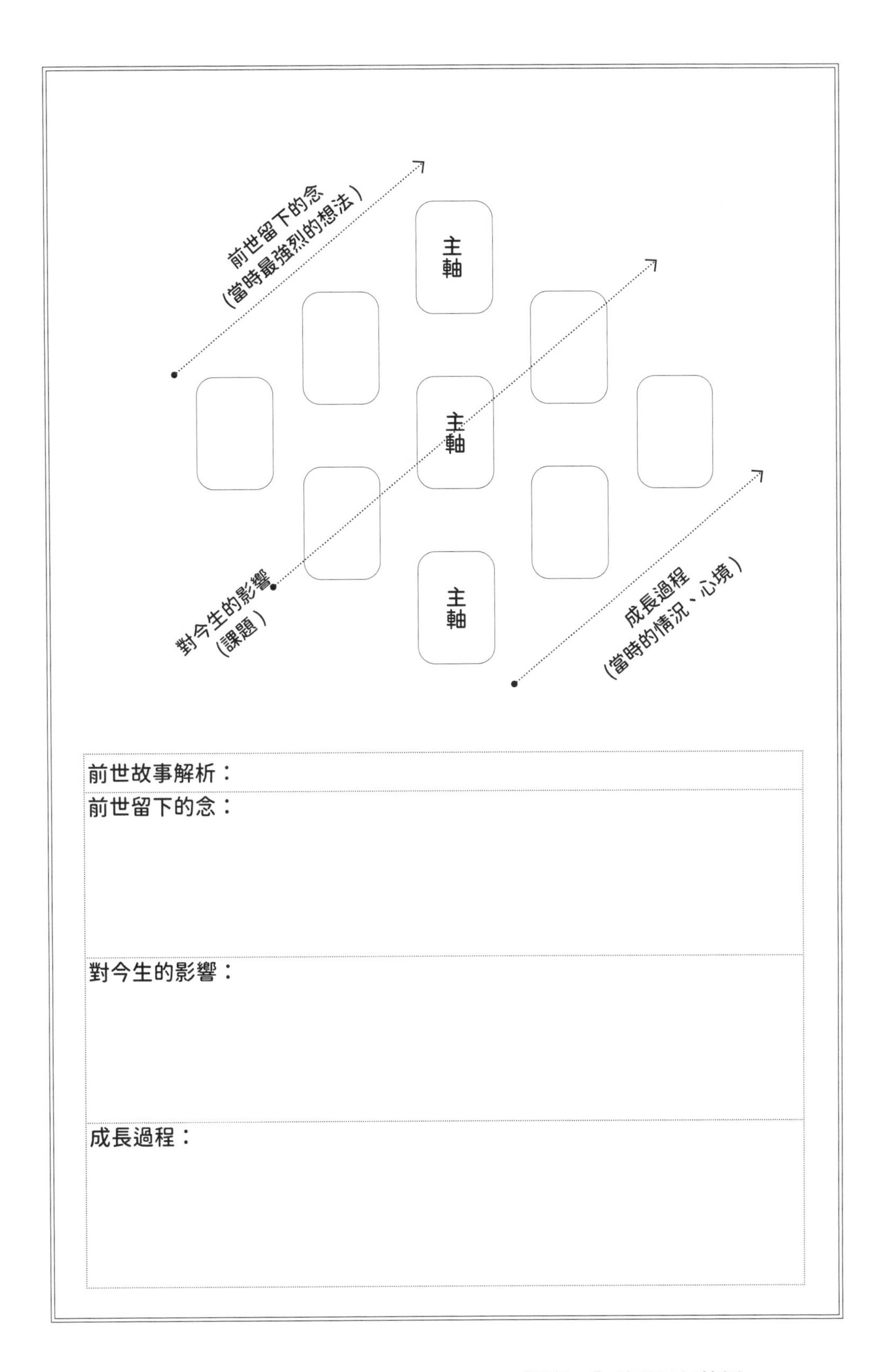
前世留下的念
（當時最強烈的想法）
主軸
主軸
主軸
對今生的影響
（課題）
成長過程
（當時的情況、心境）
前世故事解析：
前世留下的念：
對今生的影響：
成長過程：

雷諾曼占卜日記及紀錄報告	
日期：	個案名稱：
題目：	

劇情推演：

第 N 季

上旬		B	
中旬	A	主軸	C
下旬		D	

季主題（十字牌陣 -事件鎖鍊）：	
總結：	

第 N 季

上旬		主軸	
中旬		主軸	
下旬		主軸	

上、中、下旬解說：

上旬：

中旬：

下旬：

謝巖谷老師 經歷介紹

一位從小就擁有靈能力的小孩！巖谷老師從小時候在別人整天還在玩沙時，他已經能夠讀取寺廟裡的神佛訊息。

長大後，在事業上也風光地成就了自己的事業，在正式踏入靈性事業前他同時擁有三家咖啡廳經營權及自己的工作團隊，事業上順風順水。然而，從小的靈性過高導致他時時在內心裡問自己，「我到底還能做什麼？」他也經歷過感情的糾葛與內心的不富足，於是在他靈魂覺醒後正式踏入身心靈，協助自己尋求內心的富足感也幫助別人完成靈魂使命拿回的力量。

2021年巖谷老師為 「秦芸殿」創辦人，他創辦「秦芸殿」的理念是提供一個身心放鬆和心靈寄託的地方，有任何問題時只要您願意來到「秦芸殿」巖谷老師都會用耐心和陪伴您解決疑難雜症。

巖谷老師擅長种佛解讀訊息、通靈、解字、解名、風水佈局、能量解析、靈能力分析、靈魂覺醒、主持各式法會和各式卡牌解讀 ...等。目前老師的客人和學員來自世界各地，透過網路和實體的課程和學員互動。和學員們互動能夠精準掌握大家的疑問和立即給子協助解決，而客人和學員反饋也是百分百。客人和學員的肯定則是巖谷老師繼續往前走的動力。他一直認為人沒有一直都處在低潮期，只有回歸並遵從靈魂藍圖，您將走回正軌成為更好的人。

服務內容

- 雷諾曼預言占卜
- 天命使命靈占
- 冤親債主判定
- 姓名能量解析
- 靈魂和解觀想
- 靈魂覺醒儀式
- 居家風水檢測
- 神佛訊息解讀
- 天秦道學講師

覺醒研究所 靈性學校

覺醒研究所是一間專門提供「神秘學課程」以及「培養靈性老師」的公司。有很多光行者來到地球上，靈魂告訴他們必須去做靈魂使命、要去執行自己的神聖任務，但是成為一個「靈性工作者」並沒有一條尋常道路可以依循，只靠著一個「想要回應靈魂」的念頭。

所以，我們在 2021年開啟了「專業覺醒諮商師」培訓計畫，這是為各位光行者、星際種子、帶天命的靈魂們所設計，透過覺醒研究所培訓多位老師經驗，來分享並一步一步帶領想要回應靈魂聲音的你們進入這個殿堂。

靈魂覺醒

覺醒是個承諾不再忽視尋靈魂聲音的儀式，覺醒後重點是維持內在敏感度與清晰靈魂藍圖並追逐憧憬理想生活，說白了就是時刻提醒自己活在高頻，覺醒研究所提供各式不同靈性美學相關課程與活動，課程如同去美容院保養般維持覺醒的敏銳度與追尋靈魂腳步的熱度，只要敏銳度在不管此刻節奏如何終究會走在靈魂意志上，最終的顯化是美好的生活。

官方網站

Facebook

官方 Line @

Youtube 頻道

國家圖書館出版品預行編目 (CIP)資料

雷諾曼卡預言全書 = The prophecy of Lenormand/
謝巖谷著 . -- 初版 . -- 臺北市 : 宇宙計劃 , 2022.03
面； 公分
ISBN 978-626-95883-0-5(平裝)

1.CST: 占卜

292.96 111003477

雷諾曼卡預言全書：最適合華人學習的雷諾曼占卜教學
The prophecy of Lenormand

作者／謝巖谷

編輯／許丹合

協力編輯／林筠鈞、朱潔渝

封面設計／謝巖谷

校對／ peggy、許丹合

出版者／宇宙計劃

經銷商／恩威管理顧問股份有限公司

地址／台北市信義區松山路 206號

電話／ 02-2577-6981

粉絲團／ Facebook搜尋「覺醒研究所」

網站／ https://www.unvplan.com/

Email／ unv.plan.plus@gmail.com

初版／ 2022.05月

定價／ 650元

ISBN／ 978-626-95883-0-5